U0129226

中國詩學的越界思考

(原名：僧‧法‧思——中國詩學的越界思考)

彭雅玲 著

文史哲學集成
文史哲出版社印行

國家圖書館出版品預行編目資料

中國詩學的越界思考 / 彭雅玲著 -- 修訂再版
-- 臺北市：文史哲出版社，民 112. 07
頁；　公分（文史哲學集成；750）
ISBN 978-986-314-646-9 (平裝)

1. CST 中國詩　2. CST 詩學 3. CST 詩評

821.886　　　　　　　　　　112011126

文 史 哲 學 集 成 750

中國詩學的越界思考

著　　　者：彭　　　雅　　　玲
出 版 者：文　史　哲　出　版　社
　　　　　http://www.lapen.com.tw
　　　　　e-mail：lapen@ms74.hinet.net
登記證字號：行政院新聞局版臺業字五三三七號
發 行 人：彭　　　正　　　雄
發 行 所：文　史　哲　出　版　社
印 刷 者：文　史　哲　出　版　社
　　　　　臺北市羅斯福路一段七十二巷四號
　　　　　郵政劃撥帳號：一六一八〇一七五
　　　　　電話886-2-23511028・傳真886-2-23965656

定價新臺幣四六〇元

二〇二三年 (112 年) 七月修訂再版

ISBN 978-986-314-646-9　　01750

中國詩學的越界思考思

目　　次

第一部份　僧與詩

第二部份　法與詩

第三部份　思與詩

第一章 導 言

── 詩學研究的視域與進路

當前學界「詩學」一詞的使用愈來愈頻繁，出版了各種以詩學為名的著作，如詩學史、詩學理論、比較詩學、文化詩學、詩學辭典等。究竟「詩學」一詞的含義為何？面對當前學界琳瑯滿目的詩學研究，筆者所採取的研究視域和進路為何？以下分別說明。

壹、「詩學」一詞的含義

一、西方傳統語境

「詩學」一詞最早使用，一般追溯到亞里斯多德的《詩學》。《詩學》的原文為 Aristotelous peri Poiêtikês，即亞里斯多德的詩學的意思。"Poiêtikê" 意為「製作的技藝」，等於 "poiêtikê tekhnê"，因此亞里士多德的「詩學」一詞實含兩個關鍵詞：詩（poiêtikê）和技藝（tekhnê），"poiêtikê" 從動詞 "poiein" 製作派生而來，故詩人是製作者（poiêtês），詩則是製成品（poiêma）。"tekhnê" 來自印歐語的詞幹 "tekhe-"，原意為木製品或木工，這是一個籠統的術語，

既指技術和技藝，也指藝術和工藝，古希臘人沒有把這兩種含義嚴格區分開來，在他們看來詩人做詩，就像鞋匠做鞋一樣，都是靠自己的技藝製作社會所需要的東西。稱呼寫詩，他們不用 "graphein"（寫、書寫之意），而用 "poiein"。[1]

在柏拉圖以前，詩和詩人的地位非常崇高，詩人作為通神者，又往往將先知、祭司甚至王者的身分集於一身，荷馬便常用「神一樣的」（theios）一詞來稱讚詩人。詩人受到神（繆斯 Μουσαι）特別眷顧和寵愛，寫詩是一種神賦的才能。到了柏拉圖，詩和詩人的地位開始下降。柏拉圖認為詩遠離真理，而且常具有敗壞人性中的理性判斷能力，以及迎合人性中之低劣欲望等不好作用，因此他堅持要為理想國的的青少年教育重新編定詩歌教材，刪除史詩中不敬神的詩句，並把說謊的詩人趕出理想國。[2]

亞里斯多德對詩與詩人的態度與柏拉圖（Plato）截然不同，亞里斯多德認為 eigos（理式）不是凌駕於可見事物之上或之外的單獨存在物，理式寄寓於可見的具體事物之中。「詩既可以蘊含著，也能夠揭示出作為實體或本質的一般」這一哲學立場，使亞里斯多德申言「詩高於歷史」，同時「將詩表現事物的理性能力歸還給了詩人」。亞里斯多德認為詩作為技藝，主要源自人的天性，與詩藝相關的天性包括摹仿（mimêsis）、音調感（harmonia or melodia）、節奏感

---

1 以上詞源考證引自亞里斯多德著，陳中梅譯《詩學》（北京：商務印書館，1996 年），頁 28、29、242、278。

2 參見柏拉圖著，郭斌和、張竹明譯《理想國》（北京：商務印書館，1995 年）。頁 404-406。

（rhuthmos），這些天性的表現或抒發，人可以得到快感。

因此西方傳統語境中詩學的意義指的詩歌的創作技藝和技巧。

二、中國傳統語境

中國古代即使用「詩學」一詞，傳統的涵義與西方和現代的用法均不同。錢志熙考察傳統上使用「詩學」一詞的意義主要有二種：一是作為《詩經》學的簡稱，二是作為詩歌創作實踐和詩歌理論的詩歌學總稱。

檢索古人書目中便有許多以「詩學」為書名者，便兼有上述二種詩學意義的用法。第一種以詩經學的意義為書名的如：宋代范處義《詩學》一卷、不詳作者《毛鄭詩學》十卷、蔡卞《詩學名物解》，明錢澄之《田間詩學》。第二種以詩歌學的意義為書名的如：元范梈《詩學禁臠》一卷、楊載則《詩法家數》一卷，明黃溥《詩學權輿》二十二卷、溥南金《詩學正宗》十六卷、周鳴《詩學梯航》一卷。[3]

經學意義上的詩學用法早於詩歌學意義的詩學，於唐代便已流行，最早文獻是唐憲宗元和三年李行修〈請置詩學博士書〉（《全唐文》卷 676），該文建議朝廷設立詩學博士，重新推行古代的詩教，此「詩學」指的便是詩經學。而作為詩學術語的詩學一詞，最早文獻見於晚唐鄭谷〈中年〉一詩（《全唐詩》卷 676），該詩尾聯「衰遲自嘉添詩學，更把前

---

3 以上檢索自宋陳振孫《直齋書錄解題》，元《宋史・藝文志》，明晁瑮《寶文堂書目》、徐惟《紅雨樓書目》、趙用賢《趙定宇書目》，及清《四庫全書總目》等書。

題改數聯」中的「詩學」指的是一般詩歌創作技巧。宋代以後「詩學」一詞普遍使用，第二種意義的使用頻率已超過第一種，「詩學」一詞除了指詩歌的創作實踐與技巧的學問之外，其內涵也逐漸增加，如元好問《遺山集・楊叔能小亨集引》卷三十六：「貞祐南渡後，詩學大行」（《四庫全書・集部 130・別集類》）指一段時間內詩歌創作的總稱。又晚唐五代以降至明清的詩格、詩式、詩法等著作以詩學為題名者，「詩學」一詞便又指向詩歌創作的理論研究。[4]

三、現代學術語境

由於中國的「詩」主要基於言志和抒情的傳統，有著很明顯的以單一文類的抒情詩歌為關注對象的文類學特徵；而西方的「poem」則不同，它是基於模仿和多種文類的概括，譬如早期是指敘事詩的史詩、悲喜劇以及抒情詩，後來甚至包括了長篇小說文類，好的小說還直接稱之為 epic（史詩），因此西方 poetics（詩學）概念，則是指向整個文學大類的「文藝學」。以致於今日常有人以為「詩學」一詞的廣泛使用，以為詩學泛指一切文藝理論，都溯源自西方詩學的影響，甚至誤以為中國古代無「詩學」一詞。[5]

二十世紀三〇年代初期，中文語境中使用「詩學」一詞

---

4 以上參考錢志熙〈 "詩學" 一詞的傳統涵義、成因及其在歷史上的使用情況〉，首都師範大學中國詩歌研究中心編，《中國詩歌研究》，第 1 輯（北京：中華書局，2002 年），頁 262-280。
5 如朱光潛說：「中國向來只有詩話而無詩學」（《詩論・序言》，臺北：漢京文化出版公司，1983 年），狄兆俊：「中國習慣於用詩論、詩話，詩學一名是外來的。」（《中英比較詩學》，上海：上海外語出版社，1992 年，頁 6）

大都已注入了新的內涵，如：范況《中國詩學通論》（1931）
[6]一書的內容包括詩歌的體制、作法、基本理論等方面，這些
著作使用「詩學」一詞的概念，都有自覺的理論意識。楊鴻
烈《中國詩學大綱》（1933）[7]一書的內容包括中國詩的定義、
起源、分類、結構要素、作法、功能、演進等方面。[8]

　　檢索臺灣地區以「詩學」為書名的出版品，[9]七〇年代有
樓盛濤《詩學精釋：三昧・神韻・性靈・蘊》（1973）[10]、黃
永武《中國詩學》（1976）[11]、杜松柏《禪學與唐宋詩學》
（1976）[12]、程兆熊《中國文論文話與詩學》（1979）[13]等著
作中以黃永武先生《中國詩學》巨作體大思精最具有代表性，
《中國詩學》共有思想篇、設計篇、考據篇、鑑賞篇四冊，
就四冊書的內容看來，黃教授心目中「詩學」一詞的內涵，
包括詩歌中的名物、儒釋道三家思想，詩歌校勘、箋注、辨
偽，閱讀詩歌的各種方法，及創作詩歌的各種方式。與傳統
詩學著作主要強調詩歌創作的技巧不同，詩學的概念擴大

6　　范況著，《中國詩學通論》，上海：商務印書館，1935 年。
7　　楊鴻烈著，《中國詩學大綱》，上海：商務印書館，1933 年。
8　　二〇年代初有黃節《詩學》（北京：國立北京大學出版部排印本，
　　　1922 年）一書，該書內容敘述歷代詩歌的源流演變，仍然是在傳
　　　統的意義上使用「詩學」一詞，與（清）魯九皋《詩學源流考》
　　　一書論述戰國至晚明的詩歌變遷，可謂一脈相承。徐敬修《詩學
　　　常識》（上海：大東書局，1925 年）一書則是介紹做詩格律等基
　　　本知識。
9　　詳見本書「附錄二：臺灣地區以詩學為書名的中文出版品」。
10　樓盛濤編著，樓漾燕手校，《詩學精釋：三昧・神韻・性靈・蘊》，
　　　臺北：撰者印行，1973 年。
11　黃永武著，《中國詩學》，臺北：巨流出版社，1976 年。黃永武教
　　　授所指導的碩士論文也是最早以詩學為論文題目的，如李瑞騰《六
　　　朝詩學研究》（中國文化大學中文所碩士論文，1978 年）。
12　杜松柏《禪學與唐宋詩學》，臺北：黎明文化事業公司，1976 年。
13　程兆熊《中國文論文話與詩學》，臺北：臺灣學生書局，1979 年。

了，基本上涵蓋了與詩有關的一切學問，但仍不離詩文類的範疇。其他如樓盛濤、杜松柏、程兆熊等人所用的「詩學」指的是古代詩歌理論。

　　七、八○年代臺灣還引進了海外學人的詩學著作，如黃維樑《中國詩學縱橫論》（1977）[14]、劉若愚《中國詩學》（1977）[15]、葉維廉《比較詩學》（1983）[16]，這些著作其實都是運用西方文學理論來分析中國詩歌，特別是劉若愚教授將中國詩歌批評的傳統建構成四大理論體系，對中國詩歌嘗試的實際批評有別於傳統摘句式的評論，引起學界很大的影響。[17]影響所及九○年代中文所及臺文所師生運用西學研究文學的論文幾乎成為一種潮流。

　　臺灣學界在使用詩學一詞，兼有廣狹二內涵，臺灣學者對於「詩學」一詞的內涵，並未進行後設反省。比較有理論自覺者大概採取的是狹義的內涵，更集中在古人的詩學術語（比興、物色與情景交融）、詩論詩話詩學著作（鍾嶸《詩品》、嚴羽《滄浪詩話》），對古人評論詩歌的研究（李杜詩學、唐詩學、宋詩學）；而採廣義義者，則將詩歌文獻學、詩歌分析研究都納入詩學的範疇。[18]

---

14 黃維樑《中國詩學縱橫論》，臺北：洪範出版社，1977 年。
15 劉若愚著，杜國清譯《中國詩學》，臺北：幼獅文化事業公司，1977 年。
16 葉維廉《比較詩學：理論架構的探討》，臺北：東大圖書公司，1983 年。
17 王靖宇〈西學中用 —— 重讀劉若愚先生《中國詩學》有感〉，《中國文哲研究通訊》，18 卷 3 期，頁 1-8。
18 林淑貞曾整理 1949 年以後臺灣有關詩學方面的學位論文 ——《近五十年臺灣地區古典詩學研究概況 —— 以 1949-2006 年碩博士論文為觀察範疇》（臺北，花木蘭文化出版社，2007 年 3 月），從她所

　　九〇年代大陸學者詩學方面的著作相當多，先有詩學史方面的著作，如陳良運《中國詩學體系論》（1992）[19]、余蓋《中國詩學史綱》（1995）[20]等。並自覺反省「詩學」一詞的內涵，如董乃斌對「詩學」的解釋是：「關於詩歌的學問，或者說以詩歌為對象的學科領域。」並指出中國詩學研究的範圍有六個方面：「詩歌的基本理論和詩學基本範疇」、「有關詩歌形式和創作技巧的問題」、「對於中國歷代詩歌源流的研究，或曰詩歌史研究」、「對於歷代詩歌總集、選集、別集、或某一作品的研究」、「對於歷代詩人及由眾多詩人所組成的創作群體的研究」、「對於歷代詩歌理論的整理和研究」。[21]研究對象包括詩人、詩歌、詩史、詩集及詩歌理論，即包括詩人、詩作、詩集、詩論的文獻學研究，詩歌作品分析，以及詩歌理論體系研究，這就把所有與詩歌有關的研究都納入到詩學的範疇來。又如蔣寅主張中國詩學應包括文獻學、詩歌史、詩學史、詩歌理論和中外詩學比較等五個面向。[22]這便擴大了詩學狹義內涵的範圍，換句話說，凡是跟詩歌有關的一切學問就是詩學。

　　收錄的詩學的論文題看來，她採取的是廣義的定義，凡一切有關古典詩歌研究的學位論文均收錄其中。該書當是陳文華、林淑貞應國科會人文處之邀整理《臺灣地區古典詩研究成果述評：1949-2000》（述評範疇涵蓋專書、學位論文、期刊論文、會議論文）後的副產品，林淑貞續收 2000 年之後至 2006 年間的學位論文整理成書的。

19 陳良運著，《中國詩學體系論》，北京：中國社會科學出版社，1992年。

20 余蓋《中國詩學史綱》，杭州：浙江古籍出版社，1995 年。

21 《中國詩學大辭典》（杭州：浙江教育出版社，1999 年）「詩學」條，頁 3。

22 蔣寅《中國詩學的思路與實踐》（廣西：廣西師範大學出版社，2001年），頁 1。

　　綜上所述，臺灣和大陸的中文著作中所稱的「詩學」均未包括小說、戲劇等，因此在現代學術語境中「詩學」的狹義內涵，與中國傳統「詩歌學」的義涵比較接近。

　　西方自形式主義開始，文學理論層出不窮，解讀文學作品的方式不僅對詩有效，也可應用於其他文類的闡釋，因此詩學一詞變成了廣義的文藝理論的代名詞，在現代的學術話語裏，「詩學」一詞已被廣泛地用來指稱「文藝理論」，於是現代學界才出現了小說詩學、戲曲詩學、電影詩學、建築詩學、音樂詩學，甚至結構主義詩學、人類學詩學等各種說法。此屬於現代學術語境中「詩學」的廣義內涵。

　　本書研究的對象是中國詩學，因此採「詩學」的狹義內涵。書中前二部分共四章所研究材料都是古代的詩學著作中的詩學觀念和詩學術語，第三部分第六章研究的是當代學人的詩學觀，第七章則是透過詩歌創作映現學人詩學觀的實踐。

貳、邁向對比對話的視域

一、對比視域的省思

　　本書研究中國詩學所採取的是一種「對比」（contrast）的視域，「對比」並非日常用語中「比較」的概念，指辨別事物之間高下、輕重、長短、距離、好壞、快慢的分別較量的，[23]而是指一個研究主體在不同的事物、觀念、學科間的

23　（北齊）顏之推《顏氏家訓・省事》：「比較材能，斟量功伐。」《朱子語類》卷十九：「先看一段，次看二段，將二段比較孰得孰失，

觀照，這種觀照是跨越事物、觀念和學科間的內在透視或匯通，透視或匯通事物、觀念和學科間的內在關係，追尋事物、觀念和學科間的內在意義或內在共通性（同質性）；另外，當然也包括在相近事物、觀念和學科間追尋事物、觀念和學科間的內在的差異性（異質性）。[24]前者可謂「異中求同」法，後者可謂「同中求異」法。所以這裏所說的「對比」指的是一種多元觀察、多點透視的研究視野。[25]

孰是孰非。」《西遊記》第三十三回：「若不是我大王敬重你這行人，就和比較起來。」上引文獻中的比較接近當今日常使用比較的概念。今日漢語使用「比較」一詞意義，參教育部《重編國語辭典》、《現代漢語詞典》（北京：商務印書館，1983 年），頁 57、《漢語大詞典》第 5 冊（北京：漢語大詞典出版社，1994 年），頁 268。

24 事物之間存在著現象上的同一性和差異性，也存在著本質上的同一性和差異性。參見田運編《思維辭典》（杭州：浙江教育出版社，1996 年 3 月初版，1998 年 4 月二刷）的「比較」條，頁 33。

25 哲學界對於比較研究法進行自覺反省，如沈清松教授從西方現象學、詮釋學及中國易學，提出對比哲學的概念。詳參沈清松《現代哲學論·導論》（臺北：黎明文化事業公司，1985 年 8 月，頁 1-28）、〈創造性的對比與中國文化的前景〉，《詮釋與創造：傳統中華文化及其未來發展》（臺北：聯合報文化基金會，1995 年 1 月，頁 329-353）。而吳有能教授則從現象學、詮釋學反省對比研究法的哲學基礎，詳參吳有能〈對比研究的方法論反省－現象學與詮釋學的進路〉，《對比的視野－當代港臺哲學論衡》（臺北：駱駝出版社，2001 年），頁 1-45。
比較文學界進行跨民族、跨語言、跨文化與跨學科的研究，進行跨界的內在透視，尋找彼此間的事實材料關係、審美價值關係和學科交叉關係。（參楊乃喬主編《比較文學概論》，北京：北京大學出版社，2002 年 6 月），其實運用的是對比的方法，但比較文學界仍習慣稱其學科的研究法為比較研究。本書採用哲學界「對比」的說法，而不是比較文學界「比較」的說法，其一，乃避免「對比」與「比較」概念的混同；其二，比較文學這門學科誕生於十九世紀末的法國。梵·第根（Paul Van Tieghem, 1871-1948）、伽列（Jean-Marie Carré, 1887-1958）、基亞（Maríus-Francois Guyard, 1921- ）等人所創建的

　　其實從漢語「比」字的字源和衍生的字義，尋找「比」
的意義鏈，便有相接互通的意思。東漢許慎在《說文》中言：
「比，密也。」[26]「比」在「密」的原初意義上，引申出「親
近」[27]、「親合」[28]、「和協」[29]、「齊同」[30]、「並列」[31]與「相

的 Littérature Comparée 的本意，譯作「歷史比較文學」，或「異語
異族文學源流考據學」，或「歷史比較文學考據學」，或「異類文學
源流比較考據學」，比譯作「比較文學」更恰當，因此比較文學界
才會一再宣稱「比較文學不是文學比較」，（參辜正坤《中西詩比較
鑒賞與翻譯理論》，北京：清華大學出版社，2003 年 7 月，頁 94-95。）
可見比較文學界自來對於「比較」一詞的使用亦有異議。

26　（漢）許慎著，（清）段玉裁注《說文解字注》（上海：上海古籍出
　　版社，1981 年影印經韵樓藏本），頁 386。

27　如（南朝梁）顧野王《宋本玉篇·比部》：「比，近也，親也」（北
　　京：中國書店 1983 年影印張氏澤存堂本，頁 512）、《論語·里仁》：
　　「君子之於天下也，無適也，無莫也，義之與比」（《十三經注疏》
　　下冊，北京：中華書局 1980 年影印世界書局阮元校刻本，頁 2471），
　　邢昺疏：「比，親也。」（《十三經注疏》下冊，頁 2471），都有親
　　近的意思。

28　如《禮記·射義》：「其容體比於禮，其節比於樂。」（《十三經注
　　疏》下冊，頁 1687）、（唐）陸德明《經典釋文》：「比，同親合也。」
　　（上海：上海古籍出版社 1984 年影印宋刻本，頁 860）中的「比」
　　字就有親合的意思。

29　如（宋）陸彭年《宋本廣韻·脂韻》：「比，和也」。（北京：北京中
　　國書店，1982 年影印張氏澤存堂本，頁 32）、《管子·五輔》載：「為
　　人弟者，比順以敬。」（《二十二子》，上海：上海古籍出版社，1986
　　年縮印浙江書局匯刻本，頁 104）中的「比」字就有和、和協之意。

30　《荀子·不苟》：「山淵平，天地比」，楊倞注：「比，謂齊等也。」
　　（《二十二子》（上海：上海古籍出版社 1986 年縮印浙江書局匯刻
　　本），頁 291。）、（明）梅膺祚《字匯，比部》：「比，齊也。」（上
　　海：上海辭書出版社，1991 年，頁 236）中的「比」字就有同、齊
　　同的意思。

31　如（宋）陸彭年《宋本廣韻·旨韻》：「比，並也。」（北京：中國
　　書店，1982 年影印張氏澤存堂本，頁 32）。

連接」[32]，這樣一組彼此意義相接互通的詞組所形成的一條意義鏈，便契合比較視域的意涵。研究主體對於不同事物、觀念和學科間進行「互照」、「互對」、「互比」、「互識」，以印證雙方共同的的關係，或在雙向透視中尋求內在彼此「親近」、「親合」、「和協」、「齊同」、「並列」與「相連接」的共同規律。

本書第一部分「僧與詩」旨在透視詩人與僧人的雙重身分如何調和創作與修悟間的關係，第二部分「法與詩」則是匯通詩法術語與佛法術語之間的親合處，第三部分「思與詩」，則觀照思想與詩歌相互印證處。

二、對話視域的融合

本書研究中國詩學同時採取「對話」（dialogue）的視域。這裏所說的對話並不是指隨意交談，或帶有權力、競爭、和壓迫、征服的「說服」。[33]

在詮釋學者高達美（Hans-Georg Gadamer, 1900-2002）看來，詮釋者（研究者）面對文本的理解和對話活動，存在著兩個不同的視域，其一是詮釋者的視域，其二是文本的視域，理解和意義的產生是兩個不同視域融合的結果。高達美認為詮釋就是一種對話的活動，最完滿的理解是在對話中實

---

32 如《漢書‧諸侯王表》：「諸侯比境，周币（币）三垂，外接胡、越」，顏師古注：「比為相接次也。」（上海：上海古籍出版社，1986 年影印武英殿本，頁 401）。

33 加拿大學者克里夫‧湯姆遜曾對巴赫金的「對話理論」提出上述的質疑。見氏著，姜靖譯〈巴赫金的對話詩學〉，《國外文學》，1994 年 2 期，頁 59-64、28。

現。[34]

　　而「對話」的基本性質還是一種「問與答」的交際，對話在實際研究中成為可能，具體展現在問與答的過程。對話體現了詮釋者（研究者）對問題的提問與回答的態度。對話是否是平等的，要看對話的主體能否主動地把他者也當作主體來看待，並設身處地地去理解另一自我，然後尋求「共在」的關係。

　　如果對話雙方不是一種平等、對等的關係，便不是一種「理想的對話」。理想的對話不存在主客體對峙的關係，不僅是透視、了解彼此的有效方式，而且由於這種方式始終強調平等溝通；換句話說，對話的過程有助於消除根深柢固的偏執或對峙。對話強調不能因為要弄清一種意義，迫使一主體順從另一主體，對話後主體間並不會喪失彼此的獨立性，因此對話不單是主體自身的表達或呈現，更是主體的一種更新，或者說是一種意義的生成。

　　筆者面對中國詩學文本所採取的研究態度，正如高達美所強調的理想的對話。詮釋者（研究者）與文本之間是互為主體的關係，雙方均為生命整體，故不可以分析、切割的方式去「認識」對方，而是用「同情」的態度去體認對方，不是把對方僅視為對象的「認知」活動。如果我們視詮釋者（研

---

34 H.G. Gadamer, *Truth and Method*（New York: Seabur Press, 1975）, p. 445. 高達美認為語言自身有一種內在的「思辨結構」（spculative structur），它並不是固定地或教條式地被確定，它往往在移動和轉換中完成將意義帶入理解的職責，對話中存在著真理的辯證性的揭示。另參嚴平著，《高達美》（臺北：東大圖書公司，1997 年 4 月第一版）第六章「語言」，頁 164-166。

究者）／文本（研究對象）、文本所含涉的學科／學科的關係
為兩個對話主體，對話的雙方持有平等發言權，其結構形式
便如「問與答」。問與答總是在語言之中展開，通過問與答，
研究者與研究對象達成一致，問與答的同時就是一種意義的
交往流動，通過問與答便是踏上意義的生成之路。

　　提問者（研究者）所提問的問題（問題意識）本來便具
有開放性的和意向性，研究過程中每個研究面向代表不同的
問題意識，問者提問（提出問題意識）本身，便產製了回答
的方向，不同的問題自然有不同的回答。而本書「僧與詩」、
「法與詩」、「思與詩」三部分，代表的是三種面向的提問，
分別營構詩人與僧人的身分對話、唯識學與詩法術語的概念
對話、哲思理路與詩學理念的精神對話，筆者期待在交互對
話中展開中國詩學詮釋的新可能。[35]

參、展開文化詩學的進路

一、西方「文化詩學」的出現

　　「文化詩學」是二十世紀七、八〇年代在西方文論界興

---

35 依詮釋學者赫施（Eric Donald Hirsch,1928-）的說法，詮釋者和文
　本都是歷史性的存在，因此無論是作為理解主體的研究者，還是作
　為理解對象的文本，都具有自身的歷史性、變動性。（見赫施著，
　王才勇譯，《解釋的有效性》，北京：三聯書店1991年，頁1-3）因
　此筆者的理解，是指作為詮釋者的研究主體所擁有的當下視域，與
　文本所擁有的過去視域的對話；所謂的意義，就是不同視域相互融
　合的產物。

起並具有廣泛國際影響的一種文論模式和批評方法。文化詩
學是文學理論和批評的「文化轉向」，最早明確標舉「文化詩
學」大旗的文學批評家是新歷史主義學者哈佛大學教授斯蒂
芬‧格林布拉特（Stephen Greenblant, 1943-）教授和史丹佛
大學教授海登‧懷特（Hayden White, 1928-）。二位新歷史主
義學者所提出「文化詩學」概念旨在當代語境下對歷史文本
重新進行文化闡釋和政治解讀的一種詩學。新歷史主義主要
是西方文學批評界在研究莎士比亞的時候所提出來的一種方
法。[36]

　　新歷史主義的歷史觀，簡單地說，集中在兩句話上：「文
本是具有歷史性的，歷史是具有文本性的」，研究時二者應雙
向關注。怎樣理解「文本是具有歷史性的」呢？這是說任何
文本都是歷史的產物，受歷史的制約，具有歷史的品格，因
此，任何文本都必須放到原有的歷史語境中去考量，才能揭
示文本的本質。又怎樣理解「歷史具有文本性」呢？這是說
任何歷史（包括歷史活動、歷史人物、歷史事件、歷史作品
等）對我們今人來說，都是不確定的文本，我們總是以今天
的觀念去理解歷史「文本」，改造和構設歷史文本，不斷地構
設出新的歷史來，而不可能把歷史文本復原。我們之所以會
如此，關鍵的原因是作為認識主體的人和人所運用的語言工
具。人是具體歷史的產物，他的一切特徵都是特定歷史時刻
的社會因素所刻下的印痕，人永遠不可能超越歷史，語言也

---

36 張京媛主編的《新歷史主義與文學批評》（北京：北京大學出版社，
　　1997 年）一書，收錄了斯蒂芬‧格林布拉特〈通向一種文化詩學〉
　　及海登‧懷特〈評新歷史主義〉二篇中譯文。

是如此。

　　按結構主義的意見，語言是所指和能指的結合，這樣，語言的單一指稱性就極不可靠。這樣，當具有歷史性的人運用指向性不甚明確的語言去閱讀歷史文本時，會發生什麼情況呢？肯定地說，他眼前所展現的歷史，絕不是歷史的本真狀況，只是他自己按其觀念所構設的歷史而已。就是歷史學家筆下的歷史也只具有「虛構性」。今天說某段歷史是這樣的，明天可能又被推翻，換成另一種說法。這就是新歷史主義的新歷史觀。例如，我們在面對司馬遷的《史記》文本的時候，我們一方面認為他寫的那些人物、故事不過是他用他的語言書寫出來的，雖然他根據一定的史料，但他筆下的歷史文本經過了加工、分析、解釋，這已經不完全是真實的歷史，所以歷史是文本的，但另一方面，我們又要看到司馬遷用他的言語所書寫的《史記》，必然受司馬遷所在那個時期的社會、文化諸多歷史條件的制約，他寫來寫去，也不可能完全超越他所處的歷史文化條件，所以文本是歷史的。

二、中國「文化詩學」的發展

　　儘管文學詩學由當代西方學者所首先提出，然而近年來中國的文化詩學研究已蔚為大觀。自二十世紀九〇年代以來，受到西方文化詩學的理論啟迪，中國有一批學者也開始致力於展開中國本土的文化詩學研究，並取得了不俗的成績。這些研究群大概可分為三類：

　　第一，以王岳川[37]、盛寧[38]、張京媛[39]、張進[40]為代表的
學者，認為新歷史主義或文化詩學是歐美文學批評在西方後
現代語境下轉向歷史的理論產物，屬於當代西方文學理論的
範疇，而中國學者在對新歷史主義的研究中應該採取適當的
理論闡釋角度，以保證客觀而公允的學術評價。他們均以當
代西方文學理論的批評視角，對新歷史主義的理論來源、學
科定位、研究思路等等進行詳細而深刻的梳理性研究。體現
了中國學者以「他者」文化視角對西方新歷史主義理論的思
考與闡釋。

　　第二，以童慶炳先生為代表的北京師範大學文藝學中心
學者群體，認為新歷史主義是西方理論批評從文學「自律性」
到「他律性」研究的轉變，學者在文學批評中可以部分借鑒
新歷史主義的理論成果，但最終必須根源於中國自身的現
實，並建立中國的「文化研究」或「文化詩學」。童慶炳所提
倡的文化詩學是以審美評價活動為中心，同時還雙向展開，

37　參見王岳川《後殖民主義與新歷史主義文論》（濟南：山東教育出
　　版社，1999 年），及〈新歷史主義：話語與權力之維〉（《益陽師
　　專學報》，1999 年 1 期）、〈新歷史主義的理論盲區〉（《廣東社會
　　科學》，1999 年 4 期）、〈歷史與文本的張力結構〉（《人文雜誌》，
　　1999 年 4 期）、〈重寫文學史與新歷史精神〉（《當代作家評論》，
　　1999 年 6 期）、〈新歷史主義的理論意向〉（《山花》，1998 年 12 期）、
　　〈海登懷特的新歷史主義理論〉（《天津社會科學》，1997 年 3 期）、
　　〈新歷史主義的文化詩學〉（《北京大學學報》，1997 年 3 期）等
　　文。
38　參見盛寧《新歷史主義》（臺北：揚智出版社，1995 年）。
39　參見張京媛編《新歷史主義的文學批評》（北京：北京大學出版社，
　　1993 年）。
40　參見張進《新歷史主義與歷史詩學》（北京：社會科學出版社，2004
　　年）。

既向宏觀的文化視野拓展，又向微觀的言語的視野拓展。他認為不但語言是在文學之內，文化也在文學之內。審美、文化、語言及其關係構成了文學場。文化詩學強調語言與意義、話語與文化、結構與歷史本來都同在一個「文學場」裏，文化與言語，或歷史與結構，是文化詩學的兩翼，兩翼互動、互構的研究是文化詩學所追求的目標。[41]

　　第三，以蔣述卓先生為代表的暨南大學學者群體，既承認中國文化詩學與新歷史主義文化詩學的親緣關係，也強調中國文化詩學的審美特性是與西方文學批評中新歷史主義相區別的重要標誌。蔣述卓指出，「文化詩學既是文化系統的實證性探討與文學審美性描述的統一與結合，又是文學外在研究與內在剖析、感受的統一與結合，是西方哲學化批評與中國詩化批評的化合」，強調「文化詩學的價值積澱是文化關懷和人文關懷」，而文化詩學的內涵具體體現為對作品的文化哲學觀、對作品中社會文化背景以及作品對文化人格的建設等問題。

　　上述第一個研究取向集中在外文學界，體現了中國學者以「他者」文化視角對西方新歷史主義理論的思考與闡釋。

---

41 詳參童慶炳〈中西比較文論視野中的文化詩學〉（《文藝研究》，1999年4期，頁33-35。）、〈文化詩學的學術空間〉（《東南學術》，1999年5期，頁8-11。〉〈植根於現實土壤的文化詩學〉（《文學評論》2001年6期，頁35-40。）、〈文化詩學芻議〉（《北京師範大學學報》2001年3期）、〈新理性精神與文化詩學〉（《東南學術》，2002年2期）、〈再談文化詩學〉（《暨南學報》2004年2期）、〈文化詩學－文學理論的新格局〉（《東方叢刊》2006年1期）、〈文化詩學作為文學理論的新構想〉（《陝西師大學報》2006年1期）、〈文化詩學：宏觀視野與微觀視野的結合〉（《甘肅社會科學學報》2008年6期，頁132-135。）等文。

第二及第三個研究取向集中在中文學界，體現了中國學者接受西方新歷史主義的刺激研究中國詩學，並發展出具有中國本土特色的中國文化詩學。目前福建漳州師範學院甚至成立了「文化詩學研究所」，從二○○○年起開始發行《走向文化詩學》學術專刊，提供文化詩學研究學者發表研究心得。

三、本書「文化詩學」的取向

過去學界研究詩學注重詩學本身歷史事實面相的客觀求真的研究，如詩學文獻的輯佚整理辨偽訓詁考訂、詩歌史現象（包括格律、詩家、風格、流派）的發展演變以及傳統詩觀、詩論、詩法的描述梳理總結等。上述研究取向，是詩學的內部研究，其實學界早有研究者不停留於結帳清理式的研究中國詩學，認為中國詩學的意義不僅僅止於傳統的詩歌本身，不滿足於詩歌與歷史、思想的領域彼此氣息不通，於是探尋詩學與其他領域相接的可能性，[42]這樣的研究取向便是「文化詩學」的路數。

文化詩學研究其實就是詩學內部與文化外部連結的研

---

42 如錢穆編《理學六家詩鈔》選輯理學思想家的詩作，又如錢鍾書對比《詩經・秦風・蒹葭》與西方浪漫主義詩人的心境，又如陳寅恪以唐史、明清史釋證元白詩、錢柳詩，凡此種種皆超越了傳統詩學的文獻學、作品論釋和文學史及詩觀詩法論的範圍，超出了重事實、求系統、考源流、定甲乙的客觀實證方法旨趣。
華東師大中文系教授胡曉明，曾指出二十世紀有兩個學者的詩學是值得重視，一個是陳寅恪，一個是錢鍾書，陳寅恪是同光詩人兼理論家陳衍的兒子，錢鍾書是陳衍的學生，二人都繼承了同光體的靈魂，一位是以史證詩，一位通過注宋詩來表現理性詩歌的妙處。見胡曉明〈被放逐的詩學〉，《中文自學指導》，2004 年 3 期，頁 23-26。

究，我們須知無論從文化的視野觀照詩學，還是從詩學中返觀文化，都有利於在更廣闊宏觀的學術視野和更多參照體系中揭示出中國詩學的本質、特性、意義和價值。然而二者結合在一起的研究，並不是西方人的專利品。

西方形式主義文論的影響，文學批評的中心課題有一段時間過於關注文學內容與形式的關係，這雖然有效地幫助界定文學的獨立性，但畢竟是消解了文學與社會文化的聯繫為代價，當文學成為一種最終與真實人生不太相干的形式遊戲時，也就失去了文學內在的生命力，因而文學研究才有文化轉向的呼聲。

近十年來國內文化研究的跨學科研究精神，提供理論強大的詮釋力、社會強烈的批判力，業已成為當今人文學界最具活力的學術領域之一。當前文化研究的跨界的思維，與傳統治學態度兼治文、史、哲，可謂異源而同流。我們擴展詩學研究的文化視角，探尋詩學與文化間的關涉性，既合乎學術研究的熱潮，也契入中國文化精神的底蘊。

本書的研究進路 ── 「文化詩學」，簡言之，就是詩學的文化研究，既從文化視角觀照詩學脈胳，亦從詩學體系返觀文化義蘊，是詩學的內部與外部研究的結合。本書無論探索詩歌創作觀、詩法術語，還是詩學思想、詩歌特性，都嘗試匯通詩學本身與儒佛思想的關係，因此本書的取向，同時兼顧詩學的內部和外部研究，以及內外部研究間的關聯性。本書所跨越的向度，就對象言，包括方外和方內；從時間言，從中古到當代；就思想言，涵蓋佛教和儒家二大思想。

本書第一部分「僧與詩」即考察「詩僧」這個特殊雙重

身分的創作觀，第二章分析唐代詩僧皎然「文章宗旨」的內涵，第三章則由唐代跨越到宋代詩僧惠洪，主要考察「文字禪」的意義。第一部分不單透過唐宋詩僧的創作論探索語言與真理的關係，以呈現文學與宗教間的互滲情形，亦嘗試藉用當代思潮中對於語言的研究的方法，去探討詩僧的創作論及語言觀，從而指出詩僧在理論及作品背後所彰顯的理論意義。

本書第二部分「法與詩」所嘗試的研究和進路，是希望建立一個詮釋中國詩學術語的形成與佛教宗理的內在關係。第四章處理唐代詩論中運用「境」與唯識學的關係，第五章處理清代詩論中運用「現量」與唯識學的關係。

本書第三部分「思與詩」處理當代二位重要學人徐復觀、勞思光的詩觀及其詩觀的實踐。附錄「思光詩述解」既是第七章研究論述的基礎，而每首詩的述解，其性質正是對當人詩人詩歌具體分析的實踐，屬於當代詩學研究面向之一。

傳統中國詩學常被批評，缺乏嚴謹的系統。筆者在本書嘗試開展的視域和進路，不乏借用西方的理論觀照，在對比對話及跨文化閱讀間，廓清中國詩學一些議題往往給人一個假象，使人以為通過對傳統中國詩學的後設閱讀，便有可能清理出中國論述的詮釋系統。

近年知識產生的中心一直在西方，因此從西方閱讀傳統的中國詩學的確可以為我們提供一個機會從跨文化的角度去檢視中國批評論述的閱讀位置。跨文化間閱讀時，如只從西方視角進行中國詩學的研究，很可能會淪為「東方主義者」的變相文化侵略，或者是文化失語症問題，這都是本文嘗試克服的障礙。

第一部分

僧 與 詩

第二章　唐代詩僧皎然的詩藝觀

壹、前　言

　　皎然（720-793 或 798）是中唐著名的「詩僧」，俗姓謝，名晝，字清晝，晚年以字行，湖州長城（今浙江吳興）人，為謝靈運的十世孫，傳世著作有《皎然詩集》十卷、《詩式》五卷、《詩議》一卷。[1]據唐釋福琳〈唐湖州杼山皎然傳〉記載，皎然留心於篇什、文章儁秀，能用「詩句牽動，令入佛智」以達行化之意，所以「凡所游歷，京師則公相敦重」，時人號其為「佛門偉器」。[2]宋高僧傳記載他與會稽靈澈、杭州道標等僧人相與唱酬，詩名並稱於當時。[3]唐宋時期已肯定他為唐代詩僧的代表，[4]而其論述作詩技法的著作 ——《詩式》、

1　詳參賈晉華《皎然年譜》（廈門：廈門大學出版社，1992 年 8 月第一版）所考之生平、著述、交游。

2　（唐）釋福琳〈唐湖州杼山皎然傳〉，收在《全唐文》（上海：上海古籍出版社，清嘉慶十三年董誥刊本），卷九一九，頁 4244 中、下－4245 上。

3　（宋）贊寧《宋高僧傳・道標傳》（臺北：文津出版社，1991 年 8 月初版，據 1987 年北京中華書局點校本影印）載中唐時稱許這三位詩僧的詩歌有諺云：「霅之晝，能清秀；越之澈，洞冰雪；杭之標，摩雲霄。」，頁 374。另可參〈靈澈傳〉（頁 370）、〈皎然傳〉（頁 728）。

4　（唐）劉禹錫說：「世之言詩僧，多出江左。…獨吳興晝公能備眾體。」

《詩議》── 不僅為僧家論詩之濫觴，更是唐代重要的詩歌理論專著。[5]

皎然對前賢詩歌的批評中，對其先祖謝靈運最為推崇，《詩式·文章宗旨》以謝詩為典範說明創作之宗旨：

> 康樂公早歲能文，性穎神徹，及通內典，心地更精，故所作詩，發皆造極，得非空王之道助耶？夫文章，天下之公器，安敢私焉。曩者嘗與諸公論康樂，為文真於情性，尚於作用，不顧詞彩，而風流自然。彼清景當中，天地秋色，詩之量也；慶雲從風，舒捲萬狀，詩之變也。不然，何以得其格高、其氣正、其體貞、其貌古、其詞深、其才婉、其德宏、其調逸、其聲諧哉。……惠休所評「謝詩如芙蓉出水」，斯言頗近矣。故能上躡風騷，下超魏晉。建安之作，其椎輪乎？[6]

見《劉禹錫集》卷十九集紀，〈澈上人文集紀〉（卞孝萱校訂，北京：中華書局，1990 年 3 月第一版），頁 240。這一段材料是現存唐人文獻中第一次對唐代詩僧源流所作的最具體的說明。

（宋）葉夢得《石林詩話》卷中：「唐詩僧自中葉以後，其名字班班，為當時所稱者甚多。然詩皆不傳…中間惟皎然最為傑出」，收在《百部叢書集成》初編第二輯《百川學海》第九函（臺北：藝文印書館，1971 年，據宋本影印附毛晉跋及四庫提要），葉 10a-b。

（宋）嚴羽《滄浪詩話·詩評》云：「釋皎然之詩，在唐詩僧之上。」收在《百部叢書集成》初編第二十二輯《津逮秘書》第八函（臺北：藝文印書館，1971 年，據明崇禎毛晉校刊本影印）。

對於皎然詩歌及詩學的評論，周維德《詩式校注·附錄》（杭州：浙江古籍出版社，1993 年 10 月第一版）收錄唐代至清代的評論共三十八條，詳請參頁 155-165。

5　（明）胡震亨《唐音癸籤》卷三十二（臺北：木鐸出版社，1982 年 7 月臺一版點校本）稱唐人詩話中「唯皎然《詩式》、《詩議》二撰，時有妙解。」

6　見李壯鷹《詩式校注》（濟南：齊魯書社，1986 年 3 月第一版，1987

　　姑不論皎然對謝詩的評價是否客觀，但是我們知道他稱許謝詩「發皆造極」「上躡風騷，下超魏晉」，乃因謝靈運「真於性情，尚於作用，不顧詞采，而風流自然」，這四句話是對謝詩的讚美，也透現了皎然重要的詩藝觀點，以下筆者就根據皎然提示「真於情性，尚於作用，不顧詞采，而風流自然」這四個重點剖析皎然的詩藝觀。[7]

貳、真於情性

　　中國的詩歌是以抒情寫志為主的，而情志感動的來源有兩個：自然界的感發和人事界的感發。詩人如何表達這些感發呢？古人認為有三種方法：第一是「賦」的方法，「賦」是直接敘寫，即物即心；第二是「比」的方法，「比」是借物為喻，心在物先；第三是「興」的方法，「興」是因物起興，物在心先。這三種方法都注重用形象觸引讀者的感發，[8]皎然論

年 7 月初版二刷，以下簡稱李注《詩式》），李注《詩式·文章宗旨》，頁 90。

7 從西方的文藝史來看，「詩藝」一詞乃兼指詩歌創作理論及技巧。按：義大利人賀拉斯（Quintus Horatius Flaccus, B.C.65-8）有《詩藝》（Arts Poetica）一書，此本小書上承亞里斯多德的《詩學》，下開文藝復興時期文藝理論和古典主義文藝理論之端，在西方古代文藝學史上占有一承先啟後的地位，對十六至十八世紀的文學創作，尤其戲劇與詩歌，具有深遠影響。該書為原為一封詩體信簡，其內容就是在談他個人文學創作觀點，初無題，後被羅馬修辭學演說學家昆提利阿努斯（Quintilianus, 約 35-95A.D.）改稱為《詩藝》。參見亞里斯多德、賀拉斯著，羅念生、楊周翰譯，《詩學/詩藝》（北京：人民文學出版社，1962 年 12 月第一版，2000 年 5 月初版七刷），頁 136、163。

8 參見葉嘉瑩《迦陵談詩》第二輯（臺北：三民書局，1970 年 4 月第

詩相當重視情感，他以情釋六義之賦說：「賦者，布也。匠事布文，以寫情也」[9]，即認為詩歌要直接鋪寫的對象是情感，他並曾指出情感是作詩的基礎和根源說：「夫詩工創心，以情為地，以興為經」[10]。

依皎然之見，上乘詩作應是「真於情性」的，而詩歌源於真情性這種看法，指向一種特殊的詩學觀：詩歌不在乎掌握現實，而重點在於發現現實，更準確的說應是發現生命。因此詩承載著生命存在，反過來說生命存在也生成了詩。所以皎然說：「為文真於情性，尚於作用」，「尚於作用」筆者在下節處理，至於「真於情性」就是指為文得追求生命存在的真實化。人常為物慾所枷鎖，權利所樊籠，而喪失自我，即便要理解自我，人又習於運用思辨方式理解人生，於是活生生的人被化約為簡單的抽象觀念，真實的生命於是被思辨空洞化，於是人們意圖以在思辨方式理解自我的時候，人們便已喪失自我。所謂本真易遠，而真我難求。皎然要求「真於情性」，就是如實的面對真情性、有血肉的人生，而唯有從真情性、真血肉的生命存在才能產生真情實感，這樣的詩作才易感動人心。

但是如何能夠真於情性呢？這就需要在創作心靈上下功夫，貞元初六十七歲的皎然返回湖州的東溪草堂居住，[11]當

一版，1991 年 8 月初版六刷），頁 311-314。

9　見李注《詩式》附錄二《詩議》，頁 272。

10　李注《詩式》附錄二《詩議》云：「夫詩工創心，以情為地，以興為經，然後清音韻其風律，麗句增其文彩…」，頁 268。《詩議》已佚，輯於《文鏡秘府論》南卷（北京：中國社會科學出版社，1983年 7 月，王利器校注本），頁 329。

11　據賈晉華考皎然於貞元二年（786A.D.）返湖州居東溪草堂，時年

時他為尚未定稿的《詩式》寫下序言，其中頗有發揮，他說：

> 貞元初，予與二三子居東溪草堂，每相謂曰：世事喧喧，
> 非禪者之意，假使有宣尼之博識、胥臣之多聞，終朝目
> 前，矜道侈義，適足以擾我真性，豈若孤松片雲，禪坐
> 相對，無言而道合，至靜而性同哉？[12]

皎然從對比儒家與佛教心靈以說明真性的掌握，首先他
點出「世事喧喧，非禪者之意」。禪心是追求空寂的，自應遠
離喧鬧的塵俗之事。但真正關鍵並非在求隔離外在的世事，
而在澄澈內在的本心。而傳統士人大多涵泳於儒學傳統，儒
家講究的是博聞強記、溫故知新，人文教化的理想，具體落
實在知識傳承；但俗儒良知放失未復，雖心中充塞著口耳之
學的知識，實際卻食古不化，奢談道義，當然就干擾真性。
從皎然這些意思，我們可以確定皎然認為知識的累積障礙了
真性情的呈現。當然真正的道義，必須奠立在堅實的真情實
感之上，如此方能體用兼賅，枝榮葉茂，否則無源之水，無
枝之葉，不但不能久大，更塞源腐幹，無益於大本。總之，
立本最為重要，所謂君子務本，本立而道生。

同理，在詩歌創作的活動中，人們也就必須真於性情了，
而不能耽於知識的累積。問題不在於是否有「有宣尼之博識，
胥臣之多聞」，而在積累知識的過程中，人的心靈容易由充實
而變為充塞，終至喪失創思的空間；外在知識的充塞，正阻
礙了真實生命的呈現，也隔斷了詩人創作的靈感，換言之，

六十七。見《皎然年譜》（廈門：廈門大學出版社，1992 年 8 月第
一版），頁 127-8。
12 見李注《詩式・序》頁 1。

非生命化的知識累積桎梏真實生命的存在，也樊籠了藝術創
造的活力。所以從這樣的角度理解，就容易將真實生命存在
的呈現與旺盛藝術活力的生成視為一體兩面的事情，亦即詩
人若能呈現真情性，就有鮮活的創作能力。

　　所以詩人的遠離喧喧世事，代表著將外在的現象世界懸
置，而逆求內在本真生命性情的開顯。但是這種逆向的求索
並非一種積極的營謀，而是靜態的敞開。吾人先抖落外在喧
喧世事的紛擾，同時也中止懸置吾人對事物的習見，而讓自
我的性情，外在的世界如其所如的呈現。這是一種放下，吾
人不單放下充滿著喧譁的塵俗，更放下充塞著習見的成心。
這也是一種破執，吾人破除對凡俗的執著，更破除對自我的
執障。從放下而無我到靜斂而無念，再再指向如實觀的呈現。
所以皎然的摒棄「喧喧世事」追求「禪意」，其實就是為了確
保清明的心性，將主體外向的認知運動，逆轉為內在心靈的
敞開。這是一種從新認識自我與世界的方式，由於心靈不再
以成心習見臆斷世界，於是能讓世界如實的呈現在目前，讓
自我如實的呈現在目前。同理，詩人的創作，就不在於追求
對以客觀筆觸模仿宇宙，也不追求以主觀情志點染世間，而
只是簡單的如實呈現。詩人敞開心靈，獨對天地，聆聽而不
臆說，靜觀而不妄斷，詩人無言，而自然溟合大道；而運用
如實觀以靜觀萬物，讓真性情，真世界如其所如的浮現，也
透現著天地萬物緣起性空的共同性。所以皎然在較論儒釋之
後說：「豈若孤松片雲，禪坐相對，無言而道合，至靜而性同
哉？」很明顯的，皎然的詩藝觀充分顯示佛教的色彩，事實
上，皎然在分析他所最推崇的詩人謝靈運之時，也發揮佛教

的空觀對謝詩的成就的影響。皎然說：「康樂公早歲能文，性穎神徹，及通內典，心地更精，故所作詩，發皆造極，得非空王之助耶？」

皎然這種涵泳內學的詩藝觀，也出現在稍晚與詩僧靈澈頗有交誼的文人劉禹錫（772-842A.D），劉氏分析僧侶從事創作有利的條件在於心地虛靜：

> 梵言沙門，猶華言去欲也。能離欲，則方寸地虛，虛而萬象入，入必有所泄，乃形乎詞。詞妙而深者，必依於聲律。故自近古而降，釋子以詩名聞於世者相踵焉。因定而得境，故儵然以清；由慧而遺詞，故粹然以麗。信禪林之蕅萼，而戒河之珠璣耳。[13]

劉禹錫認為僧人能摒除世俗欲念使心地虛靜，是因為修練入定的工夫，心靈虛空澄靜才能如鏡子一般取攝萬有，因能照鑑萬有，才能造出優美的詩境，由入定體物所創造出來的詩境，必然清麗脫俗，申宗教智慧所凝鍊出來的詩句，必然精緻豐富。

而皎然這種涵泳內學的詩歌藝術，也造成讀者的共沾法益，正因為皎然能用「詩句牽動，令入佛智」以達行化之意，所以當時人號其為「佛門偉器」。不過筆者認為皎然詩句的牽動人心，應非仗著澎拜激越的感情，而是一顆寧靜的禪心，這也是論者認為僧詩本色富「蔬筍氣」、「酸餡氣」的原因。[14]

---

13 見〈秋日過鴻舉法師寺院便送歸江陵·并引〉，收在《全唐詩》（臺北：文史哲出版社，影印中華書局標點本），卷三五七，頁4015-4016。

14 如歐陽脩稱讚大覺懷璉禪師的詩說：「此道人作肝臟饅頭」王安石不懂其中的戲謔，問他是什麼意思，歐陽解答說：「是中無一點菜

同時，因為皎然通過隔斷臆見成心所得的如實觀，呈現的是通透的空觀，而領悟諸法皆空，自然能帶領讀者進入佛陀的智慧。佛教通常所以讀者領受的是佛的智慧，而非慈悲。這就是所謂「詩句牽動，令入佛智」。

這種視詩歌為助道的媒介，實是大乘佛教觀點的展現。如皎然返湖州居於東溪草堂時，有感於僧人作詩「非禪者之意」，而欲「屏息詩道」，於是拋棄了筆硯，將剛完成的《詩式》以及所有的詩文作品束之高閣。不過後來皎然經過湖州太守李洪的開解，便放棄了小乘的看法重拾筆硯創作。[15]而唐人視詩歌為一種助道的工具，也實著眼於此：如白居易說道宗的作品是「為義作，為法作，為方便智作，為解脫性作，不為詩而作也」，「是故宗律師，以詩為佛事」，「先以詩句牽，後令入佛智」，[16]劉禹錫說靈澈是「以文章接才子，以禪理說高人」，[17]權德輿說靈澈「皆以文章廣心地，用贊後學，俾學者乘理以詣，因裏而悟」，[18]

叁、尚於作用

上節提到皎然以謝靈運為典範，他稱許謝詩「發皆造極」

氣」。（見《冷齋夜話》卷六）又蘇軾〈贈詩僧道通詩〉說：「語帶煙霞從古少，氣含蔬筍到公無。」自注云：「謂無酸餡氣也」。一般以為僧詩清淡無味，大概認為蘇軾之注語是酸餡氣一語最早的出處。
15 見《宋高僧傳》卷二十九〈唐湖州杼山皎然傳〉，頁 728-729。
16 見白居易〈題道宗上人十韻并序〉，《全唐詩》卷四四四，頁 4978。
17 見劉禹錫〈澈上人文集序〉，《全唐文》卷六○五，頁 2708 下-2709 上。
18 見權德輿〈送靈澈上人廬山迴歸沃洲序〉，《全唐文》卷四九三，頁 2226 下-2227 上。

「上躡風騷，下超魏晉」，乃因謝靈運「真於情性，尚於作用」，
這一節筆者將討論「作用」意義。除了上述材料外，《詩式》
還有不少地方提到「作用」，如：

> 夫詩者……其作用也，放意須險，定句須難，雖取由我
> 衷，而得若天授。……[19]
>
> 意度盤薄，由深於作用。……[20]
>
> 天與其性，發言自高，未有作用。（此評李陵、蘇武詩）……
> 辭精義炳，婉而成章，始見作用之功。（此評古詩十九首）
> [21]

　　值得注意的是在上引數則例子中，皎然在提到「作用」
的時候，往往也帶出「情」、「意」等字眼，可見「作用」與
詩人的思想感情有相當的關係。但甚麼是「作用」呢？現代
學界對皎然所謂的「作用」並無一致的論斷。其中較具代表
性的解釋有郭紹虞、李壯鷹、徐復觀及張伯偉等四家，[22]不
過，四家解釋雖均有所見，但都不免偏向於活動過程，而未
能充分重視「作用」在內容層次的意義。筆者贊同郭紹虞教
授的看法，皎然的「作用」應指藝術構思，但是郭先生並未
進一步說明藝術構思的內涵。筆者認為皎然所謂「作用」應
為形成詩歌意義世界的藝術構思；析而論之，「作用」所指的
藝術構思包含構思活動與意義世界兩大成份。首先，它指的

---

19 見李注《詩式・序》，頁 1。
20 見李注《詩式》卷一「詩有四深」，頁 14。
21 見李注《詩式》卷一「不用事第一格・李少卿與并古詩十九首」，
　　頁 79。
22 參郭紹虞《中國歷代文論選》第二冊選注《詩式》，李注《詩式》，
　　頁 4。張氏《禪與詩學》（杭州：浙江人民出版社，1992 年 9 月第
　　一版，1993 年 10 月修訂二版），頁 25-29。。

是作者在創作過程中的具體藝術構思活動，而此一構思活動又可細分為立意與取境兩層；其次，所謂「作用」還包括此一活動所指向的意義世界。首先就意義世界層次說明皎然的作用，然後再從檢討上述四家解釋當中說明皎然筆下的「作用」所具有的活動意義。

　　從內容與形式的分立言，我們可以把握皎然的「作用」實指向意義世界。《詩式》卷一「明作用」一節云：

> 作者措意，雖有聲律，不妨作用，如壺公瓢中自有天地日月。時時拋針擲線，似斷而復續，此為詩中之仙。[23]

　　詩人在構思籌劃創作之際，自然得運用語言符號系統，但是近體詩跟一般文學作品不同，需講聲律、平仄，因之學習寫近體詩的人，最先得處理的問題就是形式上的得韻合律，但也因此而容易耽於格律的要求，而忽視內容意義的經營。皎然認為寫詩自應考慮聲律方面的技巧，但不能因而受限於聲律，忘了經營符號系統所含藏的意義世界。「壺公瓢中自有天地日月」，典出《後漢書・方術列傳・費長房傳》，故事說汝南市中有一賣藥的老翁，在他的藥攤上懸掛一隻壺，每天收市時就跳進壺中，費長房在樓上看得一清二楚，再三拜請老翁喝酒吃肉。老翁知道他的意思，約定日期後便帶費氏跳進壺中，費氏才發現壺中竟然別有一番天地，一派富貴景象。[24]葫蘆／天地正類比著符號系統／意義世界的關係，葫蘆中的天地正是說明符號系統中隱藏的意義世界。寫詩的

23　見李注《詩式》卷一「明作用」，頁10。
24　《後漢書・列傳・卷八十・方術列傳第七十二下・費長房》（臺北：鼎文書局，1979年12月點校本第一版，1986年10月初版三刷），頁2743。

活動正是成功的媒合語言符號與意義世界的穿針引線般的工作，所以皎然說「時時拋針擲線」。實際上，詩人寫詩就好像進行編織的活動，但詩人追求的不僅是文字符號層次的編列組合，他更講究通過文字的穿針引線所編織出的意義世界。所以「時時拋針擲線」正是追求通過高明的文字符號運用而編織出詩作的內容天地，意義世界，所以皎然的「作用」，正是緊扣內容、意義的構建而立說的，它指向詩作的意義世界的織造。但是一篇高明的詩作，卻不能與也重視內容意義的說明文或論說文相比，說明與論說固然重視內容，但其表述首重清晰，因此，它們講求文字與意義的緊密的連結，追求文字與意義之間的關係必需密不可分，顯而易見。可是詩句太過顯露就不免枯槁乏味，所以皎然說上乘的詩歌應「似斷而復續」，換言之，詩歌中文字符號與意義世界的連結必需顯隱得宜，甚至斷續得當。我們可以推想皎然所肯定的詩中仙人之作，絕非顯露淺白之作，顯隱斷續不但關涉符號與意義的連結關係的清晰與否的問題，實際上正通過隱而不彰，續而似斷的潛藏接連，詩作產生創造性的模糊，成就了意義的跳接與豐盈。

　　就詩意的豐盈來說，皎然還曾提出「重意」說。「重意」就是指詩歌寓含的「言外之意」，他說：

　　　　兩重意以上，皆文外之旨。若遇高手如康樂公，覽而察之，但見性情，不睹文字，蓋詩道之極也。[25]

---

25 見李注《詩式》卷一「重意詩例」，頁 32；周維德《詩式校注》（杭州：浙江古籍出版社，1993 年 10 月第一版，以下簡稱周注《詩式》）周注《詩式》卷一「重意詩例」，頁 25。

　　詩歌的篇幅及文字有限，如何在有限的文字中創造一種意義的盈餘（surplus of meaning）[26]，也就是說詩中的文字符號固然指向某一事物，可是它的指涉並未就此而止，相反的，除了表層的意義外，還有額外深層的意義。這就關連到所謂「重意」，亦即創作主體在立意構思之際，進行多重詩意的濃縮凝聚，以營造豐富的、疊進的意義世界；皎然在《詩式》〈重意詩例〉一節，舉出「一重意」「二重意」「三重意」「四重意」等詩例，便是要指出詩歌在表面意義之後所寓含的深層意義世界。

　　總而言之，從有關「作用」的敘述，我們看到皎然非常重視詩歌的意義世界，皎然這種重意義而不耽於聲律的看法，透露著超形式的色彩。而皎然這種超形式的色彩也反映在他不重視詞采的觀點中，所謂「為文真於情性，尚於作用，不顧詞彩，而風流自然」。我們暫且放下「真於情性」、「風流自然」的問題，僅從崇尚作用，不顧詞采的話就可以印證皎然重內容意義的觀點。

　　問題是何以「作用」會有助於詩作的成功呢？皎然說：「意度盤薄，由淺於作用」，這是認為創作者要重視「作用」，因為深諳「作用」，就會造成意度盤薄的結果，用現代的語言說就是如果詩人能夠深入意義世界，就會造成構思立意範圍的磅礴廣大。這裡的意義世界並非指作品產生之後，文本所關涉的內容，而是作品產生前內存於創作者之中的意識基礎。

---

26 此藉用法國當代哲學家呂格爾（Ricoeur）的說法。參見蔡源煌《從浪漫主義到後現代主義 ── 文學術語新詮》（臺北：雅典出版社，1987 年 12 月第一版，1998 年 3 月修訂八版），頁 31-39。

深入這一意識基礎，實是一種發現（discovery），也是一種理解（understanding），它解蔽、朗現那廣袤的深層生命存在。因之，也厚實了作者的視域，當然也豐富了立意的範圍。因此，「作用」與立意範圍的廣狹息息相關。

　　提到立意就必須反省具體的創作活動，皎然的「作用」在創作活動層次指的是甚麼呢？現代學人多從創作活動理解皎然的「作用」，檢討現有相關的論述，有代表性的有下列四家：

　　　　（1）郭紹虞先生注解《詩式》時指出，作用的意思是「藝術構思」。[27]

　　　　（2）李壯鷹先生認為作用是釋家語，指「文學的創造性思維」。[28]

　　　　（3）徐復觀從《詩人玉屑》的材料認為作用相當於傳統哲學「體用」中的「用」。[29]

　　　　（4）張伯偉認為作用的意思比較接近「物象」。[30]

　　郭、李二人的解釋相近，作用接近於立意問題，而徐、張二人從體用的角度理解作用，它的意思比較接近取象問題。我認為如果從「立意」層次言，作用指詩人的情感發用，這在皎然《詩式》中對「立意」有較詳的說明；而如果從「取

---

27 見郭紹虞《中國歷代文論選》第二冊選注《詩式》。

28 見李注《詩式》，頁 4。

29 見徐復觀《中國文學論集續篇》〈皎然詩式「明作用」試釋〉（臺北：臺灣學生書局，1981 年 10 月第一版，1984 年初版二刷），頁 149-154。

30 張伯偉研究中指出晚唐詩格中強調先立意，後取象，或者強調意有內外，凡強調詩的作用必然強調詩的物象，因此離開了「物象」就無法把握作用的含義。見張氏《禪與詩學》（杭州：浙江人民出版社，1992 年 9 月第一版，1993 年 10 月修訂二版），頁 25-29。

象」層次言，指詩人將客觀的物象具體化為詩中的意象，這
又接近《詩式》中的「取境」說。其實「立意」與「取境」
分屬創作主體呈現創作對象的構思過程中的兩個階段，一個
在前，一個在後，但是彼此又互相關聯牽涉。[31]學人各得一
邊，或許就是對於「作用」一詞的解釋會出現如此分岐的原因。

　　總而言之，筆者以為皎然在使用「作用」一詞之時，兼
含「構思立意」、「取物為象」兩層意思。詩情可以發動，為
文風流自然可真於性情，此時「作用」接近於立意構思的意
思，這個「作用」從創作主體立言。但皎然的作用又有取物
為象的意思，此處的「作用」則從創作對象立說。所以從創
作活動的層次言，「作用」一詞兼含有「立意構思」與「取物
成象」兩層意涵。

肆、不顧詞采

　　僧侶作詩與文人作詩不同，自然不會大張旗鼓地講究詞
采。因為小乘佛教中的戒律並不同意僧人吟詠歌舞等行為，[32]

---

31 詳參拙文〈皎然意境論的內涵與意義 —— 從唯識學的觀點分析〉
　　（《佛學研究中心學報》第六期，2001 年 6 月，頁 181-211），第三
　　節「皎然論意」、第四節「皎然論境」。
32 如《四分律》云：「於聖法律中，歌戲猶如哭，舞如狂者，戲笑似
　　小兒。」見《四分律》卷五十八，見《大正藏》第二十二冊律部二
　　（臺北：新文豐出版公司，1983 年 1 月修訂版），頁 998 中。
　　又如《根本說一切有部毘奈耶雜事》說：「佛言苾芻不應往彼歌舞
　　之處故現其身，若苾芻身作歌舞及以諷詠，或復教人或自收攝或復
　　現身，皆越法罪。見《根本說一切有部毘奈耶雜事》卷四，《大正

其反對吟詠歌舞大概有以下五個重要理由：（一）壞威儀（二）曠時廢事（三）近惡墮惡（四）妨修禪定（五）障礙解脫。[33]部份律典雖允許僧人從事俗世歌舞吟詠活動，然亦主張所從事的吟詠歌舞活動，必須有宗教上的目的；[34]即使大乘教義解放了僧侶從事詩文創作的禁律，僧徒仍視詩歌為悟道的一種工具。所以我們當然可以理解身為僧侶的皎然，即使文章雋秀備受世人推重，仍主張作詩不可沈溺於詞采（不顧詞采），這種將創作形式的考量如聲律詞句等放在第二順位（「夫詩……以情為地……然後清音韻其風律，麗句增其文彩……」），自是僧人清淡本色的表現。

　　然而《詩式》畢竟是一本專門討論詩歌創作的著作，與詞采有關的藝術形式或創作技巧的論述，自然不會缺乏。如《詩式・復古通變體》一節反映了皎然對藝術形式繼承與創

藏》第二十四冊律部三，頁 221 中。

33 詳參釋昭慧分析，見《如是我思》（臺北：東初出版社，1989 年 9 月第一版，1990 年 6 月修訂版），頁 342-349。

34 如《根本說一切有部毘奈耶雜事》卷四：「佛言苾芻不應作吟詠聲誦諸經法，及以讀經請教白事，皆不應作。然有二事作吟詠聲，一謂讚大師德，二謂誦三啟經，餘皆不合。佛許二事作吟詠聲：讚佛德、誦三啟。…佛言應在屏處學吟詠聲，勿居顯露，違者得越法罪。」，頁 223 中。又如《十誦律》卷三十八〈明雜法之三〉云：「佛在舍衛國，有比丘…誦外書、文章、兵法，遠離佛經。佛言：今諸比丘若學外書、文章、兵法者，突吉羅。……外道到已，與新比丘、沙彌共論議，諸新比丘、沙彌皆不能答，以二事故：一者新入道，二者佛制不聽學（指外道）故。……佛言：從今聽為破外道故，誦讀外書。」（《大正藏》，頁 274 上-中）。曹仕邦認為此乃中國沙門研習外學的教義根據，見氏著《中國沙門外學的研究 —— 漢末至五代》（臺北：東初出版社，1994 年 11 月第一版，1995 年 5 月初版二刷），頁 3。本資料蒙李建崑教授於中興大學所舉行的「第二屆通俗文學與雅正文學學術研討會」中賜教，謹此致謝。

新的看法：

> 作者須知復、變之道，反古曰復，不滯曰變。若惟復變，
> 則陷於相似之格，……又復變二門，復忌太過，……如
> 釋氏頓教，學者有沈性之失，殊不知性起之法，萬象皆
> 真。夫變若造微，不忌太過，苟不失正，亦何咎哉？如
> 陳子昂復多而變少，沈、宋復少而變多。今代作者不能
> 盡舉。吾始知復、變之道，豈惟文章乎？在儒為權，在
> 文為變，在道為方便。後輩若乏天機，強效復古，反令
> 思擾神沮，何則？……[35]

　　皎然這一段話是在處理復古與通變的問題，這關係到皎
然的創作態度與主張。所謂「復古」是繼承過去的傳統，「通
變」是創造革新，[36]皎然認為「復變二門，復忌太過」、「變
若造微，不忌太過」，可見皎然的創作主張比較傾向於新變，
因為復古太過了就會走向「相似之格」，但他並不是完全反對
復古，這就是以復古為達到創新的手段。而唐初詩律的規模
奠定於沈佺期、宋之問二人之手，二人在創作上都非常重視
雕飾，特別是講究聲律的問題，[37]從其所舉「陳子昂復多而
變少，沈宋復少而變多」二個例子來看，可知皎然所說的變，
應偏於藝術形式的變。

　　新變獨創固然重要，但是任何創作者在積累的過程中，
必曾經歷一個學習模擬的階段，皎然主張創新，也不是完全

---

35 見李注《詩式》卷五「復古通變體」，頁235。
36 六朝時劉勰及蕭子顯已從文學發展的觀點處理過復古與通變的問
　　題，見《文心雕龍・通變》、《南齊書・文學傳論》。
37 《新唐書・杜甫傳》贊說：「唐興，詩人承陳、隋風流，浮靡相矜，
　　至宋之問、沈佺期等，研揣聲音，浮切不差，而號律詩，競相襲沿。」

反對人為模仿，《詩式》卷一提出「三偷」之說，乃有關詩句抄襲模仿的問題：

> ……三同之中，偷語最為鈍賊，如何漢定律令，厥罪不書？應為鄭侯務在匡佐，不暇及詩，致使弱手蕪才，公行劫掠。若許貧道片言可折，此輩無處逃刑。其次偷意，事雖可罔，情不可原，若欲一例平反，詩教何設？其次偷勢，才巧意精，若無朕跡，蓋詩人闒域之中偷狐白裘之手，吾亦賞儁，從其漏網。偷語詩例。如陳後主云：「日月光天德」，取傅長虞「日月光太清」，上三字語同，下二字義同。偷意詩例。如沈佺期詩：「小池殘暑退，高樹早涼歸」，取柳惲「太液滄波起，長楊高樹秋。」偷勢之例。如王昌齡詩：「手攜雙鯉魚，目送千里雁。悟彼飛有適，嗟此罹憂患」，取嵇康「目送歸鴻，手揮五弦；俯仰自得，遊心太玄。」[38]

皎然在此指出了模仿的三個層次：最差的是「偷語」，接近於抄襲，他舉了陳後主〈入隋侍宴應詔詩〉抄襲傅咸〈贈何劭王濟詩〉的詩句；其次是「偷意」，就其所舉沈佺期〈酬蘇味道詩〉模仿柳惲〈從武帝登景陽樓詩〉的詩句來看，偷意是指句法和內容的模仿；模仿較高的境界，皎然認為是「偷勢」，就其所舉王昌齡〈獨遊詩〉的五言古絕，模仿嵇康〈送秀才入軍詩〉的四言古詩來看，偷勢已擺脫了句法的模仿，接近於情感抒發、創作風格的模仿。

《詩式》卷一中有「跌宕格」、「淈沒格」、「調笑格」，「跌

---

38 見李注《詩式》卷一「三不同：語、意、勢」一節，頁45-46。

宕格」下又分「越俗」、「駭俗」二品,「淈沒格」下列有「淡
俗」一品、「調笑格」下列有「戲俗」一品。這「三格四俗品」
為一種不拘常法的創作,提倡的是一種跌宕不羈、驚世駭俗、
以俗為奇的語言風格。皎然對於四品的解說如下:

> 越俗。評曰:其道如黃鶴臨風,貌逸神王,杳不可羈。
>
> 駭俗。評曰:其道如楚有接輿、魯有原壤,外示驚俗貌,
> 內藏達人之度。
>
> 淡俗。評曰:此道如夏姬當壚,似蕩而貞;采吳、楚之
> 風,雖俗而正。
>
> 戲俗。評曰:《漢書》云:「匡鼎來,解人頤」蓋說《詩》
> 也。此一品非雅作,足以為談笑之資矣。[39]

皎然在評說各品之後,並分別舉了詩例:「越俗」舉了道
士郭景純〈遊仙詩〉,可見越俗指的是詩歌語言能有一種超越
凡俗難以跡冥的氣味。「駭俗」舉了王梵志〈道情詩〉,駭俗
指的是使用俗語的形式卻能表現達人的內容。「淡俗」舉了南
朝梁樂府民歌〈捉搦歌〉,「似蕩而貞」中的蕩指的是俚俗、
貞指的是高雅,因此淡俗主張使用俚語歌謠也能呈現一種清
淡高雅的氣質。「戲俗」舉了《漢書》及李白〈上雲樂〉(一
作〈狂詞〉),這是指使用俗語而能達到調笑諧趣的效果。

此外,皎然還有論述對仗、用典等與作詩格律有關的技
巧:《詩式》「對不對句」一節,《詩議》有「詩對六格」、「八
種對」二節分析對仗的原則和類型。《詩式》「用事」、「不用
事第一格」、「作用事第二格」、「直用事第三格」、「有事無事

---

39 李注《詩式》卷一,頁 38-41。

第四格」、「有事無事情格下第五格」等節，則討論用典與比的差別，並區分用事五個高下等級；他認為只有徵引古事只能視為一種「比喻」技巧，「用事」則著重於實際徵引古人、古言或古事時，是否能達到一種寄託諷諭的效果。皎然將「用事」分為五等，第一格即第一等就是「不用事」，可見用典作為創作的一種表現技巧，更重要的是在於能否表現藝術內容，所以當然不是創作時第一位順位的考量。

　　上述所略舉皎然有關詞采生成的論述，其實正指向對人為藝術加工的重視。自然天成與人為加工是不同方向的創作主張，皎然兼有這兩方面的論述，其關係究竟如何呢？請見下節分析。

伍、風流自然

　　皎然標榜上乘詩作，不刻意強調詞采，而能風流自然，什麼是「自然」呢？《詩議》有二處提到「自然」：

> 律家之流，拘而多忌，失於自然，吾常所病也。必不得已，則削其俗巧與其一體。一體者，由不明詩對，未皆大通。……俗巧者，由不辨正氣，習俗師弱弊之過也。[40]
> 《古詩》以諷興為宗，直而不俗，麗而不朽，格高而詞溫，語近而意遠，情浮於語，偶象則發，不以力制，故皆合於語而生自然。[41]

---

40 李注《詩式》附錄二《詩議》，頁 266。
41 李注《詩式》附錄二《詩議》，頁 265。

　　作詩受掣於聲律有失自然,《古詩十九首》合於自然,可見皎然所追求的「自然」是包括內容和形式兩部份,內容要達到諷興之旨,形式上的語言必需質樸,能擺脫聲律的束縛。但是「自然」並非指不要任何人為雕琢,《詩式》「取境」節討論創作過程中攝取、選擇境象的階段時,則提出「苦思」與「自然」對比:

> 評曰:或云,詩不假修飾,任其醜樸,但風韻正、天真全,即名上等。予曰:不然。無鹽闕容而有德,曷若文王太姒有容而有德乎?又云:不要苦思,苦思則喪自然之質。此亦不然。夫不入虎穴,焉得虎子?取境之時,須至難至險,始見奇句。成篇之後,觀其氣貌,有似等閑,不思而得,此高手也。有時意靜神王,佳句縱橫,若不可遏,宛如神助。不然。蓋由先積精思,因神王而得乎![42]

　　這段分析透露出「苦思」與「自然」兩種不同的創作方式。「自然」的創作論,指的是創作不須經過辛苦經營,而是一種自然的流露或呈現;而「苦思」的創作論,則指創作須經過一番自發的努力,作品不是自然而然的呈現,而是自覺地經營出來的成果。如果我們運用「自然」與「自覺」這組概念來理解,顯然地,皎然是主張「自覺說」而反對「自然說」。皎然在《詩式》所駁斥的「自然說」有如下三種:

> 1.詩不假修飾,任其醜朴,但風韻正、天真全,即名上等。
>
> 2.詩不要苦思,苦思則喪自然之質。

---

42 李注《詩式》卷一,頁30。《文鏡秘府論》南卷「論文意」收錄皎然《詩議》的一段文字,與《詩式》所說很相似。

　　3.有時意靜神王，佳句縱橫，若不可遏，宛如神助。

　　第一，自然說認為詩歌只要「風韻正，天真全」就已經是好詩，皎然首先修正這種說法。所謂「風韻正，天真全」指的是詩家性情能在作品中自然流露，皎然以婦德比喻，可見這部份應屬於作品的內容問題。皎然駁斥這種自然說，並不是說詩歌不需要含蘊詩人的性情，皎然的自覺說是主張詩家在作品中自然流露才性之外，還須在形式部份加強修辭方面的努力，所以他說光有婦德的無鹽，當然比不上兼具婦德、婦容的王太妃。

　　第二，自然說認為苦思經營反而會斲喪詩歌自然之質，皎然認為這根本忽視了創作者必經構思取景的過程，一首好的詩作在完成時，呈現出了無斧斲之跡的自然之美，但是在完成前，必有一個經歷，因為作品的完成，不可能一任自然不加斤斧就可以產生的，這其間必然經過創作主體有意識的自覺的努力。

　　第三，自然說主張創作靈感的暢旺完全賴神力的作用，皎然也是持反對態度。他以為「神王（旺）」（也就是靈感豐沛）的出現，並非如羚羊掛角、無迹可尋，靈感之所以出現，也需要創作者長期的努力，「先積精思」是「神王」的條件，以說掌握靈感的方法就是自覺的努力。

　　其實，分析皎然的審美傾向，皎然欣賞的是一種「典麗」、「奇險」、「飛動」的美，如皎然說的「詩有七至」：「至險而不僻，至奇而不差，至麗而自然，至苦而無跡，至近而意遠，

至放而不迂，至難而狀易。」[43]詩要「至奇」「至險」是指立
意構思應有驚人之處，應出人意表，不落俗套，而不是「虛
誕」「怪僻」的意思；詩要「至麗」「至苦」「至難」，與皎然
強調取境須自覺努力的主張相互呼應。

　　承上所論，「取境」說的提出，正是皎然對於創作活動的
重視，它是創作過程中重要的一環。那麼，我們要進一步問，
究竟「取境」指創作過程中那一個階段？我們似可從《詩議》
那段引文探得消息：皎然在駁斥自然說對於自覺說的批評時
認為詩歌要能夠「寫冥奧之思」，詩人「固須繹慮于險中，采
奇于象外，壯飛動之句」；所謂「采奇於象外，壯飛動之句」，
就是詩人攝取外在景物做為進一步可供藝術加工的原始素
材，這一種往外攝取的「取景」觀，就是皎然所謂的「取境」，
換句話說，「取境」是指創作主體（主）對創作對象（客塵）
的攝受過程；劉禹錫說「境生於象外」[44]，說「境」在客觀
物象之外形成，不在客觀物象自身，這種看法便是從皎然「取
境」說衍生出來，因為創作者攝取物象以後，在心中形成心
象，這一個心象，才是可供創作者從事藝術加工的「境」。

　　綜上所述，可以從創作和接受兩個角度理解皎然的「自
然」說。從創作活動的層次言，可區分為攝受與攝取二階段：

---

43 「詩有七至」原作「詩有六至」，《格致叢書》本、《吟窗》抄本、《詩
　　學指南》本，及《詩人玉屑》所引均作「七至」，引文見周氏校《詩
　　式》卷一「詩有七至」條，頁 11。李注《詩式》卷一作「詩有六
　　至」，頁 21。

44 劉氏說：「片言可以明百意，坐馳可以役萬景，工於詩者能之。…
　　詩者其文章之蘊邪？義得而言喪，故微而難能，境生於象外，故精
　　而寡和。」，見《劉禹錫集》卷十九集紀〈董氏武陵集紀〉（卞孝萱
　　校訂，北京：中華書局，1990 年 3 月第一版）。

創作心靈以不經干預的方式讓內在的意義世界自然呈現，就
這一階段來說，創作心靈是被動的攝受狀態；但是心靈也有
主動的掌握創作對象的活動，詩人通過藝術想像攝取創作對
象而成為詩作的一部份，就攝取的階段來說，創作心靈是出
於人為的、自覺的攝取的狀態。從創作角度理解，因有攝受
與攝取的區分，所以出現了自然天成與人為加工兩種論述的
並重，因此皎然才會一方面有強調自然的論述，但同時也有
對人為藝術加工的重視。其實皎然的論點並不構成予盾，攝
取與攝受恰好反映了創作中自然與人為的相須相成。從接受
的層次言，皎然已經接觸到理想讀者的層次，因為他主張一
個成功的作品必須要讓讀者感受其自然，此自然不是反對創
作的藝術加工，而是高明的藝術加工，必須要濯去斫斧的痕
跡。在既見匠心的同時，不見匠斧，這才是高明的詩歌創作，
這就是所謂的「風流自然」。

陸、結　語

　　本文析論皎然的詩藝觀，發現皎然在詩人與僧人雙重身
份下會通詩／禪的軌跡，其中對儒家與道家詩學傳統有繼承
也有突破，有顛覆也有重構，其詩論實乃儒釋道三家交光互
影的產物。

第一、真於情性
儒家重視情志與詩歌的關係，而皎然亦談情性對詩歌的

作用。儒家說「詩言志」[45]、「詩可以興，可以觀，可以群，可以怨」[46]、「志於道，據於德，依於仁，游於藝」[47]，乃肯定情思是詩歌創作的源頭，但是這個情思卻與倫理密不可分。儒家談詩歌並不強調作詩的技巧，而著眼於超技術的藝術領域，在此領域中悠游，可以涵養道德仁心，這種詩藝觀是統一美與善的態度。而皎然論創作必須「真於情性」，他對比儒家與佛教心靈，認為外在非生命化的知識累積桎梏真實生命的存在，也樊籠了藝術創造的活力，皎然談情性注入了佛家的觀點，透過禪心來談創作靈感的生成，將真實生命存在的呈現與旺盛藝術活力的生成結合在一起來看，實突破了儒家結合道德的觀點談詩歌的傳統。

第二、尚於作用

筆者分析皎然論「作用」，應指形成詩歌意義世界的藝術構思，進一步可再析分出構思活動（包括立意與取境兩層），以及包括此一活動所指向的意義世界。重視作用，就會造成構思立意範圍的磅礴廣大，這時的意義世界並非指作品產生之後的文本內容，而是作品產生前內存於創作者之中的意識基礎。

第三，不顧詞采

創作的源頭是情性，成功的第一要素是立意構思、興象取境，其次才是藝術形式的考量。皎然談新變、模仿、俗格、

---

45 語出《尚書》，見《尚書·堯典》云：「詩言志，歌詠言，聲依詠，律和聲。」
46 《論語·陽貨》。
47 《論語·述而》。

對仗、用典，其實展現了他詩藝觀中並非不重視人為的藝術加工。

第四，風流自然

道家講自然無為，自然是指返回初始質樸的狀態，不要人工的雕琢。皎然談「自然」，已融涉了佛家攝受與攝取的觀念，釐析其自然天成與人為加工兩種並重的論述，一者強調天真自然，一者重視苦思，看似衝突予盾，實反映了創作中自然與人為的相輔相成。一個成功的作品必須要讓讀者感受其自然，此自然不是反對創作的藝術加工，而是高明的藝術加工，是濯去斤斧的痕跡，在既見匠心的同時，不見匠斧。

第三章　北宋詩僧惠洪的
禪語觀及創作觀

壹、前　言

　　釋惠洪（1071-1128）不僅是北宋著名的禪僧、僧史家，
[1]徽宗朝的丞相張商英與之交善，[2]他的佛學修持，亦曾被時
人譽為「今世融肇」，而且在北宋僧人中最負文采。他的詩作
中曾反映出當時人對他在詩禪兩方面的稱譽，[3]據說法雲杲和
尚開悟以後，受皇帝詔命住持法雲寺必須進呈語錄，法雲便

1　他在僧史方面的著述，曾被明毛晉許為「佛門史遷」。有關惠洪在著
　述僧史的動機和成果，可參〔日〕阿部肇一《中國禪宗史 —— 南宗
　禪成立以後的政治社會史的考證》（關世謙譯，臺北：東大圖書公
　司，1988 年 7 月第一版）第三篇第十三、十四章，及黃啟江〈僧史
　家惠洪與其「禪教合一觀」（上）（下）〉（《大陸雜誌》82 卷 4、5
　期，1991 年 4、5 月）。
2　見《宋史》（北京：中華書局）卷 351，〈張商英傳〉，頁 11097。
3　見惠洪〈次韻通明叟晚春二十七首〉之十九云：「夜涼靜話欣同榻，
　春晚分題喜共窗，解笑疏狂才莫敵，詩情美譽舊傳雙。」，《石門文
　字禪》（《四部叢刊初編》冊 56 影印江南圖書館藏明徑山寺本），卷
　16，頁 159 上。

請文采斐然的惠洪為他撰寫語錄。法雲杲讀完語錄之後對惠
洪說：「若要了死生底禪，須還和尚；若是攢花簇錦，四六文
章，閑言長語，須是我洪兄始得。」[4]清人亦頗看重惠洪創作上
的成就，且每有佳評。[5]由此可見惠洪可謂宋代詩僧的代表之一。

　　由於詩僧兼具詩人與僧人雙重身份，因此頗利於考察詩
禪交涉的情形，惠洪在北宋詩僧群中具有身份的代表性，因
此本文希望透過惠洪，反省其對於詩禪相關問題之看法。

貳、惠洪其人及其書

　　釋惠洪（或作慧洪，[6]1107-1128），字覺範，或稱洪覺範，
別號有甘露滅、寂音、冷齋、老儼。[7]釋惠洪，在《宋史》並
沒有傳記，[8]根據惠洪〈寂音自敘〉一文，他自敘五十三歲以

4　見宋道謙《大慧宗門武庫》，《大正藏》冊 47，頁 947。
5　如：《四庫全書‧林間錄》提要說惠洪在北宋僧人中詩名最盛，賀
　　裳《載酒園詩話》：「僧詩之妙，無如洪覺範者，此故一名家，不當
　　以一僧論也」，吳之振編《宋詩鈔》收惠洪詩百餘首，並稱贊其詩
　　說：「雄健振踔，為宋僧冠。」陳衍《宋詩菁華錄》評其詩說：「古
　　體雄健振踔，不肯作猶人語，而字字穩當，不落生澀，佳者不錄…
　　以上數詩，何止為宋僧之冠，宋人所希有也。」
6　惠洪的好友謝逸為其《林間錄》作的序（見《溪堂記》卷 7），南宋
　　末期釋普濟《五燈會元》卷 17 皆作「慧洪」；《佛祖歷代通載》卷
　　19，《宋詩鈔‧石門詩鈔》，《宋詩紀事》卷 92，《四庫全書》子部雜
　　家類雜說收《冷齋夜話》、集部別集類收《石門文字禪》皆作「惠
　　洪」。
7　參見黃啟方《釋惠洪五考》（《中外文學》23 卷 4 期，1994 年 9 月），
　　頁 195-205。
8　考惠洪的生平，主要文獻有惠洪自己所撰的《石門文字禪》，宋代的
　　文獻有志磐《佛祖統紀》卷 46、正受《嘉泰普燈錄》卷 7、祖琇《僧

前的經歷，我們知道釋惠洪，俗姓喻，[9]江西筠州（江西高安）新昌人，[10]十四歲時父母雙亡，依三峰靘禪師為童子，十九歲時冒「惠洪」名得度為僧，後來因江寧府清涼寺狂僧得罪，遭繫囹圄達一年，後來得到丞相張商英的幫助，才得以恢復僧籍，出獄後改名「德洪」。[11]

　　惠洪性格耿直明達，難免遭忌，徽宗建中靖國元年（1101），便因江寧府清涼寺狂僧誣告而入獄一年。[12]惠洪精通佛典，善於詩文，文人學士與之交往甚密，[13]他與張商英、郭天信、鄒浩、陳瓘等政治人物時相過從，因而在京城及江南的士大夫中享有盛譽。但動見觀瞻，一旦政治人物在政爭中受挫失利，惠洪自難避免池魚之殃，徽宗崇寧二年（1103）因與張商英敘交之故，連坐并州之獄。徽宗政和元年（1111）惠洪因坐交張商英、郭天信、陳瓘而被流放到崖州（海南省），

寶正續傳》卷 2、曉瑩《雲臥記談》《羅湖野錄》、普濟《五燈會元》卷 17，元代的文獻有念常《佛祖歷代通載》卷 19。

9　與惠洪同時的任淵在注釋黃庭堅〈贈惠洪〉（見《山谷詩集注內集》卷 20）、謝逸為惠洪《林間錄》作的序（見《溪堂記》卷 7），以及南宋釋普濟《五燈會元》卷 17 中都提到惠洪，字覺範，並都誤以為惠洪俗姓彭。清乾隆厲鶚《宋詩記事》卷 92 及《四庫全書・冷齋夜話》提要也沿誤惠洪的俗姓為彭，康熙吳之振《宋詩鈔・石門詩鈔》曾辯正釋惠洪俗姓彭為非。參見黃啟方《釋惠洪五考》，頁 195-197。

10　論其出身，一說是瑞州人（江西廬陵），見《五燈會元》卷 17、《佛祖紀統》卷 46。

11　〈寂音自敘〉，《石門文字禪》卷 24，頁 267。

12　東吳附近向有啞禪、魔禪、闇證禪等偽濫禪僧。晁說之〈宋故明州延慶法師碑銘〉、〈高郵月和尚塔銘〉有此類禪僧之名目，《景迂生集》卷 20，頁 26 上-37 上。

13　祖琇《僧寶正續傳》卷 2 載惠洪「以詩鳴京華搢紳間」，《卍續藏》（中國佛教會影印本）冊 137，頁 291 上。

政和三年獲釋回江西。政和四年（1114）又坐被誣為張懷素黨人，坐獄百日。惠洪因政治紛爭連坐而三度進出牢獄。[14]高宗建炎二年卒，世壽五十八，僧臘三十九。

惠洪著述頗豐：別集及詩論有《石門文字禪》三十卷、《冷齋夜話》十卷、《天廚禁臠》；僧史及叢林筆記有《禪林僧寶傳》三十卷、《僧史》十二卷、《林間錄》二卷、《志林》十卷；經論之義疏有《智證傳》、《楞嚴尊頂法》十卷、《法華合論》七卷、《圓覺正義》二卷、《金剛法源論》一卷、《起信解義》一卷，以及說易之作《易註》、可能是語錄偈頌之作《甘露集》；[15]此外他還有論臨濟要義的《臨濟宗旨》。[16]

參、惠洪的禪語觀

要探究惠洪的禪語觀，惠洪對於語言文字的態度，以及其討論語言與禪之間的關係，就值得我們重視。

一、反對禪法離棄文字經論

首先，我們先觀察惠洪對於語言的態度。惠洪當時有不重視文字經教的禪風，惠洪在〈題宗鏡錄〉一文對這種現象提出過批評：

---

14 見《佛祖代通載》卷 19，《大正藏》冊 49。

15 以上諸書著錄於《嘉泰普燈錄》及《僧寶正續傳》。《僧寶正續傳》不錄《易說》及《甘露集》，但收《語錄偈頌》一書。

16 本書現收於《卍續藏》冊 63，但未見錄於《嘉泰普燈錄》及《僧寶正續傳》所載之書目。

舊學者日以慵墮，絕口不言；晚至者日以窒塞，游談無根而已，何從知其書，講味其義哉？脫有知之者，亦不以為意，不過以謂祖師教外別傳、不立文字之法，豈當復剌首文字中耶？彼獨不思達摩以前，馬鳴龍樹亦祖師也。而造論則兼百本契經之義，泛觀則傳讀龍宮之書。後達摩而興者，觀音、大寂、百丈、斷際亦祖師也，然皆三藏精入，該練諸宗，今其語具在，可取而觀之，何獨達摩之言乎？[17]

此段文字反映出惠洪對當時禪宗學者的不滿，我們分析其中攸關文字的討論，可得兩大重點，其一，惠洪認為晚近學者因為教外別傳，不立文字的教旨，所以不「復剌首文字中」。其二，惠洪從佛教祖師及古代學者兩方面舉證，說明文字經論之重要。在佛教祖師方面，惠洪認為大家不應只注意達摩祖師，其實，馬鳴、龍樹、觀音、大寂、百丈、斷際等也是重要祖師，而他們「皆三藏精入，該練諸宗」，顯見修行並不能廢棄文字經論。此外，惠洪〈題隆道人僧寶傳〉文中也具體而微地反映這樣的觀點：

古之學者，非有大過人者，惟能博觀約取，知宗而用妙耳。唐沙門道宣，通兼三藏，而精於持律。持律，小乘之學也，而宣不許人呼以為大乘師。棗柏長者，力弘佛乘，而未嘗一語及單傳心要。方是時，曹溪之說信於天下，非教乘之論所當雜，宣公甘以小乘自居，棗柏止以佛乘自志，竟能為百世師者，知宗用妙而已。

---

17 《石門文字禪》卷 25，頁 275 下。

禪宗學者自元豐以來，師法大壞，諸方以撥去文字為禪，以口耳受授為妙，耆年凋喪，晚輩蝟毛而起，服紈綺，飯精妙，施施然以處華屋為榮，高尻磐折王臣為能，以狙詐羈縻之貌而腹非之，上下交相欺誑。視其設心，雖儈牛履豨之徒所恥為，而其人以為得計。於是佛祖之微言，宗師之規範，掃地而盡也。……[18]

　　第一，惠洪以釋道宣、居士裵伯為例說明文字經教的重要，他認為「古之學者，非有大過人者，惟能博觀約取，知宗而用妙耳」，此即是說禪宗學者不獨不應廢棄文字，反而應深入三藏，以免「游談無根」。第二，惠洪指出北宋「自元豐（1078-1085）以來」開始不重視文字經教，「以撥去文字為禪，以口耳受授為妙。」

　　其實中國禪學早期並無排斥文字的論調，達摩時期推重《楞伽經》，此經即有「宗經」和「說通」之論，把語言視為今人度脫的方便取巧的工具。[19]由此看來，禪家並不否定文字在佛法中的作用，它強調的只是要人不執著於文字言句的表面。但是隨著禪宗發展越來越強調遠離文字，禪宗懷疑語言功能的意見，也就流行起來，如三祖僧璨說：「故知聖道幽通，言詮之所不逮，法身空寂，見聞之所不及。即文字語言，徒勞施設也。」[20]六祖惠能也說：「故知本性自有般若之智，

18　《石門文字禪》卷 26，頁 289 下-290 上。
19　求那跋陀羅譯《楞伽阿跋多羅寶經》（金陵刻經處重印同治九年本）卷 3〈一切佛語心品第三〉：「大慧宗通者，謂緣自得勝進相，遠離言說文字妄想，趣無漏界的自覺的自相」「說九部種種教法，離異不異、有無等相，以巧方便，隨順眾生，令得度脫，是名說通相。」
20　釋淨覺《楞伽師資記》卷 1，《大正藏》卷 85。

自用智慧觀照，不假文字。」[21]因此「得理而忘言，悟理而遺教」的觀念在禪宗便慢慢流行起來，隨著時間的推移，後來甚至有離脫經教的傾向，於是便由達摩的「藉經悟教」變為「離經慢教」。[22]禪宗遂出現了一股重口傳心授、執空傳空，反對語言文字，甚至謗經毀教的激進思潮，惠洪重視文字經論的態度，可說正是對當時流行看法的反擊。

二、重視參悟時活用語言文字

惠洪既重視文字經論，肯定語言文字的功能，但並非認為語言文字是萬能的，因此惠洪說：

> 夫言似，則非宗門旨要明矣。然宗門旨要，雖即文字語言不可見，離文字語言亦安能見哉！[23]
>
> 以是論之，非離文字語言，非即文字語言，可以求道也。……[24]

惠洪認為宗門旨要離脫語言文字固然不能見，然而拘泥於語言文字亦不可得；換句話說，語言文字雖是見道的資具，但是溺於語言文字，則適得其反；此「不即不離」的語言觀正是惠洪對待語言文字的基本態度。此「不即不離」的態度，指向一個無拘無束、自由自在的活用語言的方式，如惠洪曾引雲門二世洞山守初禪師說：

> 語中有語，名為死句；語中無語，名為活句。……[25]

21 惠能著，郭朋點校《壇經校釋》（北京：中華書局，1983），頁 54。
22 參周裕鍇《文字禪與宋代詩學》，頁 4-5。
23 《智證傳》，卷 1，頁 1。
24 〈題圓上人僧寶傳〉，《石門文字禪》卷 26，頁 288 下。
25 見《禪林僧寶傳》卷 8〈洞山守初傳〉，及《林間錄》卷上。

　　此處惠洪並沒有舉例說明何謂「死句」「活句」。其實惠
洪以前的雲門宗人已有「死句」「活句」說，[26]同為雲門二世
的德山緣密禪師也有死句活句說，並舉出實例說明，[27]以下
我們不妨先推敲緣密禪師的例句：

> 上堂：「但參活句，莫參死句。活句下薦得，永劫無滯。
> 一塵一佛國，一葉一釋迦，是死句。揚眉瞬目，舉指豎
> 拂，是死句。山河大地，更無諸訛，是死句。」時有僧
> 問：「如何是活句？」師曰：「波斯仰面看。」曰：「恁麼
> 則不謬去也。」師便打，上堂，舉臨濟示眾曰……[28]

　　「一塵一佛國，一葉一釋迦」、「揚眉瞬目，舉指豎拂」
「山河大地，更無諸訛」等是死句，顯然死句是指字詞所指
涉的意義相當明確易於了解；而「波斯仰面看」之所以為活
句，是指無法透過字詞明白掌握字詞之意義。根據索緒爾的
語言學，語言的基本原則就是一分類命名的集合，如果「所
指」和「能指」分別代替「概念」和「音響形象」，語言這個
符號代表「能指」和「所指」相聯結所產生的一個整體，而
「能指」與「所指」的聯繫是任意的。[29]如果我們藉索緒爾

26　按黃君的研究指出，活句之說或始於青五世夾山善會（806-881），
　　夾山評石霜巖頭禪風說：「石霜雖有殺人刀，且無活人劍；巖頭亦
　　有殺人刀，亦有活人劍。」臨濟九世葉縣歸省也曾說：「此宗門中，
　　亦能殺人，亦能活人。殺人須得殺人刀，活人須得活人句。作麼
　　生是殺人刀、活人句？」（《五燈會元》卷 11，頁 688-689）此後
　　雲門宗人發展了「死句」「活句」說。
27　德山緣密禪師為雲門宗文偃法系，德密再下三世為佛日契嵩
　　（1007-1072），顯然德密年代早於惠洪（1071-1128）。
28　見《五燈會元》（北京：中華書局點校本，1984 年 10 月第一版，
　　1992 年 11 月初版四刷）卷 15〈德山緣密禪師〉，頁 935。
29　見索緒爾《普通語言學教程》（北京：商務印書館，1980 年第一
　　版，1996 年初版四刷），頁 100-106。

的說法，視語言這個符號有「能指」與「所指」兩層指涉義，那麼，我們可以說透過語言直接指涉所得到的意義為「所指」意義層，不能透過字面直接指涉而聯想得到的意義為「能指」意義層。換句話說，「死句」指的當是「所指」層次，而「活句」則是「能指」層次；探求死句的意義是有限的，而探求活句的意義是無限的。透過德山緣密禪師解釋「死句」「活句」的例子，我們推想惠洪的意思：「語中有語」應指話語中還有話語，這樣的話語使人探求話語意義時，直接依著話語的理路去推求，惠洪稱這樣的話語是「死句」；反過來說，「語中無語」使人探求話語意義時，無法直接依著話語的理路去推求，惠洪便稱這樣的話語是「活句」。顯然地，「死句」「活句」之說，是指希望透過語言以參悟禪理時，不能過份依賴語言文字表面的意義，而要探求蘊含在語言之外的含義。[30]因此惠洪主張禪僧參學，不可句中馳求，以防死於句下，惠洪還曾引瑞龍幼璋禪師語說：「若是學語之流，不自省己知非，直欲向空裏採花，波中取月。……」[31]此皆具體展現惠洪重視禪僧要能靈活參用語言，不受制於語言。

如將惠洪「參活句」的概念應用在解釋文學創作與欣賞上，就創作表達而言就是不死守成規、靈活自由、富有變化而又自然得體的表現手法；就鑑賞審美而言，就是強調靈活

---

[30] 按：本人對於惠洪「死句」「活句」的解釋，不同於周裕鍇先生的看法。周裕鍇認為惠洪「死句」「活句」是強調語言的非邏輯性。見氏著《中國禪宗與詩歌》（上海：上海人民出版社，1992 年 7 月第一版），頁 188。

[31] 見《禪林僧寶傳》卷 10〈瑞龍幼璋禪師傳〉，及《五燈會元》卷 13，頁 844。

地體會感受、自如地發揮想像聯想。江西詩派詩人曾幾便將
「活參」說引進其詩作中：「學詩如學禪，慎勿參死句。縱橫
無不可，乃在歡喜處。」[32]又如呂本中不僅在詩中講「活法」，
[33]並有明確對「活法」特性的描述：

> 學詩當識活法。所謂活法者，規矩備具，而能出於規矩
> 之外；變化不測，而亦不背於規矩也。是道也，蓋有定
> 法而無定法，無定法而有定法。知是者，則可以與活法
> 矣。……[34]

上述曾幾、呂本中二人提到「活參」、「活法」都結合到
「學詩」來談，他們「學詩如學禪，慎勿參死句」「學詩當識
活法」，既可就文學創作層次來說，也可就閱讀欣賞層次來
談。也就是說，「學詩」的內容可以指學詩歌創作，也可以指
學詩歌鑑賞。呂本中描述活法的特性「規矩備具，而能出於
規矩之外；變化不測，而亦不背於規矩也」，實觸及了藝術創
作或欣賞過程中自由與規律的辯證關係。[35]

我們知道惠洪與江西詩派詩人過從甚密，[36]惠洪「參活

---

[32] 《南宋群賢小集·前賢小集拾遺》卷 4〈讀呂居仁舊詩有懷其人〉。
[33] 「筆法傳活法，胸次即圓成。」(〈別後寄舍弟三十韻〉)，「胸中
塵埃去，漸喜詩語活。」(〈外弟趙才仲數以書來論詩因作此答之〉)
[34] 呂本中〈夏均父集序〉，劉克莊《後村先生大全集》卷 95「江西
詩派」引。
[35] 有關江西詩派詩論的研究，可參見龔鵬程《江西詩社宗派研究》
(臺北：文史哲出版社，1983 年 10 月第一版) 附錄「釋江西詩
社 "學詩如參禪" 之說，兼論宋代詩學之理論結構」，頁 395-485；
歐陽炯《呂本中研究》(臺北：文史哲出版社，1992 年 6 月第一
版) 第五章「呂本中的詩論」；周裕鍇《中國禪宗與詩歌》(上海：
上海人民出版社，1992 年 7 月第一版)，頁 188-196；黃景進〈韓
駒詩論－兼論換骨、中的、活法、飽參〉，《宋代文學研究叢刊》
第二期 (高雄：麗文文化公司，1996 年 9 月第一版)，頁 296-298。
36 參見黃啟方《釋惠洪五考》之五「惠洪與黃庭堅」，頁 207-213。

句」觀念的來源是雲門宗，是就宗教參悟來談的，而江西詩派詩人「活參」、「活法」等詩法論，是兼就詩歌創作與欣賞來談的，二者皆強調對於語言文字靈活自由的運用。此顯示了宋代「以禪喻詩」的詩論與禪宗雲門宗、臨濟宗的禪法理論有著密切關係。

三、肯定語言文字的工具價值

惠洪曾批評某些公案記錄的語言，是不事雕琢、缺乏文采的：

> 借言以顯無言，然言中無言之趣，妙至幽玄。……古人純素任真有所問詰，木頭、碌磚，隨意答之，實無巧妙。……是知俾明悟者，知大法非拘於語言，而借言以顯發者也。[37]

惠洪一方面批評禪師不能活用語言文字，不能以有限的語言彰顯無限的至理，此即惠洪的主張－「借言以顯無言」，「言中無言之趣，妙至幽玄」，另一方面惠洪又提出了「禪法並非拘於語言」的觀點，換句話說，他是認為語言文字為發顯禪法的工具，但禪法並不拘限於語言來呈現。既然語言文字是參悟禪法的重要媒介，語言文字與禪的具體關係又是如何呢？惠洪不僅以不即不離的態度看待語言文字，惠洪還進一步析論過語言文字與禪的具體關係：

> 心之妙不可以語言傳，而可以語言見。蓋語言者，心之緣，道之標幟也。標幟審則心契，故學者每以語言為得

---

37 〈題雲居弘覺禪師語錄〉，《石門文字禪》卷 25，頁 278 下-279 上。

道淺深之候。予觀南嶽讓禪師初見六祖，祖曰：「什麼物
與麼來？」對曰：「說似一物即不中。」曰：「還假修證
也無？」對曰：「修證即不無，染污即不可。」祖嘆曰：
「即此不染污，是諸佛之護念」大哉言乎！如走盤之珠，
不留影跡也。……[38]

　　我們先將惠洪這段話的大意用現代語言簡略地復述：惠
洪認為心的高妙的地方，不能運用語言來傳遞，但是卻可以
通過語言來見到。因為語言是心的緣現的工具，也是入道的
標示。在修行的路上，倘若標示清楚，自然讓修行者容易契
合於心，所以學者每每將語言看成為得道深淺的徵候。從惠
洪這個意思看來，語言扮演兩個重要功能：語言既是終極真
理緣現的資具，[39]也是標示入道途徑的指標。很明顯地這是
分別從人、道兩方面來說明：從道的方面講，道依緣語言而
展現，所以語言是呈現真理的工具；而從人的方面講，語言
是吾人修行入道的重要指標，它標示、引領吾人接近真理，
所以語言也是導入真理的工具。

肆、惠洪的《石門文字禪》

　　要檢討惠洪的創作觀，《石門文字禪》是一本重要的文
獻，以下筆者希望就惠洪的詩文別集 ──《石門文字禪》中

38　〈題讓和尚傳〉，《石門文字禪》卷 25，頁 276 下。
39　惠洪曾引述寶覺祖心（1025-1091）的話：「真性既因文字而顯…返
　　觀一切語言文字，皆是表顯之說，都無實義。」也是類似的意見。

對於「文字禪」的記載，先探求惠洪自訂「文字禪」為書名的本義，並藉以進一步反省惠洪的創作觀。

一、《石門文字禪》的編輯與定名

惠洪自幼即顯露出文學方面天份，[40]《石門文字禪》三十卷計收其古詩、排律、五言律詩、七言律詩、五言絕句、六言絕句、七言絕句、偈、頌、銘、詞、賦、記、序、記語、題、跋、疏、書、塔銘、行狀、傳、祭文等作品，不僅數量可觀，而且各體兼備，可見惠洪在詩文創作上確有其造詣。

該書由惠洪的門人覺慈編錄，但據其〈與法護禪者〉詩云：「手抄禪林僧寶傳，暗誦石門文字禪。揀得湘西好三角，春風歸去弄雲泉。」[41]我們應可判斷《石門文字禪》之書名，應出自惠洪所自訂。由於惠洪《石門文字禪》一書直接以「文字禪」為其詩文別集的名稱，加上惠洪的禪學重視文字經論，因而禪史上通常就直稱惠洪的禪學為「文字禪」。

二、「文字禪」一詞的首見及涵義

現代學人當中有認為「文字禪」一詞是由惠洪首先提出的，主要是因為惠洪《石門文字禪》一書的書名所致。如黃啟江就曾指出：「"文字禪"一詞，來自惠洪的《石門文字禪》一書」，[42]而劉正忠也認為：「"文字禪"一詞，應當首見於

見〈黃龍寶覺心禪師〉，《禪林僧寶傳》卷 23。

40　〈次韻遊南嶽〉：「我生少小善詩律」，《石門文字禪》卷 7，頁 66 下。

41　《石門文字禪》卷 15，頁 155 上。

42　見黃啟江《北宋佛教史論稿》（臺北：商務印書館，1997 年第一版），頁 332。

惠洪的《石門文字禪》」「"文字禪"一詞的廣泛運用，必定
是始於惠洪無疑……」，劉氏並認為惠洪是在過世前幾年（宣
和年間，1119-1125），才以「文字禪」的名目來稱呼他自己
的詩。[43]

　　根據周裕鍇考察，「文字禪」一詞更早的用例至少可前推
三十年至黃庭堅。其中，最重要的證據是黃庭堅的〈題伯時
畫松下淵明〉，詩云：「遠公香火社，遺民文字禪」，而任淵《山
谷詩集注》將此詩繫於元佑三年（1088），當然任淵對此繫年
並未提出任何佐證，所以也未必可靠，不過，無論如何，山
谷年長惠洪二十六歲卻是不爭之事。[44]周氏根據任淵為黃庭
堅詩所作的注，指出黃庭堅詩句中的文字禪，並非專指詩，
文字禪大約有四個涵義：第一，是指東晉劉遺民為慧遠西方
齋社所作的淨土誓文；第二，是指劉遺民與鳩摩羅什、僧肇
等人的經論文字；第三，泛指一切語言文字形式；第四，是
指「禪不離文字」或「文字不離禪」。[45]

三、有關惠洪「文字禪」解釋之商榷

　　最早詮釋惠洪「文字禪」一詞涵義的是明萬曆僧達觀，
達觀在為《石門文字禪》寫的序中，曾解釋惠洪以文字禪名
其書的涵義：

---

43 劉正忠〈惠洪「文字禪」初探〉，《宋代文學究叢刊》第 2 期（高雄：
　　麗文化公司，1996 年 9 月第一版），頁 275、277、280。
44 參見黃啟方《釋惠洪五考》之五「惠洪與黃庭堅」，頁 209。
45 參周裕鍇著，《文字禪與宋代詩學》（北京：高等教育出版社，1998
　　年 11 月第一版）第一章第三節「文字禪發微：用例、定義與範疇」，
　　頁 27-28。

> 蓋禪如春也，文字則花也，春在於花，全花是春。花在
> 於春，全春在花。而曰禪與文字有二乎哉！故德山臨濟
> 棒喝交馳，未嘗非文字也。清涼天臺疏經造論，未嘗非
> 禪也。而曰禪與文字有二乎哉！逮於晚近，更相咲而更
> 相非，嚴於水火矣。宋寂音尊者憂之，因名其所著曰文
> 字禪。[46]

　　達觀以「春」（抽象的意境）與「花」（具體的事物），比
喻「禪」與「文字」的關係，認為禪與文字並無區別，禪即
是文字、文字就是禪，這段說明可說是後人第一次對惠洪文
字禪正面最直接的詮釋，但畢竟這是達觀的看法，未必是惠
洪的看法。

　　而現代學人對於惠洪「文字禪」一詞涵義的處理，有劉
正忠及周裕鍇二人。劉氏的研究推斷惠洪的文字禪就是指詩
歌，而周氏修正劉氏的推斷，認為惠洪對於文字禪的看法有
四：

　　其一，文字禪是一種與枯骨觀相對的修行方法。

　　其二，文字禪與詩歌很有關係。詩歌文字即是一種禪理
的表現。

　　其三，文字禪表現出慧洪試圖彌合詩與禪衝突的苦心。

---

46 《石門文字禪》，頁 1 下。劉正忠指出達觀以「春」「花」比喻「禪」
　與「文字」，在《石門文字禪》集中數見。如〈裛柏大士畫像贊〉：
　「如以花說無邊春，如以滴說大海味」（卷 18）、〈郴州乾明進和尚
　舍利贊〉：「天全之妙，非龘不傳，如春在花，如意在絃」（卷 19）、
　〈靈源清禪師贊五首〉之四：「風度凝遠，杳然靖深，如春在花，
　如意在琴」（卷 19）、〈郤子中贊〉：「富貴之氣，已如透花之春色；
　功名之志，又如欲雨之層雲」（卷 19）。見劉氏〈惠洪「文字禪」
　初探〉，頁 276。

　　其四,文字禪的主要用法是指詩的別稱。[47]

　　劉氏和周氏二人發覆惠洪文字禪的涵義確有貢獻,但筆者覺得仍有商榷的地方。首先,周氏第一點看法是根據惠洪〈賢上人覓偈〉立言的。這一偈是:「懶修枯骨觀,愛學文字禪。江山助佳興,時有紅葉篇。相逢未暇語,輒復一粲然。豈須究所學,覓偈亦自賢。」[48]從這一偈的首聯,我們當然看到文字禪與白骨觀相對,而白骨觀是佛教修行重要法門也無疑問,但是我們僅可以說,這裡提到兩種活動 —— 文字禪與白骨觀,而惠洪表示懶於從事白骨觀的活動,反而喜好文字禪。在這一聯中並沒有證據顯示文字禪是修行方法,我認為周教授應提出更明顯的證據,否則僅靠這一聯詩句,無法證立文字禪就是一種修行方法的觀點。

　　同時假如文字禪也是修行方法,那麼身為僧人的惠洪應該肯定詩歌的創作,因為依照劉氏與周氏之論,詩即文字禪;可是惠洪卻將詩看成習氣的表現?他在〈題自詩〉中說:「予始非有意於工詩文,夙習洗濯不去,臨高望遠未能忘情,時時戲為語言,隨作隨毀。」[49]可見惠洪並不正面肯定作詩為文在修行方面的可能貢獻。

　　其次,我同意對惠洪來說,文字禪與詩歌有密切的關係,但是我認為需要更進一步釐清詩與禪的關係,而不能只是說「詩歌文字即是一種禪理的表現。」這一種說法將詩歌與禪理實際上只是簡單的套用形式與內容的二分法。

47　參周裕鍇著,《文字禪與宋代詩學》,頁 29-30。
48　〈賢上人覓偈〉,《石門文字禪》卷 9,頁 92 下。
49　《石門文字禪》卷 26,頁 292 上。

四、《石門文字禪》中的「文字禪」

考惠洪使用「文字禪」一詞僅出現在《石門文字禪》一書，未見於其他著作，為了討論方便，以下先將惠洪《石門文字禪》中「文字禪」一詞的出處臚列出來：

1.見於詩題、文題有兩處：

〈題佛鑑蓄文字禪〉[50]

〈僧從事文字禪三首〉：

> 中郎書異為忠孝，右轄詩清付水雲。林下一燈長到曉，此生真復是知聞。
>
> 一麟眾角失精彩，尺璧千巖發耿光。借面北人無四目，獨餘方寸是慈祥。
>
> 三多授予文章法，壞衲酬吾老大心。簾捲暮涼煙翠重，一聲雲斧覺山深。[51]。

2.見於詩句有四處

> 懶修枯骨觀，愛學文字禪。江山助佳興，時有紅葉篇。相逢未暇語，輒復一粲然。豈須究所學，覓偈亦自賢。[52]
>
> 照人風骨玉頎然，來慰衰途亦自賢。肝膽秋光磨洞徹，齒牙嶽色嚼芳鮮。應傳畫裏風煙句，更學詩中文字禪。已作一燈長到曉，定能百衲不知年。[53]
>
> 旁舍潛夫十年舊，會茶時復坐僧氈。愛將夷甫雌黃口，

50　《石門文字禪》卷 26，頁 291 下。

51　以上見《石門文字禪》卷 15，頁 153 下、154 上。

52　〈賢上人覓偈〉，《石門文字禪》卷 9，頁 92 下。

53　〈贈湧上人乃仁老子也〉，《石門文字禪》卷 11，頁 107 下。

解說定林**文字禪**。[54]

手抄禪林僧寶傳，暗誦**石門文字禪**。揀得湘西好三角，
春風歸去弄雲泉。[55]

3. 見於文中有二處：

毗盧無生之藏，震旦有道之器，談妙義借身為舌，擎大
千以手為地。機鋒不減龐蘊，而解**文字禪**。行藏大類孺
子，而值休明世。舒王強之而不可，神考致之而不起，
此天下士大夫所共聞，然公豈止於是而已乎？[56]

南州仁公以勃窣為精進，以哆和為簡靜，以臨高眺遠未
忘情之語為**文字禪**。[57]

伍、由「文字禪」反省惠洪的創作觀

一、創作的內在因素

上文第八條資料提到「以臨高眺遠未忘情之語為文字
禪」，這是就文字禪的產生及其內容來說，這個說法雖有可能
是惠洪詮釋南州仁公對於文字禪的看法，但筆者認為應該是
惠洪正面對於文字禪的解釋。譬如惠洪就曾多次表示自己遊

---

54 〈余將經行他山德莊自邑中馳書作詩見留是夕胡彥通亦會二君手
談達旦不寐明日霜重共讀蔡德符兄弟所寄詩有懷其人五首〉之
四，《石門文字禪》卷 15，頁 150 下。

55 〈與法護禪者〉，《石門文字禪》卷 15，頁 155 上。

56 〈潘延之贊〉，《石門文字禪》卷 19，頁 210 下。

57 〈懶庵銘并序〉，《石門文字禪》卷 20，頁 214 上。

方或登高眺遠時，因「習氣未除」或「未能忘情」而創作詩文，如：

> 予游方時，省息眾中多習氣，抉磨不去，時時作未忘情之語，隨作隨棄。（〈題弼上人所蓄詩〉）
>
> 予幻夢人間，游戲筆硯，登高臨遠，時時為未忘情之語。（〈題言上人所蓄詩〉）
>
> 予始非有意於工詩文，夙習洗濯不去，臨高望遠未能忘情，時時戲為語言，隨作隨毀。（〈題自詩〉）
>
> 予少狂，為綺美不能忘情之語。年大來，輒自鄙笑，因不復作。（〈題自詩與隆上人〉）[58]

就此而言，我們可以推測惠洪所謂的文字禪就是指因習氣未除、或一時因登高臨遠未能忘情所作之詩文。

正因為惠洪所說的文字禪泛指詩文創作，因此《石門文字禪》中的文字禪有時指的是散文，有時指的是詩歌，如〈題佛鑑蓄文字禪〉一文，文題中的文字禪指的是佛鑑大師保存惠洪幼年時的文章，而從〈僧從事文字禪三首〉詩題看來，文字禪指的便是詩歌創作。

基於上面惠洪的陳述，可以肯定的是惠洪認為創作的內在因素至少有二個，一個是「習氣」，一個是「未忘情」，因為「習氣」和「未忘情」使得惠洪產生內在創作的衝動。

我們知道佛教在修行方面對於情（或是說廣義的感性活動）希望能夠控制或消去，這個就叫做消除習氣，這種控制情志活動的方式，表現出來的結果，往往壓抑了作者創作的

---

58 以上見《石門文字禪》卷 26，頁 291-292。

衝動，因為創作本身是一種感性的活動，這與要求濯去習氣
的修行活動是有一定的衝突的。惠洪認為詩文創作，是「習
氣」及「未忘情」的產物，他將「習氣」和「未忘情」關聯
在一起來談，用「未忘情」來解釋文字禪，此正反映出惠洪
是把創作視為一種感性活動的產物。

二、創作的外在因素

　　惠洪除了說文字禪產生的內在因素的同時，還提供了一
個外在因素－「登高臨遠」來說明文字禪的產生。這個外在
因素的說明，攸關重要的是，點出了文字禪的內容。

　　上述〈題言上人所蓄詩〉及〈題自詩〉中，惠洪分別都
提到登高臨遠的事態，[59]登高臨遠指涉的是一種山水的活
動。登山臨水既點出了遊山玩水的活動，也點出了山水為創
作主題的特殊限定，可見文字禪主要創作對象是因山水而起
的，詠山水詩之美就是詠遊山玩水之情，此關聯到詠物和懷
人，文字禪外在創作的動是與山水的刺激有關的。古人說詩
歌主要創作的動力之一就是「感物而動」，上舉第三條資料尤
可看到「感物而動」的說明，「江山助佳興，時有紅葉篇」詩
句中，可見到惠洪認為江山是觸發創作的對象，但更加重要
的不只是單獨的詠物吟山詠水而已，而要注意的是吟山詠水
所透顯出來的感性關懷，所以才有「時有紅葉篇」的說法，
也才有「登高臨遠時時為未忘情之語」，這都顯示出這樣的主

59　「予幻夢人間，游戲筆硯，登高臨遠，時時為未忘情之語。」（〈題
　　言上人所蓄詩〉）、「予始非有意於工詩文，夙習洗濯不去，臨高望
　　遠未能忘情，時時戲為語言，隨作隨毀。」（〈題自詩〉）。

題背後是一個人的關懷，是一個感性切進的角度，詩文創作者追求的是一個情景交融的一個境界。

從內在來看，惠洪提到「習氣」「未忘情」為文字禪產生的內在動力；從外在來講，他扣緊山水這個特殊的創作主題，不過山水並不是純然詠物的客觀描寫，而寄託著詩人內在深厚的情懷，可以說是一種情景交融的作品。

三、對於創作的評價

我們透過惠洪對於文字禪的評價，可以理解到惠洪對於詩文創作的評價。事實上惠洪並不覺得文字禪有非常高的地位，因為從修行的角度來看，既然人動情從而產生文學創作，因此對於修行者要求擺脫濯去感情羈絆的一個修行要求來說是相互違背的，就此而言，他不覺得詩歌創作有多大的益處，因此詩歌創作才會被他看成為一種要濯去洗滌的不好的習氣。同時惠洪也把文字禪看成是一種年少修行不夠未能控制情緒的產物，所以在〈題自詩與隆上人〉一文中提到年長便不再作「綺美不能忘情之語」。

惠洪曾多次表示自己無意工於詩文，他並不珍惜自己的詩文，常常是隨作隨毀、隨作隨棄，[60]而部份未被棄毀的詩

---

60 如：「予於文字未嘗有意，遇事而作，多適然耳」（〈題珠上人所蓄詩〉）、「予游方時，省息眾中多習氣，抉磨不去，時時作未忘情之語，隨作隨棄。」（〈題弼上人所蓄詩〉）、「予始非有意於工詩文，夙習洗濯不去，臨高望遠未能忘情，時時戲為語言，隨作隨毀。」（〈題自詩〉）、「予少狂，為綺美不能忘情之語。年大來，輒自鄙笑，因不復作。」（〈題自詩與隆上人〉），以引自《石門文字禪》卷 26，頁 291-292。

文，被朋友收藏了，惠洪亦常表示有後悔訛謬之意，如：〈題
言上人所蓄詩〉：「予幻夢人間，游戲筆硯登高臨，時時為未
忘情之語，旋踵羞悔汗下，……言上人乃編而為，讀之大驚，
不復料理，其訛正可多言之戒……」〈題弼上人所蓄詩〉：「予
游方時，省息眾中多氣，抉磨不去，時時作未忘情之語，隨
作隨棄，如人高笑，幸其不聞……弼上人不見惡，願勿傳乃
幸。」[61]

　　既然惠洪如此不珍惜自己的詩文，那又為何生前自訂其
詩文集，名曰《石門文字禪》（石門是地名，在筠州）呢？惠
洪刻意結集詩文，似乎與其無意工於詩文形成一個對比的矛
盾。其實並不然，我們或應該換一個角度說，既然惠洪對「文
字禪」有貶意，那麼詩文創作的結集名之曰「文字禪」，自然
不是誇示炫耀的意思，恐怕只是聊備一說罷了。

四、創作與修悟之間

　　唐代詩僧的創作意識，很明顯有「詩禪相妨」到「詩禪
相濟」的交戰，[62]在詩歌與佛教的發展與交鋒中，「詩禪相妨」
與「詩禪相濟」是兩種截然不同面對詩禪交涉的立場。而宋
詩僧惠洪，其詩文創作中始終未曾表示過詩歌是阻礙參禪修
悟的魔障，這究竟是惠洪未意識到詩魔的問題？還是詩魔並
不構成其創作上的困擾？

　　我們知道惠洪在佛學上的修為被時人喻為「今世融肇」，

61　以上見《石門文字禪》卷 26，頁 291-292。
62　見拙著《唐代詩僧的創作論研究》第五章第一節「反面的立場：詩
　　魔問題的提出」。

上文我們已分析過惠洪對於語言功能的了解、語言性質的掌握，基於惠洪所持「非離文字語言，非即文字語言，可以求道也」的禪語觀，我們可以了解到惠洪深知語言文字的限制及功用，雖然惠洪未曾直接表示過詩歌是阻礙參禪修悟的魔障，然而我們有理由相信，惠洪不致認為詩文創作活動會構成修悟時的阻礙或干擾。惠洪不認為創作有礙參禪修悟，但我們卻不能說惠洪認為創作有助於參禪修悟；值得注意的是，惠洪卻反過來表示過參禪修悟有助於文學創作，如其〈題佛鑑蓄文字禪〉一文中說：

> 余幼孤，知讀書為樂而不得其要，落筆嘗如人掣其肘，又如瘖者之欲語，而意窒舌大，而濃笑者數數然。年十六七從洞山雲庵學出世法，忽自信而不疑，誦生書七千，下筆千言，跬步可待也。嗚呼！學道之益人，未論其死生之際，益其文字語言如此，益可自信也。今三十八年矣，而見雲庵平時親愛之人佛鑑大師淨因於湘中……[63]

惠洪在這篇題文中，提到他幼年的時候喜歡讀書，但屢有辭不能充份達意的表達障礙，直到十六、七歲起開始跟隨雲庵禪師學道以後，其中可以肯定有一個明顯的改變就是表達能力大增（「下筆千言」「益其語言文字」）。這意思是說，思想上的成長、修悟上的體驗，有助於增進文學形式的表達，這種創作觀點，顯然重視的是創作者體察積累的工夫。

---

63 《石門文字禪》卷 26，頁 291 下。

陸、結　語

　　綜合上文我們分析了惠洪對於語言、文字禪、禪修等相關問題的討論，我們可得到以下五個看法：

　　（一）惠洪重視語言文字，但亦能正視語言文字的有限表述真理的困境，因此他對待語言的態度是不即不離，他提的死句活句說，是要人不拘泥於語言文字表面含義。語言文字的功能有二：從人的角度來說，語言文字既是禪人藉以探求真理的憑藉，此即惠洪主張的「知宗妙用」，所謂「知宗妙用」就是知達摩以下觀音、大寂、百丈、斷際等祖師，皆「三藏精入，該練諸宗」，他們的語言具在，都可博觀約取以了解道；另從道的角度來說，語言文字則是真理藉以彰顯的場域，此即惠洪所說：「借言以顯無言，言中無言之趣，妙至幽玄……大法非拘於語言，而借言以顯發者也」。

　　（二）唐人創作的實踐中已有詩禪結合的極佳範例，[64]但是在觀念裏自覺地意識到詩禪的融合，甚至進一步發展出成熟的「以禪喻詩」的詩禪理論是在宋代。袁行霈先生曾析分宋代「以禪喻詩」的內容為「以禪參詩」、「以禪衡詩」、「以禪論詩」三部份，並指出「以禪參詩」偏重在詩歌欣賞上、「以

---

64 見拙著《唐代詩僧的創作論研究》（國立政治大中文研究所博士論文，1999 年 6 月）第五章、第六章。

禪衡詩」偏重在詩歌批評上,「以禪論詩」偏重在詩歌創作上。
[65]在惠洪的「死句活句」說、「參活句」的概念,很可能直接
影響江西詩派詩人「以禪喻詩」的理論建構。

（三）禪史素以惠洪禪學為「文字禪」,加上明僧達觀為
《石門文字禪》作的序,許多人遂想當然爾以為惠洪《石門
文字禪》一書是為了表彰「文字禪」的禪風而作的,甚至以
為惠洪對於「文字禪」有很高的評價,這些看法應該都不是
惠洪的原意。

（四）惠洪的「文字禪」實際上就是指一種文學創作
的活動,這種活動的產生條件有二:或因創作者內在為習氣
未除或是未能忘情,或因外在自然山水環境之刺激觸發。其
實這樣感物未能忘情的文字型態,按照禪家自性自悟的主旨
來說,終究是不利於佛法體悟的,因此惠洪所指的「文字禪」
當如惠洪所說的「死句」,是「語中有語」,是無法使人憑介
話語文字便能探求真理奧義,這正是惠洪對於「文字禪」評
價不高的原因。

（五）詩僧兼具詩人與僧人兩種身份,惠洪在其雙重身
份的認同中,究竟如何看待創作與修悟間的關係呢?惠洪認
為詩文的產生是執著於「習氣」和「未能忘情」,可見惠洪並
不正面肯定作詩為文在修行方面的可能貢獻。但是反過來
說,惠洪認為修行卻有助於詩文方面的表現。這種創作觀點
重視的是創作者體察積累的工夫,如果將惠洪的論述推向極

---

65 詳見袁行霈〈詩與禪〉,收入《佛教與中國文化》(北京:中華書局,
　1988 年 10 月第一版),頁 83-91。

致，惠洪的創作意識中，則有走向「詩歌創作與修行成反比」
的理論傾向。

第二部分

法 與 詩

第四章　唐代意境論與唯識學的關係

—以王昌齡、皎然為考察對象

壹、前　言

　　「意境」是中國文學理論一個重要的術語，也是中國文藝美學一個重要的範疇。自從皎然（720-793 或 798）提出「意境」的概念，將近一千三百年的歷史，意境理論的發展越來越重要，學界不斷有人投入這個領域的研究。歸納學界對於意境的研究有下面幾個方面：第一，意境的界說，包括與意象、境界等概念的區別，與滋味、興趣、神韻、性靈等概念的關係；第二，意境的溯源，從歷史發展探索意境與思想（儒、釋、道）和文學的構成因素；第三，意境的發生和創造，如用具體作品探討意與境交融的方式、創造的過程；第四，意境的內涵與美學特徵，包括對比「意境」與「典型」兩個中外美學範疇。[1]相關研究論著可謂汗牛充棟，不勝枚舉。值得一提的是，最近有二本研究「意境」的專著出版：湖南科技

---

1 參張毅〈建國以來意境研究述評〉，收入南開大學中文系古典文學研究室《意境縱橫探》（天津：南開大學出版社，1986 年 10 月）；閻采平〈近十年來意境研究述要〉，《北京大學研究生學刊》，1990年 4 期。

大學文藝美學研究所夏炎昭教授《意境概說》[2]從義界、形態、創作、鑒賞和源流五個層面，書中引用文獻豐富兼及文學藝術，企圖建構意境理論的系統，此書大抵從上述第四個面向來研究意境，所以書中附錄「意境」與「典型」兩個中外美學範疇的比較，其中考證源流的部份未能參考較新的研究成果，部份論述有待修改補充。從歷史的發展來講，一個文學觀念的成形，一定是成因複雜的，政治大學中文系黃景進教授退休後致力於考察意境概念的源流，從儒釋道不同思想背景的語境，考察「境」字本義和衍變，以及「境」如何與中國文論原有的創作論結合成意境理論，研究成果剛剛出版─《意境論的形成 ── 唐代意境論研究》[3]，此書是從上述第二個研究面向來考察。上述二書雖然不出當前意境研究的面向，但是無論如何，研究的深度和高度都往前跨了一步。

　　本章則是在上述第二個研究面向中，選擇佛教影響意境論的進路來研究，基於筆者過去研究唯識學與皎然意境論的基礎，[4]所做的進一步深化研究，旨在勾勒唐代意境論與唯識學的理論相關性，並非排除意境論對前代詩論的吸收與繼承，也不是否定其受不同學派觀念影響的可能性。[5]論述中注

2　夏炎昭教授《意境概說》北京：傳播學院出版社，2003 年 4 月。

3　《意境論的形成 ── 唐代意境論研究》（臺北：臺灣學生書局，2004 年 9 月）

4　見拙文〈皎然意境論的內涵與意義 ── 從唯識學的觀點分析〉，《佛學研究中心學報》第 6 期，2001 年 6 月，頁 181-211。

5　其實意境論的理論淵源是多方面的，有儒家道家成份，也有佛家的成份，只不過評估這種影響，彼此的重點或看法並不一致而已：羅宗強便認為詩歌意境理論的出現，有多方面的因素，其中最重要的，當為詩歌創作經驗的累積，除此之外，意境這個概念的來源有

意「心」、「境」等術語在唯識學的不同脈胳裏的意涵，並分析它們進入文論後意涵有何變化。

貳、唯識學派論「心」與「境」的關係

唯識學源於印度，它的基本理論體系在西元四、五世紀間形成，由彌勒和無著、世親兄弟共同建構。西元 645 年，唐三藏玄奘從印度求學取經歸來，隨後與弟子窺基一道在長安慈恩寺建立了中國唯識宗（又稱慈恩宗），三傳至弟子智周（668-723）便沈寂下來。[6]

唯識可解釋為「即是識」、「不離識」，論師們各有不同的解釋。究竟唯有什麼識？有的說是八識，有的說是阿賴耶，有的說唯是真心。這些，都是唯識思想的一個側面、流派。在複雜的唯識思想中，印順導師發見主流與共義，廓清宗派的偏執，從大乘唯識學中指出幾個不同觀點的解說，並考察它與原始佛教的關係。下面五個不同方面的解說，都是唯識學，是唯識學的多方面的開展；唯識學也可說是這幾個思潮

二個：一是來自道家，二是來自佛家。意境說的出現，向來多數論者歸結為佛教境界說的產物，實不確。參見羅氏《隋唐五代文學思想史》（上海：上海古籍出版社，1986 年 8 月第一版），頁 812-183。

6 唯識經論中以玄奘所譯的《成唯識論》最為重要，這部唯識論著是解釋世親《唯識三十頌的》的專著，雜糅了印度十大唯識論師對《唯識三十頌》的解釋，在觀點有所不同的地方，均以護法的闡述為準，故被視為護法傳統的嫡傳。其次是三大疏，即一傳弟子窺基的《成唯識論述記》、二傳弟子慧沼的《成唯識論了義》、三傳弟子智周《成唯識論演秘》，另外還有窺基的《成唯識論掌中樞要》和《唯識二十論述記》。

的合流。[7]

1. 「**由心所造**」的唯識。這是簡別外道的世間由自在天所造，還不出業感的範圍。但由心造業而感得三界的果報，雖不就是唯心論，但卻是促成唯識的有力思想。[8]

2. 「**即心所現**」的唯識。經說凡是我們所認識到的一切，並沒有一種所謂客觀獨立存在的本質。當我們心識現前的時候，心上必然的現起一種境界相。因了錯誤的認識與執著，覺得它是離心存在的外境。實際上，那所認識的境相，只是自心現起的影子。唯是自心所現，所以叫做唯識。這種唯識思想，是立足在認識論上，從能知所知的關係上探發出來，是考慮所知的真相而發現的。[9]

3. 「**因心所生**」的唯識。本經說明我們的身體和我們內心的認識活動，都依一切種子心識所含藏的種子而漸漸的開展出來。它是依胎生學的見地，說明眾生的入胎，在胎中漸漸的發達，與現起認識的作用。這些，既是從藏在心識中的種子所生起，也就有唯識的意義。[10]

7　《唯識學探源》，《妙雲集》中編之三（臺北：正聞出版社，1987年），頁 29-33。

8　《華嚴經‧十地品》第六地說：「三界虛妄，但是一心作」。

9　《解深密經》卷三說：「我說識所緣，唯識所現故，……此中無有少法能見少法，然即此心如是生時，即有如是影像顯現」。

10　《解深密經》卷一說：「於六趣生死彼彼有情，墮彼彼有情眾中。……於中最初一切種子心識成熟、展轉、和合、增長、廣大，依二執受：一者、有色諸根及所依執受，二者、名相分別言說戲論習氣執受。……阿陀那識為依止、為建立故，六識身轉」。

4. 「**映心所顯**」的唯識。平常講唯識，多以阿賴耶為依止，為說明的出發點。但阿賴耶的產生，一方面是依如來藏心，另方面是依無始來的虛妄習氣。在這真相的如來藏，與業相的虛妄習氣相互交織之下，才成立其為阿賴耶。因此，從一切法依阿賴耶而生的方面看，是雜染諸法的所依；另一方面看，也就是迷悟關鍵所在。迷、悟、染、淨，都依藏心而有，所以也就是唯識。這雜染的習氣，反映到清淨的如來藏心，因而成為阿賴耶識，現起一切的虛妄相。[11]

5. 「**隨心所變**」的唯識。菩薩因內心定慧的實踐，一切境界都可以隨心轉變，或者不起一切。境界既可以隨心而轉，就可因此推論到一切境界的沒有自體。如外境有離心獨立的本質，那決不能因心的觀想而改變。這是從佛弟子止觀的體驗而推論到的。[12]

上述五種心識思想，起初是逐漸的引發，各別的深入研究；等到思想的反流與綜合，就走上唯識學的階段，後代的唯識學派，在融貫這五項思想，各有偏重發揮，因而成為思想不同的學派。

11　《楞伽阿跋多羅寶經》卷四說：「如來之藏，是善不善因。……為無始虛偽惡習所薰，名為識藏，生無明住地，與七識俱。如海浪身，常生不斷。離無常過，離於我論。自性無垢，畢竟清淨」。

12　《阿毘達磨大乘經》說：「若諸菩薩成就四法，能隨悟入一切唯識，都無有義。……四者，成就三種勝智隨轉妙智。何等為三？一、得心自在一切菩薩，得靜慮者，隨勝解力，諸義顯現。二、得奢摩他，修法觀者，纔作意時，諸義顯現。三、已得無分別智者，無分別智現在前時，一切諸義皆不顯現」。

　　部派佛學大概都是主張「心外有境」，只是對心識緣境的
方式說法不同。其中正量部認為心能直接緣境，經部以為境
可以引生心中影像，或謂心緣境之後，變現似境的影像而緣
之。前者可稱為「無相知識論」（nirākāravijñāna-vāda），後者
可稱為「有相知識論」（sākāravijñāna-vāda），「有相知識論」
持帶相緣境之說。[13]

　　「無相知識論」以心直接顯現境的相狀，此即是說，心
中所了知的相狀，是屬於外境界的；故映現外境相的「識」
自身不持有行相。此如勝論學派以為由根、外境、我、意和
合而生覺了，說一切有部也認為根（或識）觸境生覺，所覺
即是義境本身之形象，故知即對外境的客觀反映，知與外境
之間存在著一一對應的關係。

　　而經部的「有相知識論」持外實境不為心所覺知，而是作
為知識之條件，影響認識主體的心，使之產生與實境有著某種
類似的表象（似境），故所覺相狀皆由心所變現，緣境之心是
持有行相的。且惟有通過心識自身變現的影像，心識才能緣於
外境。而外境雖是實有之物，且構成吾人認識的原因，卻不能
為吾人的感官所知，凡所能感知的境相必然是屬於自心的。

　　外境要為內心所知，須將似境的心相投入識中，且須為
心所緣相生起的條件。比如火，必須從心中引生暖等相，並
能為此相產生之原因，方知有實火。故實火等，非為現量覺
了，惟有〔從其發識的結果〕比量推知。經部完全取消無相

13　唐人以為除正量部以外，其餘小乘各派都是持心法帶相緣境，現代
　　學者認為這種看法是不正確的，其實持帶相說者惟有經部。參呂
　　澂，〈略述經部學〉，《現代佛學》，1955 年 12 期。

知識論就外境與內心關係而建立的反映論結構。在經部看來，凡所知境，皆屬於知覺行相構成的世界；經驗的世間既是自心所變現，因此屬於內在世界。心外的實境雖可以作為心法生起的原因，支持著內在世界，但它與心識所知之內境還是判然有別的。而在世俗知識中被視為外在對象的事物，實際上都還屬於內在世界。吾人一切經驗對象，實際都是心中影象，為自心所變的相分。外在的實境永遠是不可知的，世間萬物皆是眾多心象之假合，而不是超驗的物自身。[14]以直觀不能達於物自身，故經部認為無相知識論強調的知識與對象的一一對應，根本無法證實，是故徒為無意義之戲論。經量部對帶相說的論證是很獨特的，其以認識之第一剎那，根境和合，然非了別；第二剎那方有覺了，而境已謝滅。故所覺了，必是自心影像。[15]

叁、王昌齡的意境論：

一、立意與三思

　　王昌齡《詩格》的意見，昌齡說：

14　後期經量部認為實體性的極微不可知，可知者惟有眾極微和合所成之蘊等世俗法。如窺基《成唯識論述記》卷二：「然經部等極微隨眼，色等十處所攝。然非是假。非眼識等得。成和合色為眼等境故。以理而論唯意識得。應法處收。以實從假色等處攝。以假攬此實法成故。」

15　有部持因果同時，而經部以剎那滅反之。以上參呂澂《印度佛學源流略講》（臺北：彌勒出版社，1982年）第四章第二節。

> 凡高手，言物及意，皆不相依傍。[16]
>
> 凡詩立意，皆傑起險作，傍若無人，不須怖懼。[17]
>
> 凡屬文之人，常須作意。凝心天海之外，用思元氣之前，巧運言詞，精練意魄，所作詞句，莫用古語及今字爛字舊意。[18]

昌齡不僅認為立意不可依傍古人，而且認為意是無法強求得來：「夫作文章，但多立意。今左穿右穴，苦心竭智，必須忘身，不可拘束。思若不來，即須放情卻寬之……」[19]昌齡此處所謂的「意」，便從指創作主體的精神思想、興發感受，指向於創作靈感。

王昌齡認為創作靈感的產生是不可預期、不可勉強的，他亦強調作家創作時不要過於勞苦精神，以保養精神的重要性：

> 凡詩人夜間床頭，明置一盞燈。若睡來任睡，睡覺即起，興發意生，精神清爽，了了明白，皆須身在意中。
>
> 凡神不安，令人不暢無興。無興即任睡，睡大養神。常須夜停燈任自覺，不須強起。強起即惛迷，所覽無益。紙筆墨常須隨身，興來即錄。[20]

昌齡將虛靜的心態與創作靈感的降臨聯繫起來，他描述創作靈感勃發的狀態是自發的，不是由主體有意識地控制而

16　見《文鏡秘府論校注》南卷「論文意」，頁294。
17　見《文鏡秘府論校注》南卷「論文意」，頁307。
18　見《文鏡秘府論校注》南卷「論文意」，頁289。
19　見《文鏡秘府論校注》南卷「論文意」，頁285。
20　見《文鏡秘府論校注》南卷「論文意」，頁290、306。

達到的。當代人本心理學家馬斯洛（Abraham H. Maslow, fl. 1960）便曾把靈感勃發的狀態歸為「高峰體驗」的一種。而什麼是「高峰經驗」呢？馬斯洛認為，高峰經驗是一種近乎神秘的體驗，它可能是瞬間產生的，也可能是轉瞬即逝的，甚至是欣喜若狂、如醉如痴、歡樂至極的感覺。高峰經驗是不能用意志力加以強迫、控制和支配的，對高峰經驗奮力的爭取和竭力的遏止，都是徒勞的，只能放鬆自己，讓高峰經驗自然而然的產生。此外，馬斯洛認為進入「高峰體驗」有一種特殊的技巧，即「沈思」（凝神冥想）。「沈思」狀態的特點是心靈的明淨空虛或靜寂，外部世界的一切知覺不是通過強迫驅逐，而是通過集中注意於所想望的事物，而暫時從意識中排除出去，同樣地，所有內部心理活動停止了，但是無任何特別內容的純意識和明淨感仍然存在，而一但主體進入這種沈思狀態以後，其直接的後效使我們感受到人和世界的極為新鮮和大大加強的知覺，即人們直接感知事物的感受，也即是高峰體驗的產生。[21]

　　立意談的是創作主體的靈感，而用思則指創作主體的構思，〈論文意〉提到創作構思的過程及心理狀態：

> 旦日出初，河山林嶂涯壁間，宿霧及氣靄，皆隨日色照
> 著處便開。觸物皆發光色者，因霧氣濕著處，被日照水
> 光發。至日午，氣靄雖盡，陽氣正甚，萬物蒙蔽，卻不
> 堪用。至晚間，氣靄未起，陽氣稍歇，萬物澄靜，遙目

---

21 詳參莊耀嘉編譯《馬斯洛 —— 人本心理學之父》（臺北：桂冠圖書公司，1990 年 2 月第一版），王文宏《現代心理學與文學》（長春：吉林教育出版社，1994 年 12 月第一版）。

> 此乃堪用。至於一物，皆成光色，此時乃堪用思。所說
> 景物，必須好似四時者。春夏秋冬氣色，隨時生意。取
> 用之意，用之時，必須安神淨慮。目睹其物，即入於心。
> 心通其物，物通即言。言其狀，須似其景。[22]

而構思的方法有三種，即生思、感思、取思：

> 詩有三思：一曰生思，二曰感思，三曰取思。生思一：
> 久用精思，未契意象，力疲智竭，放安神思，心偶照境，
> 率然而生。感思二：尋味前言，吟諷古制，感而生思。
> 取思三：搜求於象，心入於境，神會於物，因心而得。[23]

生思，是境先於心，而感思、取思都是心先於境。因為
觀照外境觸發內在情思的「照鏡生思」說，與後來皎然的「緣
境不盡」、「情緣境生」說相當類似。

二、照境與三境

詩人對境的攝取過程，王昌齡有具體的描述，昌齡《詩
格》說：

> 久用精思，未契意象，力疲智竭，放安神思，心偶照境，
> 率然而生。[24]
> 思若不來，即須放情卻寬之，令境生。然後以境照之，
> 思則便來，來即作文。如果境思不來，不可作也。
> 夫置意作詩，即須凝心，目擊其物，便以心擊之，深穿

---

[22]　張伯偉《全唐五代詩格校考》（西安：陝西人民教育出版社，1996
年），頁 147。

[23]　張伯偉《全唐五代詩格校考》，頁 150。

[24]　張伯偉《全唐五代詩格校考》，頁 150。

其境，如登高山絕頂，下臨萬象，如在掌中。以此見象，心中了見，當此即用。[25]

昌齡的詩論主要是談創作的問題，[26]昌齡在這裏提出了詩人構思時創造意象的方法：所謂「凝心擊物」「以心擊物」，就是說詩人的創作意識（心）在面對外在許多景物時，不可能照單全收，必經一番攝取別擇，在這個選擇的過程，意識（心）當中必先形成一個心境（境象），所謂「以境照之」「如在掌中」就是這個心境（境象），在這個境象中，景物有如在掌中清晰可得，「心中了見，當此即用」，便是說詩人可進一步將清晰可得的心象（境象）藝術加工，轉變成詩歌作品。換言之，「境」的作用就在其提供了一個範圍，「照境」就是方便創作主體得以仔細觀照此一範圍中的物象，以發現物象之間的關係及可能的意義；簡單的說這套創造意象的方法就是設「境」觀照以凝結意象。

根據黃景進教授的研究指出，昌齡設境觀照以取象的理論，很可是受到天臺止觀禪定的影響。[27]黃教授最近的研究成果，修正這個說法，他認為昌齡的照境，是為了解決意與象的結合問題，是在思的過程中增此一環，以便取象。[28]

---

[25]　《文鏡秘府論校注》南卷「論文意」引，頁285。

[26]　根據日本學者興膳宏的研究指出：《文鏡秘府論》南卷所收諸觀點最精約，並且最能多角度反映出王昌齡文學理論的特色，且南卷所收四十八節文字，幾乎都是創作論。見氏著〈王昌齡的創作論〉，收入《日本學者中國文學研究譯叢》第五輯（長春：吉林出版社，1990年3月第一版）。

[27]　見黃景進〈王昌齡的意境論〉，《中國文學理論與批評論文集》（臺北：新文豐出版公司，1995年10月第一版），頁77-110。

[28]　見《意境論的形成 —— 唐代意境論研究》，頁149。

　　筆者以為假如要說昌齡有關將情意轉化為意象的主張，與禪定的過程有相當類似性的話，昌齡重在「觀看照見」的「照境」，還只是初禪的階段「觀」的作用，因為到了二禪以上「觀」的心理活動停止了。梵文 dhyana，漢譯為禪那或禪定，禪定第一個目標是要達到一心不亂、使心意能專注於一點上（one-pointedness），此一點或為鼻端，或為眉間，或為丹田，或為佛相，或為誦佛號，或為一字真言，或為任何所緣之外境，如木、石、方、圓之各種物形及至曼陀羅等。初入禪定的時候，有「覺」、「觀」二種很強烈的粗細不同的心理觀察活動；「覺」一種粗略的心理認識，是取境界之大略輪廓的粗相；「觀」是仔細觀察入微的認識，是仔細觀察所緣境之種種一切，細加分別而認取其詳情；初禪時還沒到達停止心理活動的境地，因此就禪的進展來說，思維作用是被認為有害的，是要被漸次克服的，到了二禪、三禪、四禪一切「覺」、「觀」的心理活動都停止了。禪定最終的目標，就是令自他一切的有情，皆能趨入解脫或圓滿的菩提覺地。因此禪定之專注一境，是為了達到轉變身心趨向解脫的相應努力，把心意專注一境，使妄念不生，即是制伏潛意識中種子使之不能現行的直接辦法，專注於一境則不能接受境對感官的刺激，眼、耳、鼻、舌、身、意等六個識皆相對停止了活動。

　　此外，昌齡提出「三境說」，立意用思而得之於心之境有三：

　　　　一曰物境。二曰情境。三曰意境。

　　　　物境一。欲為山水詩，則張泉石雲峰之境，極麗絕秀者，
　　　　神之於心。處身於境，視境於心，瑩然掌中，然後用思，

了然境象，故得形似。

情境二。娛樂愁怨，皆張於意而處於身，然後馳思，深得其情。

意境三。亦張之於意，而思之於心，則得其真矣。[29]

　　昌齡三境之說，內容指向經驗世界中的景物、情感、意念，而外在客觀的物、情、意之能「神之於心」、「張之於意」、「思之於心」，為內心所感知，其實正如經部的有相知識的帶相說，吾人一切經驗對象，實際都是心中影象，外境實象都是自心所變現的相分。經部看來，外境要為內心所知，凡所知境，皆屬於知覺行相構成的世界，世俗中被視為外在對象的事物，實際上都屬於內在世界。

肆、皎然的意境論

　　學界公認皎然詩論受到王昌齡的影響。[30]，如立意說、取境說，以下分別就意與境兩方面來分析：

一、立意與重意

　　皎然論述創作主體的精神活動，是以「意」一詞來指涉的。其論「意」主要包括「立意」及「重意」兩部份。詩人

---

29 《吟窗雜錄》卷四收錄王昌齡《詩格》「詩有三境」，見張伯偉《全唐五代詩格校考》，頁149。

30 關於皎然論詩所受王昌齡的影響，及皎然與昌齡詩論之異同，王夢鷗有深入探討，見王氏《古典文學論探索》（臺北：正中書局1984年2月第一版），頁295-314。

之「意」，可說是創作主體內在的精神思想或興發感受，皎然說：

> 前無古人，獨生我思，驅江、鮑、何、柳為後輩，於其間或偶然中者，豈非神會而得也？……詩人意立變化，無有倚傍，得之者懸解。……[31]
>
> 凡詩者，雖以敵古為上，不以寫古為能。立意於眾人之先，放詞群才之表，獨創雖取，使耳目不接，終患倚傍之手。[32]

所謂「生思」「立意」，用現代的語言也就是構思的意思，皎然認為創作者立意構思要能獨標新意，「前無古人，獨生我思」「無有倚傍」就是要脫盡古人窠臼。

「重意」是指詩歌寓含的「言外之意」，他說：

> 兩重意以上，皆文外之旨。若遇高手如康樂公，覽而察之，但見情性，不睹文字，蓋詩道之極也。[33]

詩歌的篇幅及文字有限，如何在有限的文字中創造一種意義的盈餘（surplus of meaning）[34]，也就是說詩中的文字符

---

[31] 見李壯鷹《詩式校注》（濟南：齊魯書社，1986 年 3 月第一版，1987 年 7 月初版二刷，以下簡稱李注《詩式》）卷五「立意總評」，頁 254-255；周維德《詩式校注》（杭州：浙江古籍出版社，1993 年 10 月第一版，以下簡稱周注《詩式》）卷五「立意總評」，頁 119。

[32] 見李注《詩式》附錄二《詩議》，頁 267；周注《詩式·詩議》「論文意」，頁 127。

[33] 見李注《詩式》卷一「重意詩例」，頁 32；周注《詩式》卷一「重意詩例」，頁 25。

34 此藉用法國當代哲學家呂格爾（Ricoeur）的說法。參見蔡源煌《從浪漫主義到後現代主義 —— 文學術語新詮》（臺北：雅典出版社，1987 年 12 月第一版，1998 年 3 月修訂八版），頁 31-39。

號固然指向某一事物，可是它的指涉並未就此而止，相反的，除了表層的意義外，還有額外深層的意義。皎然在《詩式》有〈重意詩例〉一節，該節所舉的「一重意」「二重意」「三重意」「四重意」詩例，便是指詩歌在表面意義之後所寓含的深層意義。因此皎然說「但見情性，不睹文字」，並不是不重視文字，而是追求一種超越於文字和形象之外，能見到詩人之情性、志向的境界。進一步分析皎然的「重意」說，應該包括作者和讀者兩個層次。從作者來說，「重意」便指向創作主體在立意構思之際，對於多重詩意的濃縮凝聚；而從讀者來說，「重意」便指作品具有一種能帶領讀者進入藝術境界的指標。

綜而言之，皎然「立意」與「重意」二說主要都是針對創作者這一層級來說的，然而「重意」說還隱然觸及讀者的層級。就創作者來說，皎然的「意」論是關於藝術創作構思及靈感的問題；而就鑑賞者來說，其「意」論則指向了藝術鑑賞及風格的問題，如皎然之後的司空圖《二十四詩品》，便是從讀者的立場進一步形塑「言外之意」的詩歌風格論。[35]

二、取境、造境、緣境與境象

考察皎然的境論主要有四點：「取境」、「造境」、「緣境」、「境象」四點，這四點的內容主要是在討論創作主體與創作

---

35 如說「象外之象，景外之景」、「韻外之致」、「味外之旨」、「不著一字，盡得風流」、「超以象外，得其環中」等等都是強調作品所呈現的藝術韻致。

對象的種種問題，就理論思維這個角度來看皎然的境論，皎然處理創作主客體間的關係，實與唯識學討論心與境之間的作用及功能等概念有著高度類似性。下面嘗試整理皎然的境論，並從「創作主體對於創作對象的呈現」、「創作對象對於創作主體的觸發」、「創作主體與創作對象的辯證關係」等三方面來呈現皎然建構「境」論的理路。

（一）取　境

皎然取境說繼承自王昌齡的照境說，昌齡所談的「照境」及皎然所說的「取境」，有一個共同點就是二人都關注詩人如何將情意轉化為意象這個問題，不過昌齡強調的重點在主體心的「觀看照見」作用，皎然強調是主體心的「攝取別攝」作用。檢視皎然的「取境」「采奇于象外」等說法，似乎與禪定的過程沒有直接的關係。

「取境」之說，可從創作的過程和功效兩方面加以論述，以下分成兩部份來論述：

1.就過程來說

首先就過程來說：「取境」是指創作過程中一個攝取、選擇境象的階段，《詩式》卷一第十九「取境」條云：

> 評曰：或云，詩不假修飾，任其醜樸，但風韻正、天真全，即名上等。予曰：不然。無鹽闕容而有德，曷若文王太姒有容而有德乎？又云，不要苦思，苦思則喪自然之質。此亦不然。夫不入虎穴，焉得虎子？取境之時，須至難至險，始見奇句。成篇之後，觀其氣貌，有似等閒，不思而得，此高手也。有時意靜神王，佳句縱橫，

若不可遏，宛如神助。不然。蓋由先積精思，因神王而
得乎！[36]

《文鏡秘府論》南卷「論文意」收有皎然《詩議》的一
段文字，與上面《詩式》所說的很相似，茲引如下：

或曰：詩不要苦思，苦思則喪於天真。此甚不然。固須
繹慮於險中，采奇於象外，狀飛動之句，寫冥奧之思。
夫希世之珠，必出驪龍之頷，況通幽含變之文哉？但貴
成章以後，有其易貌，若不思而得也。「行行重行行，與
君生別離」，此似易而難到之例也。[37]

分析上面二段話，透露出「苦思」與「自然」兩種不同
的創作方式。「自然」的創作論，指的是創作不須經過辛苦經
營，而是一種自然的流露或呈現；而「苦思」的創作論，則
指創作須經過一番自發的努力，作品不是自然而然的呈現，
而是自覺地經營出來的成果。如果我們運用「自然」與「自
覺」這組概念來理解，顯然地，皎然是主張「自覺說」而反
對「自然說」。皎然在《詩式》所駁斥的「自然說」有三種：
第一種自然說認為詩歌只要「風韻正，天真全」就已經是好
詩（詩不假修飾，任其醜樸，但風韻正、天真全，即名上等），
第二種自然說認為苦思經營反而會斲喪詩歌自然之質（詩不
要苦思，苦思則喪自然之質），第三種自然說主張，創作靈感
的暢旺完全賴神力的作用（有時意靜神王，佳句縱橫，若不
可遏，宛如神助）。

皎然修正第一種說法：所謂「風韻正、天真全」指的是

36 李注《詩式》卷一，頁30。周注《詩式》卷一，頁23。
37 王利器《文鏡秘府論校注》，頁326。

詩家性情能在作品中自然流露，皎然以婦德比喻，可見這部份應屬於作品的內容問題。皎然駁斥這種自然說，並不是說詩歌不需要含蘊詩人的性情，皎然的自覺說是主張詩家在作品中自然流露才性之外，還須在形式部份加強修辭方面的努力，所以他說光有婦德的無鹽，當然比不上兼具婦德、婦容的文王太姒。皎然認為第二種說法根本忽視了創作者必經構思取景的過程，一首好的詩作在完成時，呈現出了無斧鑿之跡的自然之美，但是在完成前，必有一個經歷，因為作品的完成，不可能一任自然不加斤斧就可以產生的，這其間必然經過創作主體有意識的自覺的努力。皎然反對第三種說法，他以為「神王（旺）」（也就是靈感豐沛）的出現，並非如羚羊掛角、無迹可尋，靈感之所以出現，也需要創作者長期的努力，「先積精思」是「神王」的條件，以說掌握靈感的方法就是自覺的努力。

　　而皎然「取境」說，正是回應「自然說」，修正提出「自覺說」的。所謂「取境」是一創作活動，屬於創作過程中一個階段，皎然認為「取境」要面對險難，從險難處下手是奇句佳篇的產生條件。以下我要進一分析「難」、「險」與「奇」的關係。

　　皎然曾說過作詩不可「以詭怪而為新奇」、「以爛熟而為隱約」[38]，這便是主張作詩貴有新意，應避免熟爛，因此所謂「奇」當指新奇。皎然認為奇句佳篇的獲得要從「至難至險」下手，因此「至難至險」便是對詩人在馳騁想像力，以

---

38 李注《詩式》卷一「詩有六迷」條下，頁 19；周注《詩式》卷一「詩有六迷」條下，頁 10。

及想像過程中意境的提煉、文字形式的表現和固定的要求，所以「險」有奇險的意思，「難」有反覆推敲的意思，皎然《詩式·序》中曾說：「放意須險，定句須難」[39]，這與《文鏡秘府論》引王昌齡《詩格》的話頗為類似：「所作詞句，莫用古語及今字爛字舊意」「詩有傑起險作，左穿右穴」「凡詩立意，皆傑起險作，傍若無人，不須怖懼」[40]。

其實，分析皎然的審美傾向，皎然欣賞的是一種「典麗」「奇險」「飛動」的美，如皎然說的「詩有七至」：「至險而不僻，至奇而不差，至麗而自然，至苦而無跡，至近而意遠，至放而不迂，至難而狀易。」[41]詩要「至奇」「至險」是指立意構思應有驚人之處，應出人意表，不落俗套，而不是「虛誕」「怪僻」的意思；詩要「至麗」「至苦」「至難」，與皎然強調取境須自覺努力的主張相互呼應。

追溯「取境」一詞出現的佛典，可發現皎然的「取境」之說與唯識學有高度的關係。唯識宗認為境乃由識變現，認為境是心識功能活動範圍之所託，心識有認識的功能和活動，自然便有「取境」一詞的出現。如：

> 想：謂於境取像為性，施設種種名言為業。謂要安立境分齊相，方能隨起種種名言。思：謂令心造作為性，於善品等役心為業。謂能取境正因等相，驅役自心令造善

---

39 見李注《詩式》序，頁1；周注《詩式》序，頁1。

40 見《文鏡秘府論校注》，頁289、296、307。

41 「詩有七至」原作「詩有六至」，《格致叢書》本、《吟窗》抄本、《詩學指南》本，及《詩人玉屑》所引均作「七至」，引文見周氏校《詩式》卷一「詩有七至」條，頁11。李注《詩式》作「詩有六至」，頁21。

等。(《成唯識論》卷三)[42]

　　從《成唯識論》[43]解釋「想」「思」兩個遍行心所中,我們知道「取境」原指取著所對之境,亦即對某一境界有所貪愛,從而染著於心,不能離脫。又普光《百法明門論疏》說:「領納外塵,覺苦知樂,如是取境,名之為受。」[44]從普光疏,我們可更清楚理解唯識學中「取境」是指主體心認識、接納外界(客塵),並產生快樂與苦痛的感覺的能力及過程。其實詩人覓意構句、往外攝取景物的過程,便如唯識學所說的「取境」,是一種主攝(受)客(塵)的認知思維過程。詩境是一種能令人心游目想的令人取著的藝術境界,它是主體心象的產物,但又不是客觀實在的複製,就主體對客體的認識活動而言,皎然的「取境」說實與唯識學所說的「取境」有高度的關係。因此當前學界不少論者討論詩僧詩歌理論時,多將焦點集中在皎然的「境」論與佛教唯識學之間的關係,而探討唐代的意境論,也會提到佛教唯識學對中國意境論產生的影響。[45]

42　見《成唯識論》卷三,頁82,收在《大正藏》第31冊瑜伽部下,頁11下。

43　太宗貞觀朝玄奘大師(600-664)到印度取經,攜回大小乘經典,返國後便致力於譯經工作,此為中國佛教譯經史上的一大盛事。玄奘大師譯經計劃中,原本打算翻譯印度十個唯識論師的論著,後來玄奘接受弟子窺基(632-682)的建議,改以護法一派的觀點為主,糅譯十家論師的觀點,譯成《成唯識論》一書,該書便成了唐代唯識宗重要的經典之一。

44　世親著,玄奘譯的《百法明門論疏》亦是唯識學重要論著。

45　詳見孫昌武《唐代文學與佛教》(西安:陝西人民出版社,1985年8月第一版),頁175-183;同樣觀點又見孫氏〈佛的境界與詩的境界〉一文,《意境縱橫探》,頁2-7,以及《佛教與中國文學》(上海:

承上所論,「取境」說的提出,正是皎然對於創作活動的重視,它是創作過程中重要的一環。那麼,我們要進一步問,究竟「取境」指創作過程中那一個階段?我們似可從《詩議》那段引文探得消息:皎然在駁斥自然說對於自覺說的批評時認為詩歌要能夠「寫冥奧之思」,詩人「固須繹慮於險中,采奇於象外,狀飛動之句」;所謂「采奇於象外,狀飛動之句」,就是詩人攝取外在景物做為進一步可供藝術加工的原始素材,這一種往外攝取的「取景」觀,就是皎然所謂的「取境」,換句話說,「取境」是指創作主體(主)對創作對象(客塵)的攝受過程;劉禹錫說「境生於象外」[46],說「境」在客觀物象之外形成,不在客觀物象自身,這種看法便是從皎然「取境」說衍生出來,因為創作者攝取物象以後,在心中形成心象,這一個心象,才是可供創作者從事藝術加工的「境」。

2.就功效來說

其次就功效來說:取境是指主體認識客體的認知模式,那麼值得注意的是,這個創作對象(境)與作品有著密切的關係,皎然因此又從功效面談取境。《詩式》卷一「辨體有一十九字」條說:

> 夫詩人之思初發,取境偏高,則一首舉體便高;取境偏

上海人民出版社,1988 年 8 月第一版,1991 年 2 月初版二刷),頁250。另黃景進〈唐代意境論初探－以王昌齡、皎然、司空圖為主〉一文也是持相同的看法,見《美學與文學》第二集,頁 158。

46 劉氏說:「片言可以明百意,坐馳可以役萬景,工於詩者能之。…詩者其文章之蘊邪?義得而言喪,故微而難能,境生於象外,故精而寡和。」,見《劉禹錫集》卷十九集紀〈董氏武陵集紀〉(卞孝萱校訂,北京:中華書局,1990 年 3 月第一版)。

逸，則一首舉體便逸。才性等字亦然。體有所長，故各
功歸一字。偏高偏逸之例，直於詩體；篇目風貌，不妨
一字之下，風律外彰，體德內蘊，如車之有轂，眾美歸
焉。其一十九字，括文章德體風味盡矣。……其比、興
等六義，本乎情思，亦蘊乎十九字中，無復別出矣。[47]

　　詩思初發猶如樂曲開始定調，直接關係著全篇的藝術境
界的高下。所謂「直於詩體、篇目、風貌」，便是從功效言「取
境」的方式，關係著全篇詩歌格調的高下。因此臨文之際、
舉筆下字，要善自選擇，所以說「取境偏高，則一首舉體便
高；取境偏逸，則一首舉體便逸」。皎然提出「高」、「逸」貞」、
「忠」、「節」、「志」、「氣」、「情」、「思」、「德」、「誠」、「閒」、
「達」、「悲」、「怨」、「意」、「力」、「靜」、「遠」等十九種不
同的詩歌所外顯的風韻以及內蘊的體德，其中並以「高」、「逸」
二品為冠。這種審美情趣，當與他僧人的身份有關。[48]對於
上列十九種詩體，皎然均有一句簡單的說明，其中對「靜」
和「遠」二品的解釋，頗能反映「取境」的功效：

　　靜，非如松風不動，林狖未鳴，乃謂意中之靜。

　　遠，非如渺渺望水，杳杳看山，乃謂意中之遠。[49]

　　皎然以為詩人要描寫「靜」「遠」，並非如實地描寫「松
風不動」「渺渺望水」，詩人以動態來表現意識中的靜，其實
就是透過一番「取境」的功夫，讓詩的格調更高而不致落入

47　李注《詩式》，頁 53-54；周注《詩式》，頁 38-39。
48　見羅根澤《中國文學批評史》（臺北：學海出版社，1980 年 9 月臺
　　二版），頁 50。
49　李注《詩式》，頁 54；周注《詩式》，頁 39。

俗套。所謂的「意中之靜」，如王建「蟬噪林逾靜，鳥鳴山更幽」、王維「雨中山果落，燈下草蟲鳴」「月出驚山鳥，時鳴春澗中」「明月松間照，清泉石上流」等詩句，都是藉動態來呈現恬靜、空寂的心緒。同理「意中之動」「意中之遠」，就是以靜態來表現意識中的動感，以近景表現遠景等手法，這便有賴詩人用心於「取境」；換句話說，詩人用心於「取境」，其功效便是使詩歌創作呈現出不同的風韻格調。

　　「取境」可以說是詩人對意境的創造，這個由主體攝取客體的過程，是一種創造，而不只是一種認知而已。「取境」並不是一種鏡現說：主體並不是如實地反映外在境象而已，它會因外在境象（客塵）而引發內在情緒（苦樂）；由「取」而得到之「境」，既不等同於單純客觀世界的物境，也不是主觀的情和客觀的景的簡單相加，而是二者水乳交融，密不可分的有機統一體，它不僅要「氣象氤氳」「意度盤礡」，而且要「情在言外」「旨冥句中」。所以「取境」是詩歌創作過程中的關鍵環節，決非等閑可得，高手於「取境之時」，「放意須險，定句須難」，「至難至險，始見奇句」。「取境」之時是主體和客體相契合的過程，也是形象思維的過程，它常常伴隨著久積於心，突然勃發的「神王」（靈感）；取境的成功與否，關係到藝術作品水準的高低，因此說「取境偏高，則一首舉體便高；取境偏逸，則一首舉體便逸」。由於「取境」關係著主體的情與外在的境的融合問題，關於這個問題，皎然詩論也有觸及，這就是下面我們要論述的「緣境」說。

（二）造　境

　　嚴格說來，皎然的詩格著作當中並未立「造境」一說，雖然「造境」在皎然的詩論中尚未形成具體的論述，而此處專立「造境」這一個論點，是因為皎然所說的「造境」，也觸及創作主體與創作內容的問題。下面就是「造境」一詞的出處：

　　道流迹異人共驚，寄向畫中觀道情。如何萬象自心出，
　　而心澹然無所營。手援毫，足蹈節，披縑灑墨稱麗絕。
　　石文亂點急管催，雲態徐揮慢歌發。樂縱酒酣狂更好，
　　攢峰若雨縱橫埽。尺波澶漫意無涯，片嶺崚嶒勢將倒。
　　盼睞方知造境難，象忘神遇非筆端。昨日幽奇湖上見，
　　今朝舒卷手中看。興餘輕拂遠天色，曾向峰東海邊識。
　　秋空暮景颯颯容，翻疑是真畫不得。顏公素高山水意，
　　常恨三山不可至。賞君狂畫忘遠遊，不出軒墀坐蒼翠。[50]

　　這是一首觀畫詩，是皎然應顏真卿的邀請，觀賞玄真子在置酒張樂跳舞之際所畫的洞庭三山圖，皎然「盼睞」眷顧畫作之後，深為佩服玄真子能憑著想像將洞庭三山的景色畫得生動逼真，讓昨天湖上所見到幽奇景象，今日可以一一重現於手中的舒卷，連顏真卿看玄真子的畫，看到忘神時，竟然翻疑畫中之境是真的，而甚至忘記了遠遊。

　　皎然在此所提的「造境」一詞，就是創作者運用想像完成藝術創作的過程。「造境」雖然是皎然談繪畫創作時提出的，其實亦適用於理解詩歌創作。皎然認為「造境」之難，

50　〈奉應顏尚書真卿觀玄真子置酒張樂舞破陣畫洞庭三山歌〉，《全唐詩》卷 821，頁 9255-9256。

在於「如何萬象自心出，而心澹然無所營」，這就是說創作者心中既要含寓萬象，而將心中萬象以藝術形式表現時，又要忘卻萬象，如此才能得萬象之神。換句話說，創作者「造境」必須合乎自然，沒有造作斧鑿痕跡的作品才是上乘的作品。

其實「造境」與上文所談的「取境」一樣，都是談創作主體如何呈現創作對象的過程，但是兩者卻有階段的不同，如果用現代語言來說「取境」是對景寫生，那麼「造境」就是背景寫生了。對景寫生比較側重於面對外在環境時有所篩選、別擇或取捨；而背景寫生則比較側重於主體對於創作對象把握的準確度，就皎然而言，他衡量「造境」優劣的標準，與六朝以來的文藝傳統一樣，講究的不在單一形象的精準，而是主體對於創作對象所彰顯出來的精神氣韻的整體把握。

主體本於外在的境（對象）加以創造或昇華，變成一個主體所對的一個境象、一個心境，這個境象或心境就是創作的意識內容，因此，「造境」便可以說是創作主體對於意識內容的一種把握、整理和創造。皎然的態度就是將主體意識視為「造境」過程中的一個重要關鍵，主體心識既決定「境」以何面貌呈現，也決定著藝術作品的風格取向，如〈白雲歌寄陸中丞使君長源〉一詩中說：「白雲遇物無偏頗，自是人心見同異」[51]，不同的人見雲有不同的感受，當然不同人的「造境」也會呈現不同的境相；此外，皎然還說過：「境非心外，心非境中」，這便說明了「心」涵攝「境」的關係。[52]

---

51 〈白雲歌寄陸中丞使君長源〉，《全唐詩》卷 821，頁 8257-8258。
52 見〈唐蘇州開元寺律和尚墳銘〉，《全唐文》卷 918，頁 9564 下。

（三）緣　境

　　皎然有兩個地方提到「緣境」。上文提到皎然將詩歌分為十九體，用十九字分別作為概括，並於每字下略加說明，這十九體當中有一體為「情」，皎然釋「情」，便觸及感情與外境的問題，這是「緣境」說的一個出處：

　　　　情：緣境不盡曰情。[53]

　　另一出處則出現在皎然〈秋日遙和盧使君遊何山寺宿易上人房論涅槃經義〉詩中說：

　　　　詩情緣境發，法性寄筌空。[54]

　　上面的「情」是指詩人體現於作品中的感受、體會或情緒，「境」是指作品中所呈現的一種美感世界。「詩情緣境發」就是探討境與識的關係，這關係含涉著二個方向：一個是由內心到外物，另一個便是由外境到內識。就作者而言，詩人將感情投射於詩境；就讀者而言，依緣著詩境可再現詩人的感情。換句話說，詩人的感受、體會或情緒，要透過作品所生成的意境傳達給讀者；而意境的作用，可以把詩人心中的感受、體會或情緒，形象化地呈現在讀者面前。如果說「情」是境的靈魂，那麼「境」就是情的載體，而「詩」就是這兩者有機地統合在一起的產物；因此，當皎然衡量詩歌是否達到「情」的標準（即具有情韻無窮的魅力），就是要看作品中所含蘊的詩人之「情」，能否「緣境不盡」。

53　李注《詩式》，頁 54；周注《詩式》，頁 39。
54　皎然〈秋日遙和盧使君遊何山寺宿皴上人房論涅槃經義〉，《全唐詩》，卷 815，頁 9175。

　　至於作者如何將詩情藉著詩境來呈現呢？皎然提出具體的手法就是「比」和「興」。皎然在評論江淹與班婕妤的詠團扇時說：「江則假象見意，班則貌題直書」[55]，「假象見意」就是借助形象表達作者的立意。又《詩式·用事》說：「取象曰比，取義曰興，義即象下之意。凡禽魚草木、人物名數，萬象之中義類同者，盡入比興。」[56]皎然認為萬事萬物都有外象，每一種物象之後都包含著一定的意義，含義相似或相通的，都可以找出其中類通點，用「比」「興」方法來以此見彼。綜而言之，「假象見意」「緣境」「取象曰比，取義曰興」都是探討情意與境象的關係，並關係到形象思維的方法及運用。

　　其實，討論情意與境象之間的關係，《周易》的「立象以盡意」，陸機的「詩緣情」說，都是皎然的先聲，皎然的理論繼承前人的理論並進一步深化，這當中是否有其他的因素構成？以下我們試著從佛教的觀點提出一些看法。

　　追溯「緣境」一詞的使用和概念，我們便可發現皎然的「緣境」說與唯識學也有著高度的關係。唯識學論著《成唯識論》卷二：

> 達無離識所緣境者，則說「相分」是所緣，「見分」名「行相」，「相」（分）「見」（分）所依自體名「事」，即自證分。此若無者，應不自憶「心」「心所法」，如不曾更境，必不能憶故。「心」與「心所」同所依根，所緣相似，行相各別，了別、領納等作用各異故。事雖數等，而相各

---

55 見李注《詩式》，頁 97；周注《詩式》，頁 40。
56 見李注《詩式》，頁 24；周注《詩式》，頁 20。

異，識、受等體有差別故。[57]

上面這一段話主要在分析：離識之外沒有客觀外境，識乃緣境相而生。唯識學立論，以為宇宙一切現象（即法相），唯「識」所變。識雖是一種無質礙性的、不侷限於肉身而交遍於法界的功能（能力和功用），但此功能未起現行之前，不稱識而稱種子，種子起現行之時，不稱種子而稱識，而識之現行，必待四緣俱備（這四緣就是因緣、等無間緣、所緣緣、增上緣），也就是說，見色、聞聲、嗅香、覺味乃至推理等認識功能，皆不能離開色聲香味觸等物質性的境相而生起。因此熊十力便曾指出「根、識、境三法，互相依住，識依根及境生，而不以根境親生。一切現象，相依有故。」[58]皎然的「緣境」說，將詩情與詩境看成是緊密緣合的關係，雖然只有簡單兩句話，但其內涵已與唯識學所論「識緣境相而生」的概念，有著高度的類似性。

（四）境　象

詩歌作品所指涉的世界，有時是明明白白的具體實相，有時又如抽象的虛構體。皎然把詩歌所指涉的世界，統稱作「境象」，並注意到了詩歌作品所再現客體與實在客體的虛實差異，皎然《詩議》說：

> 律家之流，拘而多忌，失於自然，吾常所病也。必不得已，則削其俗巧與其一體。一體者，由不明詩對，未皆大通。……夫境象非一，虛實難明。有可睹而不可取，

---

57 《成唯識論》卷二，頁 69-70。
58 見熊十力《佛家名相通釋》，頁 9。

景也；可聞而不可見，風也；雖繫乎我形，而妙用無體，
心也；義貫眾象而無定質，色也。凡此等，可以對虛，
亦可以對實。[59]

　　皎然是在論述律詩對偶問題時提出「境象」的虛實問題
的，皎然反對「律家之流，拘而多忌，失於自然」，他所說的
「拘忌」，就是「拘限聲病，喜尚形式」的毛病。[60]根據王利
器《文鏡秘府論校注》，上文的「境象非一」是作「境象不一」，
但有注語說：「一作『景象非一』」，[61]從王利器的注，我們可
以知道這裏有文字上的歧異，但是無論是「不一」或「非一」，
我認為皎然所稱的「境象」，並非將分開的二個「境」和「象」
合在一起談，反之，「境象」是一個合一體。具體地說，皎然
此處所說的「境象」，是指經過作家心靈的再創造而表現在詩
歌中的物象，假設我們以客觀物景為第一自然，那麼皎然的
「境象」便可說是第二自然。「可睹而不可取」之景，顯然不
是客觀物景，而是成了藝術意境－也就是他所說的「境象」
－之後所包含的「物象」。所以他說意境所含包的「形」或
「象」，都只能既「可以對虛」又「可以對實」的「心象」，
因為他們存在於想像的時空中，一方面「繫乎我形，而妙用

---

59 見李注《詩式》，附錄二「皎然《詩議》、《評論》」，頁 266。
60 我們從皎然同時期作家所描述當時詩壇的毛病，可見一斑。如元結
　《篋中集·序》云：「近世作者，更相沿襲，拘限聲病，喜尚形似。」
　元稹〈唐故工部員外郎杜君墓系銘序〉云：「沈、宋之流，研練精
　切，穩順聲勢，謂之為律詩。由是而後，文體之變極焉。」裴度〈寄
　李翱書〉云：「時世之文，多偶對儷句，屬綴風雲，羈束聲韻，為
　文之病甚矣。」見周注《詩式》，頁 126。
61 皎然《詩議》已佚，佚文尚見存於《文鏡秘府論》南卷及《詩學指
　南》。王利器注語，見《文鏡秘府論校注》，頁 317-318。

無體」，一方面「義貫眾象，而無定質」，所以是「可睹而不可取」的虛實結合體。創作對象與創作意識所呈現的境象的關係，可以是實與虛，也可以是實與虛的關係。從《詩議》這一段話，可知皎然「境象虛實」說，主要是針對詩家偶對不知活用虛實的道理，拘限聲律一體的毛病而提出的。皎然從創作主體檢討詩家呈現實在客體時有「可以對虛」「可以對實」兩種方式運用，這背後顯示了一個虛實結合運用的更高技巧。

「實」使意境含有鮮明的形象性，「虛」則可以蘊含無窮的含義，給人想像的餘地；實則形象鮮明，虛則餘蘊無窮。其實在中國典籍中很早便出現了虛實的概念，虛實相對的概念早見諸老莊之中，但將虛實二義應用於詩境，當以皎然為鼻祖。皎然身為佛教徒，對於境之虛實二義，自然不陌生。首先，我們從緣起論的觀點已可看到「境」的虛實二面含義：佛教認為世間一切現象本都是因緣和合而成的，佛教本來就否認實有的生滅的境相，一切境相都是非有、非無虛幻不實象。呂澂便曾指出：「緣起說的本意是說無實在的生滅，若誤解生滅為實有，必須予以否定才能顯示出它的本意。」[62]熊十力也說：「……心物互為緣生，剎那剎那，新新頓起，都不暫住，都無定實。」[63]佛教的緣起說主張無實生滅，非生非滅。如有二偈說：

　　一切有為法，如夢幻泡影。如露亦如電，應作如是觀。[64]

62　見呂澂《中國佛學源流略講》（臺北：里仁書局，1985 年）第八講「宗派的興起及其發展」，頁 191。
63　熊十力《佛家名相通釋》，（上海：東方出版中心，1996 年）頁 6。
64　鳩摩羅什譯《金剛般若波羅蜜經》，收在《大正藏》第八冊「般若

眾因緣生法，我說即是無，亦為是假名，亦是中道義。[65]

佛教即認為一切事物都處於生滅流轉之中，是虛幻不實、無自性的；世間一切事物如按真諦看是性空，按俗諦看是假有，能認識其兩面即是中道。《大品般若波羅蜜經》中有著名的鏡花水月等十喻，也說明一切客觀存在的事物都是虛妄的道理。

其次，我們從唯識學的觀點看「境」的含義，也是兼具虛實兩面的。承上文所論述，唯識學中「境」指「心之所游履攀緣者」或「意識所游履」，換句話說，「境」就是指被主體感覺功能所感受到的客體，而這個被主體所感知感受的客體，自然可以是客觀具體的外界事物，也可以是主觀感情意識狀態。唯識學認為「境」本來是沒有的，只是因為主體心的認識功能，才有與之相待的被認識的「境相」，境既是心識所產生的對象，因此，被認識的「境相」，似實境而實非境。[66]所以無境者不是絕對的無，它只是無識外之實境，並不是無內識自變之似境。而且一切境相雖有千差萬別之相狀，但它們並無真實的自體，如夢幻泡影，鏡花水月，可睹而無實體可得。就此而言，我們也可籠統地說，佛教在使用「境」字時，「境」既指可虛幻的對象，也可指實存的對象，「境」既含括客觀外境，也含括人的內心之境；「境」可指一種非有

部」四，頁 752 中。

65 龍樹著，鳩摩羅什譯《中論》卷四，《大正藏》第三十冊「中觀部」，頁 33 中。

66 如《成唯識論》卷一解釋外境依內識而假立說：「外境隨情而施設故，非有如識，內識必依因緣生故，非無如境。」，收在《大正藏》第 31 冊瑜伽部下，頁 1 中。

非無的虛空之境，「境」也可指一切物質和精神現象。因此，綜合上面佛教緣起論及唯識學的觀點，「境」是同時包括實與虛兩面架構的。那麼，「境象」又是什麼呢？

我認為皎然的「境象」，就是藝術心象的問題，這個藝術心象是由藝術家心靈與客觀物境相融之後所產生的一種精神產品；從性質言，它是一種心象，這種心象既是創作者從客觀物境那裏獲得的，又是經過創作者心靈陶鑄的，其特徵便具有既實而虛、虛實結合的二重性，由於這種「境象」是一種虛實結合體，所以才具有美的生發性、啟示性，可以引發讀者的無窮聯想。也就是說，這種心象既不能脫離所感覺所感知的客觀外境，但也不等於是實在的客觀外境；它既可以是具體生動、可聞可見的形象，但又不是可以具體捉摸的實體，它是「可望而不可置於眉睫之前」的虛實結合體。換句話說，它既反映真實，但又不複製真實，它是一種「真實的幻覺」，用當代現象學美學大師英伽登（Roman Ingarden, 1893-1970）的話說，皎然的「境象」就是一種「創境」，它既不能與真實存在對象的存在特性畫一等號，但又不能認為它毫不具有現實的特性，它可說是現實的擴展。[67]

就理論來分析審美意向性主體，除了「作者」之外，還

67 英伽登《文學的藝術作品》一書研究作品的本體論，指出文學的作品是一種「意向性客體」，審美客體與實在客體之間有著清楚的界線。參見胡經之主編《西方文藝理論名著教程》第十章「茵格爾頓的藝術本體論和價值論」（北京：北京大學出版社，1989 年 11 月第一版，1991 年 12 月初版三刷），頁 270；及朱立元主編《當代西方文藝理論》（上海：華東師範大學出版社，1997 年 6 月第一版），頁 134。

應包括「讀者」這個層次，讀者對閱讀文本（作品）的審美
體驗，是從模糊到清晰的歷程。如果我們進一步從閱讀主體
的立場理解皎然的說法，「境象虛實」說便相當類似英伽登對
文學藝術作品積極閱讀中的審美具體化過程。英伽登指出藝
術作品所再現的客體，只不過是事物之多重圖式化的組合體
或綱要略圖，它有許多「未定點」和「空白」需要讀者的想
像來補充和具體化。[68]閱讀主體透過作品領悟體會創作主
體，讀者通過詩歌的藝術形象感受到它實際存在的實，這個
從虛到實的過程正需要讀者的想像力來填補。讀者因受作品
的刺激、浸染，而興發起類似，或者產生移情、認同、排斥
等等作用，就讀者自身而言，感受或情緒的生發是由虛到實，
這便是「由虛生實」。讀者的感情帶入作品使得作品的意義更
加豐富，這正是英伽登所說的作品的完成在讀者手上，就作
品而言，作品的意義從無到有、由簡單到豐富，這也是「由
虛到實」。作品與讀者的關係是虛實相生的。因此中國詩論中
頗強調虛實相生之理。

　　反省皎然境論中「境象有虛實」這一點，就指出了創作
對象與創作主體兩邊的架構，這兩面性的架構來講，一方面
指出了創作對象的「緣境」說，另一方面又指出了創作主體
的「取境」、「造境」說，這是皎然詩論裏面一個比較核心的
部份。

　　首先，境象的虛實問題，「境象」按照我們現在的語言，

---

68 見英伽登著，陳燕谷等譯，《對文學的藝術作品》（臺北：商鼎文化
　出版，1991 年 12 月臺一版）第十一節「再現客體的具體化」、第
　十二節「圖式化外觀的現實化與具體化」，頁 49-64。

就是創作主體的意識內容。「境象」的虛實問題存在著「能思」
的創作主體，與「所思」的創作對象之間的關係；「境象」與
「物象」的關係，就是意識內容呈現意識對象的問題；因此
「境象」的理論，分別指向於創作主體與創作對象兩大範疇。
就創作的對象言是「緣境」，就創作的主體而言，又可具體區
分為「取境」和「造境」二點。

所謂的「緣境」說指外在的對象，在創作詩歌時產生一
個觸發的作用，觸發我們主體的感情，使得我們有詩情的發
抒而成為一個作品，意思是說這個外境對創作主體而言是一
個觸媒，這是皎然關於創作對象的一個論點。關於創作主體，
皎然有兩個論點，一個是「取境」說，一個是「造境」說。「取
境」和「造境」是指創作主體由於受到外在環境的刺激和觸
發而有了一個構思創作的過程，在構思創作的過程裏，使得
他對於外境或是外象有一個構築或篩選，創造或昇華的過
程，這就是我們今天所說的藝術加工的過程，而這個藝術加
工的過程，皎然分成「取境」與「造境」兩個階段。

伍、唐代意境論與唯識學的相關性

唯識學中「識」是一個很重要的觀念，指人的心靈的認
識能力，眼識、耳識、鼻識、舌識、身識、意識六種認識能
力謂「六識」。識的作用也就是所謂的「了別」，眼識，依眼
根生起，認識色境；耳識，依耳根生起，認識聲境；鼻識，
依鼻根生起，認識香境；舌識，依舌根生起，認識味境；身

識，依遍於通體的身根生起，認識輕重冷暖滑澀等觸境；意
識，依意根生起，認識一切法境（法指一切事物）。六識說後
來衍生成八識說，八識，即指前面所說的六識（眼、耳、鼻、
舌、身、意），再加上末那識和阿賴耶識，此八識之每一識都
由自根種生，又都與其相應的心所相為伴，而認識各種境相。
前六根、六識基本上指人的感官系統的反應功能，後二根、
二識則摻入理性的成份。[69]

　　從字源分析唯識學中「識」的意義，包括「認識主體」、
「認識對象」，以及使認識主體得以認識事物的「認識作用」
三種。梵文 vijñapti 與 vijñāna，漢譯都譯成「識」，在唯識學
中 vijñapti 經常和 vijñāna 二字經常互相關聯而被使用著。
vijñapti 是將 vi-jñā（分別而知）的使役式 vijñāpayati（令知）
的過去受動分詞 vijñapta（在被知著）改為名詞，是表示認
識機能的術語。而 vijñāna 是 vi-jñā 加上尾辭 ana 所作之名詞，
表示知的作用（認識作用），也就是「了別」的意思，而且還
含有認識主體與認識結果（認識內容）的意思；認識主體包
括精神主體及認識作用的基（即認識器官）。[70]

---

69 今人吳汝鈞解釋「末那識」是依阿賴耶識見分為根生起，認識阿賴
　耶識見分而錯覺為我，以為其境，於此境上去思量，所以又稱作思
　量識；「阿賴耶識」是依末那識見分為根生起，認識種子、根生身、
　器界為境相，有含藏諸法種子及被第七識執藏之故，所以又稱作含
　藏識。見吳氏《印度佛學的現代詮釋》（臺北：文津出版社，1994
　年6月第一版），頁143-146。
70 詳參〔日〕高崎直道等著，李世傑譯《唯識思想》（《世界佛學名
　著譯叢》第六十七冊，臺北：華宇出版社，1985年12月第一版）
　第三章勝呂信靜著「唯識說的體系之成立」第五節「識 —— vijnapti
　與 vijnana」，頁123-128。

　　唯識學五個思想面向，不管從業力說立論的「由心所
造」、從有相知識論立說的「即心所現」、從戒定慧修養論立
說的「隨心所變」、從緣起論立說的「因心所生」，還是從色
法雜染虛妄立說的「映心所顯」，都強調心的作用，心的主體
性，主張心外有境。若說內心感知外境的方式，則有帶相（心
中變現似境的相分）和不帶相（內心直接對應外境）的差別。
一般所言的「萬法唯識」、「唯識無境」只是唯識思想之一。

　　唯識學以「境」為心與感官所感覺或思維的對象，這種
用法是佛教認識論中重要的基本理論，與中國傳統使用「境」
的概念有很大的不同。[71]唐以前的詩論，對於創作主體與創
作對象間的關係討論並不多，然自唯識學引進中國開展「識」
與「境」的種種理論論述後，[72]唐代王昌齡和皎然都非常注
意內心（識）與外物（境）的關係，這是非常明顯的。

　　如王昌齡、皎然論「立意」，討論創作主體的思想情感、
創作靈感，論「境」在探索創作主體對創作對象的呈現。「意」
論的部份相當於唯識所說的認識主體的精神，而昌齡的「照
境」與「三境」，皎然的「取境」、「造境」、「緣境」、「境象」

---

71 從一般文字訓詁意義上來考察，先秦兩漢至魏晉南北朝時期的境和
　　界二字，主要是標示邊界、國界的範圍和一定時間長度的終止，但
　　有時也指精神現象，如莊子所說的「榮辱之境」、「是非之境」，與
　　任彥昇所說的「虛明之絕境」。簡言之，佛教傳入中國之前，「境」
　　字大部份用於指時空範圍的終止，偶爾也用來指主觀精神狀態。但
　　自佛教傳入中國，這種情況就產生變化了。這方面的研究可參見南
　　開大學中文系古典文學教研室主編《意境縱橫探》一書。
72 唯識學討論諸「識」與外「境」的關係，有一「唯識無境」的理論，
　　詳見齊明非《唯識無境理論探析－以成唯識論為中心之研究》，1996
　　年 5 月政治大學哲學研究所碩士論文。

說指向唯識所說的認識內容。「照境」、「緣境」是境先於心，「取境」、「造境」是心先於境，而「三境」與「境象」是似境的心象。至於帶相說描述內境心象的生成——先是根識與外境和合，並非了別，繼而外境謝滅，覺了成自心影像——這一部份，王昌齡和皎然的意境論中，並未有類似相近的說法，要到中晚唐才出現。如權德輿的「意與境會」、劉禹錫的「境生象外」、司空圖的「思與境偕」「象外之象」等說，才可能觸及到這個論述。

　　唯識學理所含涉的認識主客體的關係，我們自可尋繪出意境論中「意」、「境」兩個主要術語的對應層次如下：

```
唯識學　　意境論
心————意————認識主體
境————境————認識內容
```

　　綜而言之，唯識學言及心與境之間的認識關係，猶如創作論中言及創作主體與創作對象的關係，中國詩歌理論在發展的過程中，唯識學的思維極可能在意境論建構時產生了相當影響力，其談「心」的性質、「境」的內容，分別對文學創作本質、過程、心理，提供了更細緻的理論參照，而唐代意境理論的建構，繼六朝以來的感興論，為中國後來的情景理論的發展，進一步開創了新猷。

第五章　清代詩論與唯識學的關係

── 以王夫之的「現量說」為考察對象

壹、前　言

　　王夫之（1619-1692），湖南衡陽人，字而農，號薑齋，又號夕堂、續夢庵柴人[1]，晚年居衡陽石船山麓，後人尊稱其為船山先生，是明清之際集前代學術大成的思想家、史學家和詩學理論家，其治學遍及內外經典，論著兼賅四部，今人輯有《船山全書》凡十六冊。[2]

　　早期研究王夫之詩論，大抵受郭紹虞影響，將船山詩說視同王士禎神韻說，[3]這是對王夫之詩學的誤解，而正視王夫之詩學體系的學者，雖然從整體來把握王氏詩論，但都未及

1　見王夫之〈與惟印書〉，黃俊《弈人傳》（1985 年版）卷 14 附錄，頁 182。

2　《船山全書》（湖南：岳麓書社，1988 年），凡十六冊。

3　日本鈴木虎雄的《支那詩論史》首將明清詩論分為性靈、格調、神韻三派，郭紹虞《中國文學批史》承其說，標舉王士禎詩說為神韻說，並認為王夫之詩說與王士禎相同。郭氏的分析影響了後來劉若愚、周振甫、陳友琴等人對於王夫之詩論的分析。參楊松年〈評後人分析王夫之詩論〉，《王夫之詩論研究》第五章（臺北：文史哲出版社，1986 年 10 月），頁 189-203。

處理王氏詩論中的「現量」說。[4]最近研究王夫之詩論,對現量的處理有陶水平和蕭馳二人。陶水平繼承譚承耕的觀點論證王夫之詩學乃中國儒家詩學美學化的完成,他認為「現量」是情景相生理論的心理機制,是心與眼的協同作用,即五根識與第六識結合作用的結果,王夫之現量說繼承了鍾嶸的直尋說、嚴羽妙悟說。[5]而蕭馳否定過去對於現量的界定:「在直接對象面前的審美直覺的結果」[6],他說從審美心理的角度界定現量為直覺,只處理了王夫之定義現量的第一二義(「現在義」和「現成義」),迴避處理王夫之定義現量的第三義(「顯現真實義」),他花了相當多篇幅來論證現量三義與船山詩學的關係。事實上,他的論證並沒有駁倒現量即審美直覺的說法,而是結合船山的思想(特別是天人宇宙觀)與西方表現主義的觀點(連續性)來補充詮釋現量,並定位現量與船山

4　蔡英俊從情景交融理論發展史的角度論述王夫之的詩學體系,見氏著《比興物色與情景交融》(臺北:大安出版社,1986 年)第四章〈王夫之詩學體系析論〉,頁 239-341。譚承耕研究王夫之詩論,結合王夫之的思想體系,指出船山詩學是以儒家詩學為體,以審美詩學為用,見氏著《船山詩論及創作研究》(長沙:湖南出版社,1992 年 10 月)第六章〈船山詩論體系的構成及其歷史地位〉,頁 170-184。而海外學者布萊克(Alison Harley Black)、孫築瑾(Cecile Chu-chin Sun)、宇文所安(Stephen Owen)、黃兆傑(Siu-Kit Wong)研究王夫之詩論,也未見對「現量」的論述,見蕭馳〈船山詩學中 "現量" 義涵的再探討〉,《抒情傳統與中國思想 —— 王夫之詩學發微》(上海:上海古籍出版社,2003 年 6 月),頁 3-4。

5　陶水平《船山詩學研究》(北京:中國社會科學出版社,2001 年 6 月),頁 118-134。

6　蕭馳〈王夫之的詩歌創作論 —— 中國詩歌藝術傳統的美學標本〉,《中國社會科學》1984 年 3 期,頁 143-168。

思想體系的關係。[7]

　　中國古典詩歌理論發展過程中，儒釋道三家思想各自扮演重要的角色，學界研究儒道詩學似乎多於研究佛教詩學，其主要原因是佛門宗派林立，思想繁複，研究者首先要瞭解宗門思想體系，以及佛典中各種名相。因此關於佛學義理與中國詩歌理論的關係，研究的議題多集中在較切近中國儒道思想的禪學與詩學關係的探討，[8]相較而言，對於佛教其他宗派思想與中國詩論的關係，我們知道較為有限。過去筆者初涉唯識思想時，便發現唯識學對於心識與作用的闡發，與中國詩學創作論有極相似的理論同構性，因此在繼過去研究唐宋詩歌理論的佛教成素後，[9]便擬進一步探究王夫之援引唯識學因明術語「現量」論詩的理論意涵。

　　筆者認為陶水平從審美心理學解釋現量為「詩性的直覺智慧」，基本上是從藝術直覺來理解現量，只是特別強調現量是感官與心識綜合作用的結果。蕭先生批評這種預設審美心理學來闡釋現量的立場，因此結合船山思想體系來闡釋現量，綜合他的說法：現量就是要詩人當下興會，以眼前景物

7　蕭馳〈船山詩學中"現量"義涵的再探討〉，《抒情傳統與中國思想　── 王夫之詩學發微》，頁 1-39。

8　如杜松柏《禪學與唐宋詩學》（臺北：黎明文化公司，1980 年）、周裕鍇《文字禪與宋代詩學》（北京：高等教育出版社，1998 年 11 月）、張伯偉《禪與詩學》（杭州：浙江人民出版社，1996 年）、龔鵬程《詩史本色與妙悟》（臺北：臺灣學生書局，1993 年）

9　見拙著〈皎然意境論的內涵與意義 ── 從唯識學的觀點分析〉，《佛學研究中心學報》第 6 期，2001 年 6 月，頁 181-211。〈創作與真理 ── 北宋詩僧惠洪的創作觀與真理觀析論：以《石門文字禪》為討論中心〉，《臺北師院語文集刊》第 6 期，2001 年 6 月，頁 97-132。

道出隱藏在人與自然間連續不斷的秩序。其實蕭先生的論述也預設了一種立場，即船山的詩學是其哲學思想的實踐。

　　詮釋學的觀點認為闡釋者無法避免闡釋者的歷史影響，因此闡釋者並不必諱言闡釋的立場。王夫之援引現量論詩，就使現量從佛學意義質變而有了新的美學的意涵，就中國古典詩歌理論的發展史來說，我們不可忽視王夫之將佛學術語引渡到文學批評的建設性，筆者認為從美學角度來闡釋現量還有細部發揮的空間，例如審美主體如何觀照審美對象？審美觀照有何特徵？審美意象如何反映出來？本文對現量的現代詮釋，便是採美學的進路來進行分析的。

貳、王夫之治唯識的背景和成果

　　明末政治腐敗，學術走向空疏，當時儒學走向心學，滿街都是聖人，佛學也引上歧路，到處散佈野狐禪。面對心學、狂禪的流弊，佛門或者興起一股重新研究法相唯識之風[10]，或者提倡兼治內外經典[11]，儒門也思兼治佛老以整頓心學。

---

10 從玄奘開始，由窺基完成的中法相宗（慈恩宗）在唐太宗、高宗朝前後四十餘年間盛極一時，接下來便衰落下去，到了晚明法相唯識之學才又興起，當時就《八識規矩》的注釋論著就有：晉秦《補注》2卷、明煌《證義》1卷、正晦《略說》1卷、明可《頌解》1卷、廣益《纂釋》1卷、性起善漳《論義》1卷、憨山《八識規矩通說》。

11 明末四大高僧之一德清和尚，世稱憨山大師，在佛教內主張禪淨雙修，對外又宣傳儒、道、釋三教的調和，他在《道德經解》卷頭《觀老莊影響論》中，極力主張調和三教的思想說：「為學有三要，所謂不知《春秋》，不能涉世；不精《老》、《莊》，不能忘世；不參禪，不能出世。此三者經世出世之學備矣，缺則一偏（按：疑為「缺一

王夫之繼承家學師教 ── 儒學正統，[12]為了突破心學末路、狂禪絕境，其疏理六經、精研理學之外，旁及佛老之學，對於佛道經典屢能含英咀華提要鉤玄，是可以理解的事。

　　王夫之以發揚儒家正學，使六經別開生面為己任，主張「設人位而貞天地之生」，反對佛老「固命自私」、「滅性遠害」：

> 大哉！聖人用易也。擇其精，因其中，合其妙，分以劑之，會以通之，人存而天地存，性存而位存，析乎其有條也，融乎其相得也，斯則以為「存存」也。玄者之竊易曰：「存存者，長生久視之樞也。」釋者之竊易曰：「存存者，不生不滅之真也。」夫百聖人存之而如一聖人，一聖人存之而正萬愚不肖，要以設人位而貞天地之生。彼之固命以自私，滅性以遠害者，其得竊文句之似以文其邪哉！[13]
>
> 故善言道者，由用以得體；不善言道者，妄立一體而消

<hr />

則偏」）；缺二則隘；三者無一而稱人者，則肖之而已。」《憨山老人夢遊集》（臺北，新文豐出版公司，1973 年 6 月），卷三十九《學要》條，頁 2082。

12 船山為他的父親王朝聘立行狀時提到，其父與當時著名高僧德清憨山（1546-1623）辯論過「率性之旨」。王朝聘個性靜默溫恭不欲暴見，受學於伍定相、鄒泗山先生，以真知實踐為本，船山年少時聞舅父譚惺敬談及此事。船山的父親和老師與德清憨山大師的率性之辯，應是當時學術界一場重要的儒佛論戰，船山的父親和老師代表的是儒學正統理學正宗兼治內典，憨山大師代表的是佛教大德禪學大師。見《薑齋文集》卷二〈顯考武夷府君行狀〉，《船山全書》第 15 冊，頁 112。

13 《周易外傳》卷 5，《船山全書》第 1 冊，頁 1013。

用以從之。[14]

佛老之初，皆立體而廢用，用既廢，則體亦無實。故其既也，體不立而一因乎用，莊生所謂「寓諸庸」，釋氏所謂「行起解滅」是也。君子不廢用以立體，則致曲有誠。……[15]

上面三段話揭示王夫之的思想主張是「由用以得體」「體用相需」，反對佛老之「立體滅用」。但是王夫之並非一味闢佛老，他的兒子王敔〈大行府君行述〉中評述王夫之的學術思想和交遊時說：

亡考慨明統之墜也，自正、嘉以降，世教早衰，因以發明正學為己事，效設難作折，尤其於二氏之書，入其藏而探之。所著有《老子衍》、《相宗》（按：即《相宗絡索》）、《論贊》，以為如彼之說，而彼之非自見也。山中時著《道冠》，歌《愚鼓》，又時藉浮屠往來，以與澹歸大師（前金黃門堡）、補山堂行者（前司馬郭公督賢）、藥地極丸老人（前大學士方公以智）、茹蘗和尚（壬午雲南同榜，俗姓張）相為唱和。……[16]

王夫之以儒學為體佛老為用的思想體系，乃有其家學和時代因素，因而王夫之對於佛道之學不僅「入其藏而探之」，還能擷取精華為己用，往來交遊亦不諱方外人士。當代新儒學大師唐君毅先生曾肯定王夫之思想的源頭和廣博：「船山之學，得力於引申橫渠之思想，以論天人性命，而其歸家則在

---

14 《周易外傳》卷2，《船山全書》第1冊，頁862。
15 《思問錄內編》，《船山全書》第12冊，頁417。
16 《傳記》，《船山全書》第16冊，頁73。

存中華民族文化之統緒……吾人但就其著書之體類以觀,即知其精神所涵潤者,實中國歷史文化之全體。」[17]近人吳立民研究王夫之的佛道思想,更進一步指出王夫之對佛道思想的含攝藉取,他說王夫之:「從佛家法相唯識學中,以"八識"說"性",解決了"性"的問題,又以禪悟說相宗,解決"心"問題。從魏伯陽、張伯端的道教內丹學說中,以精、氣、神"三寶"說"命",解決了"命"的問題,又以《騷》論丹,解決了"氣"的問題。他從唯識種子熏習說中,提出"性日生日成"的命題,從內丹修煉實踐中得出"人可以造命"的結論。他把轉識成智的迷悟二門與逆煉成丹的順逆二途統一起來,把"性日生日成"與"人可以造命"統一起來,提出了"天在我"、"造化在我"、"變化在我"、"與天分作伯季"的光輝思想。他把佛家的了生死與道教的長生不老融合成為儒家的"貞生安死",實際上他是以禪悟做性功,以丹法做命功的。」[18]

王夫之治唯識學具體的成果有《相宗絡索》及《三藏法師八識規矩論贊》,《三藏法師八識規矩論贊》已佚,《相宗絡索》便成了我們瞭解王夫之唯識思想的最重要著作。[19]前面

---

17 見唐君毅《中國哲學原論‧原教篇》(臺北:臺灣學生書局,1984年),頁 621-622。

18 吳立民、徐蓀銘《船山佛道思想研究》(長沙:湖南出版社,1992年 10 月),頁 10。

19 是書共有六個版本:一、1921 年衡陽文明印刷公司石印本,二、1933 年上海太平洋書店《船山遺書》鉛印本,三、1934 年《船山學報》鉛印本,四、衡陽市博物館邵陽石印本,五、1960 年四川王恩洋校本,六、《船山全書》岳麓書社本。

提到明末佛教界興起研究唯識之風，而唯識義理繁複頗難掌
握，王夫之學問好，又與方外人士時相往來唱和，《相宗絡索》
一書便是應釋先開的請求所製作的一本相宗教材。[20]該書共
二十九章，攝取唯識學中重要的觀念闡釋，始於八識，終於
轉八識成四智。佛學大師歐陽竟無的弟子王恩洋是最早對王
夫之《相宗絡索》的研究者，他指出王夫之治唯識學的目的，
乃欲「使治儒學者對於心理現象、生命現象、認識實踐皆能
大其眼界，豐富其內容」。[21]該書著重於精神界事物即心理方
面的分析研究，王恩洋將《相宗絡索》分為八個部份：一是
心理的組成因素，二是心理的生起因緣，三是心理的各種功
用，四是宇宙萬法的整體聯繫，五是有情生命的因果相續，
六是迷悟差別，七是雜染根本，八是清淨轉依。[22]

　　古代印度論辯成風，因明學相當於今日所謂的邏輯學，
是古印度的五明[23]之一。因明學的因（三支中的第二支）是

---

20 王夫之《七十自訂稿》，辛酉年（1681年，時年六十三）有〈南天
　窩授竹影題用徐天池香煙韻七首〉，其中第六首自注說：「時為先開
　訂相宗，並與諸子論莊」（《薑齋詩集》，《船山全書》第15冊，頁
　410），兩年後癸亥（1683）作〈授別峰僧先開上人《相宗絡索》口
　贊〉：「且憑嚼飯喂嬰兒，莫放蜘蛛拽網絲。杜宇喚春歸正急，原來
　春在落花時。」大意是且憑這本《相宗絡索》作為教材，對法相宗
　的經論及其基本範疇慢慢地消化，書中所指示的宗綱要握住不放，
　不要搞得支離破碎。該詩偈佚，見王敔輯《笈雲草詩集》目錄，《船
　山學報》，1989年第1期，頁2。
21 見王恩洋〈相宗絡索提要〉，《船山全書》第13冊，頁599。
22 見王恩洋〈相宗絡索提要〉，《船山全書》第13冊，頁589-599。吳
　立民指出船山治法相唯識有三個創見：（一）以禪學之理談法相，
　頓悟融入法相宗，（二）博采真諦九識說，解經不拘一家言（三）
　六七八識出新解，法相唯識契綱宗。詳見吳立民、徐蓀銘《船山佛
　道思想研究》，頁31-35。
23 五明，指印度佛教徒應當掌握的五種學問：一曰聲明，釋詁訓字，

使宗（三支中的第一支，論題）得以成立的原因或理由，明是梵文 vidyā 的意譯，意思是學問，所以說因明就是關於因的學問。印度佛教有很多派別，其中唯識學派最重視因明學，這一學派不僅有因明的專門論著，還將因明學的邏輯公式應用於本派論典。唯識學派的創始人之一世親，首先注意到因明學，著有《論軌》、《論式》，可惜均已佚。後有陳那對古因明理論進行改造，創立了新因明，著有《因明正理門論》、《集量論》。陳那的再傳弟子法稱對陳那三支的做法再進行改造，著有《釋量論》、《量決擇論》、《正理一滴論》、《成他相續論》、《因一滴論》、《諍正理論》、《觀相屬論》，俗稱因明七論。

　　佛教稱量是知識，或獲得知識的方式。古因明或立三量（現量、比量、聖教量），或立四量（前三量再加譬喻量即四量，聖教量或稱正教、至教量、聲量，指依經典權威而來知識，譬喻量是指讓人們由已知類似事物認識另一事物），或立五量（前四量再加義准量，義准量是指言外之意，如言無我而知無常），或立六量（前五量再加無體量，無體量者，如入室見主人不在，就知他到那裏去了）。陳那只承認有現量和比量二種，據陳那《因明正理門論》，人的認知手段有現量和比量二種：現量是一種「離分別」的認知能力。[24]分別是比量，比量所把握的是對象的共相；離分別的現量，就各個個別的

詮目疏別（指聲韻學和語文學）、二曰工巧明，伎術機關，陰陽曆數（指工藝、技術及曆算之學）、三曰醫方明，禁咒閑邪，藥石針艾（指醫藥學）、四曰因明，考定正邪，研覈真偽、五曰內明，究暢五乘，因果妙理（指佛學）。見《大唐西域記》卷二。

24　《因明正理門論》：「現量除分別」。見《大正藏》第 32 冊第 3 頁中欄。

感官而分別運轉，[25]只把握對象的自相或個別相，這顯然是感官或感性方面，現量的作用要透過感官來表現，日本學者譯現量為直覺，相當英文的 perception。[26]比量是由推理推論而來的知識，由某一事象推知他一事象，如見煙而知有火。

陳那又將現量分為四種：根現量（眼、耳、鼻、舌、身五根的緣境活動）、意識現量（第六識意識的緣境活動）、自證現量（心法和心所法的自身瞭解）、瑜珈現量（修練瑜珈時於事物的瞭解）。將比量分為自義比量（又稱為自比量，指論者自身為了獲得正確的認識而行的推理，因為只為自己覺悟，是本人的內心推度，不需要用語言文字表現出來）、他義比量（又稱為他比量，指使他人或論敵獲得正確的認識而行的推理，因為了使他人覺悟，所以必須用語言文字表達出來）兩種；前者表示於心中，後者表示於言說；前者所用的是觀念，是內部的言說；後者所用的是音聲字，外部的言說；無論是自比量、他比量，兩者都需依從相同的推理原則。

由玄奘翻譯陳那《因明正理門論》和商羯羅主《因明入正理論》，到弟子窺基《因明入正理論疏》（俗稱《因明大疏》），便創立了中國唯識思想學派－法相宗。[27]玄奘對因明

25　《因明正理門論》：「現現別轉，故名現量」。見《大正藏》第 32 冊第 3 頁中欄。

26　吳汝鈞《佛教思想大辭典》（臺北：臺灣商務印書館，1992 年）「現量」條，頁 391。

27　印度佛教的大乘佛學分中觀宗和瑜珈宗。瑜珈宗以研覈諸法實相
　　——一切事物的本來面目和它的業用因果為一個重點，以闡明「萬法唯識」、「心外無法」為宗旨，認為宇宙萬有都不過是由心識之動搖所現出之影像，內界外界物質非物質無一非唯識所變，故又名唯識宗。玄奘和窺基所創的法相宗旨在探討考究所有存在（即一切

學的發展表現在所立的「真唯識量」上，這一量的目的是要
說明「識外無境」、「境不離識」的唯識道理，窺基稱此量為
「唯識比量」，又分比量為「為自比量」和「為他比量」兩種，
將「為他比量」分為「自比量」、「他比量」、「共比量」三種，
《因明大疏》說：

> 若自比量以許言簡，顯自許之，無他隨一等過；若他比
> 量，汝執等言簡，無違宗等失；若共比量等，以勝義言
> 簡，無違世間、自教等失。[28]

　　意思是說，如果是自比量就要加「許」、「自許」等簡別
詞，以免犯「他隨一不成」之過，因為敵論者不承認；如果
是他比量，就要加「汝」、「執」、「汝執」等簡別詞，以免犯
「自教相違」[29]之過，如果是共比量，以「真故」、「勝義」
等詞進行簡別，以免犯「世間相違」[30]、「自教相違」等過。
玄奘所說的「真唯識量」的宗支因為用了「真故」簡別詞，
所以我們可以判斷「真唯識量」為窺基所說的「共比量」。[31]

法，含有本質和現象）的相狀，這一派的主旨以區別本質（事物的本
質謂之性或實性）和現象（作為現象的事物之相狀謂之相）為主要目
的，換句話說，「法相宗」又可稱為「法性相宗」。橫山紘一著、許洋
主譯《唯識思想入門》（臺北：東大圖書公司，2002 年 5 月），頁 73-78。

28 《大正藏》卷 44，頁 115。

29 自教相違又名自宗相違，就是立宗有違自己的教義和學說的一種過
失，從邏輯上來說，就是自相矛盾的錯誤。參沈劍英《因明學研究》，
頁 177。

30 世間相違就是違反公眾輿論的過失。佛教認為世間有「非學世間」
與「學者世間」兩種，非學世間包括世俗及外道之學，學者世間即
佛教各宗派、學派。參沈劍英《因明學研究》，頁 178。

31 以上論述因明的產生、新古因明的差異，主要參考沈劍英《因明
學研究》第一章「引論」及第六章「三種比量與簡別方法」（上海：
中國大百科全書出版社，1985 年），頁 1-33、142-171；及韓廷傑《唯

　　王夫之《相宗絡索》旨在闡發相宗義理，該書有「三量」一章，對法相宗的現量、比量、和非量有詳細的解釋，下節便分析王夫之對現量的界定。

叁、王夫之對現量的界定

　　王夫之對法相宗的研究成果具體表現在《相宗絡索》一書，該書分析相宗心理的功用有三：一是對境界發起認識（三量、三境），二是對境界領受苦樂（五受），三是對境界發起行為（三性）。王夫之對量的理解是來自陳那以後的新因明，他將陳那所提的現、比二量之外，再加上非量定為三量，《相宗絡索》第六章「三量」中首先界定「量」說：

> 量者，識所顯著之相，因區劃前境為其所知之封域也。境立於內，量規於外。前五以所照之境為量，第六以計度所及為量，第七以所執為量。[32]

　　所謂「量」是內在的識所觀照的相，在內曰「境」，在外曰「量」。所謂「境」，乃識中所現之境界也。本外境之名，此所言境，「乃識中覺了能知之內境與外境相映對立所含藏之體相也。」[33]不同量各因不同的識所觀照，前五識由眼、耳、

識學概論》（臺北：文津出版社，1993 年 8 月）第 21 章「因明與唯識」，頁 309-327。

32 《相宗絡索》，《船山全書》第 13 冊，頁 536。

33 王夫之說：「境者，識中所現之境界也。境本外境之名，此所言境，乃識中覺了能知之內境與外境相映對立所含藏之體相也」《相宗絡索》第五章「三境」，《船山全書》第 13 冊，頁 534。

鼻、舌、身[34]所觀照的實境為量的範圍，第六識即意即識，以計較、推測為量的範圍，第七識以恆常執著為量的範圍。接下來王夫之界定「現量」是和「比量」、「非量」一起羅列說明的：

> 「現量」　現者，有現在義，有現成義，有顯現真實義。現在，不緣過去作影。現成，一觸即覺，不假思量計較。顯現真實，乃彼之體性本自如此，顯現無疑，不參虛妄。前五於塵境與根合時，即時如實覺知是現在本等色法，不待忖度，更無疑妄，純是此量。第六唯於定中獨頭意識細細研究，極略極迥色法，乃真實理，一分是現量。又同時意識與前五和合覺了實法，亦是一份現量。第七所執非理，無此量。第八則但末那妄執為量。第八即如來藏，現量不立，何況比非。故《頌》但言性，不言境量。

> 「比量」　比者，以種種事，比度種種理。以相似比同，如以牛比兔，同是獸類；或以不相似比異，如以牛有角，比兔無角，遂得確信。此量於理無謬，而本等實相原不待比。此純以意計分別而生。故唯六識有此。同時意識以前五所知相比，求其得理；散位、獨頭緣前所領受以證今法，亦多中理，皆屬比量。前五不起計較，不具比量。第七一向執持汙塵，堅信迷著，不起疑情，亦無此量。第八無量，前註已明。

---

34 《相宗絡索》第一章「八識」：「前五識"眼"，九緣生。"耳"八緣生，不擇明暗，故不緣明緣。"鼻""舌""身"三，俱七緣；"香""味""觸"俱合境方取，不緣空緣。」《船山全書》，頁525。

「非量」　情有理無之妄想，執為我所，堅自印持，遂
覺有此一量，若可憑可證。第七純是此量。蓋八識相分，
乃無始熏習結成根身器界幻影種子，染汙真如，七識執
以為量，此千差萬錯，畫地成牢之本也。第六一分散位
獨頭意識，忽起一念，便造成一龜毛兔角之前塵。一分
夢中獨頭意識，一分亂意識，狂思所成，如今又妄想金
銀美色等，遂於意中現一可攘可竊之規模，及為甚喜甚
憂驚怖病患所逼惱，見諸塵境，俱成顛倒。或緣前五根
塵留著過去影子，希冀再遇，能令彼物事倏爾現前，皆
是第六一分非量。前五見色聞聲等，不於青見黃、於鐘
作鼓想等，故不具此量。第八無量，準前可知。

現量乃圓成實性顯現影子，然猶非實性本量。比量是依
他起性所成，非量是徧計性妄生。

《瑜珈論》三量外，有至教量，謂值佛出世，及法恆住，
所說一實至教，聞己生信，即以所聞至教為己識量。此
量從根門入，與意識和合而成，亦三量所攝。若因聞至
教，覺悟己性真實，與教契合，即現量。若從言句文身
思量比度，遮非顯是，即屬比量。若即著文句起顛倒想，
建立非法之法，即屬非量。[35]

　　王夫之提出「現量」有三層意義：第一現在義，第二現
成義，第三顯現真實義。第一層現在義，「不緣過去作影」，
強調現量不依賴過去印象，是眼前直接感知的攫取；第二層
現成義，「一觸即覺，不假思量計較」，強調現量是剎那間一

---

35 《相宗絡索》，《船山全書》第 13 冊，頁 536-537。

次性的獲得與穿透，不需比較、推理、歸納、演繹等抽象思維活動的加入。第三層顯現真實義，「乃彼之體性本自如此，顯現無疑，不參虛妄」，強調現量不僅是對事物表面的觀察，而且是對事物內在的體性實相的把握。

接下來王夫之解釋現量與八識的關係：首先說現量與前五識的關係，「前五於塵境與根合時，即時如實覺知是現在本等色法，不待忖度」，強調現量是感官當下直覺；其次說現量與第六識的關係，王夫之說第六識不依前五根塵而孤起，謂為「定中獨頭意識」[36]，「於定中獨頭意識細細研究，極略極迴色法，乃真實理」，是強調現量是第六識起作用體會真理。[37]「同時意識與前五和合覺了實法，亦是一份現量」，是說現量是前五識感官知覺與六識協同作用的結果。[38]王夫之認為第七和第八識都有執持之意，不能展現真如實相，因此第七、八識作用都不是現量。第七識末那謂指對為善做惡的思維作

---

36 「"定中獨頭意識"謂入定時緣至教量，及心地自發光明，見法中言語道斷，細微之機及廣大無邊境界二者為實法中極略極迴之色法，與定中所現靈異實境顯現在前。此意識不緣前五與五根五塵而孤起，故謂之獨頭。此識屬性境、現量、善性。」見《相宗絡索》第十八章「六識五種」，《船山全書》第 13 冊，頁 560。

37 王恩洋認為細細研究已經是比量，並非現量。王校：「…細細研究，即比而非現。極略極迴皆假色非真。既云色法，即事，非理。」《船山全書》第 13 冊，頁 537。

38 「"明了意識"即"同時意識"五識一起，此即奔赴與之和合，於彼根塵色法生取，分別愛取，既依前五現量實境，故得明了。初念屬前五，後念即歸第六。其如實明了者屬性境、現量；增起分別違順而當理者屬比量；帶彼前五所知非理戀著者屬非量、帶質境。此識無獨影境，三性皆通。」見《相宗絡索》第十八章「六識五種」，《船山全書》第 13 冊，頁 560。

用，是對善惡的執著追求，這種思維和執著追求是恆常不斷的，有「堅持之力」，故謂恆審思量，由於恆常不斷地思善思惡，故產生一切罪惡深重的業品，[39]千差萬錯，畫地成牢的根本在第七末那識，「所謂八識流轉生死之禍苗，皆繇七識強攬」，所以不是現量，因此要頓悟真佛性，要抓住根本，一刀斬斷末那識；而第八識，阿賴耶識，即藏識，有含藏、所藏、我愛執藏三義，它能把諸法（一切事物）所產生的原因（種子）包藏在自體中，是諸法種子所藏之處，常被第七識執著做自我的東西，[40]所以也不是現量。

　　唯識說把心識的作用加以細分，以相分為所量，見分為能量，自證分為量果。相分是認識對象，見分是認識主體，包含證持、證悟和堅持的能力，自證分是證知這兩者所成的認識活動的高一層次主體。王夫之指出認識主體有「圓成實性」、「依他起性」、「偏計性」三種性質，這三性分別是證持佛性、區別真妄、覺悟真理三種途徑。王夫之認為「現量」是圓成實性在認識方法中的體現，是認識事物自相的方法。何謂「圓成實性」？王夫之說：

　　「圓成實性」，即真如本體，無不圓滿，無不成熟，無有

39　「第七末那識，意之識也。故《成唯識論》亦名此為意識，六識緣而生。此識雖未思善思惡，而執八識一段靈光之體相為自內我，全遮圓成無垢之全體，繇此堅持之力，一切染品皆從此起。故梵云末那，唐云染。」見《相宗絡索》第一章「八識」，《船山全書》第13冊，頁526。

40　「阿賴耶，此翻為藏。藏有三義，前一就本識言，後二依他立義，其實一也。能藏義兼王所，所、執二義，專指心王。"能藏"…"所藏"……"我愛執藏"……」《相宗絡索》第二十章，《船山全書》第13冊，頁564-565。

虛妄，比度即非，眨眼即失，所謂「止此一事實，餘二
定非真」，此性宗所證說，乃真如之現量也。八識轉後，
此性乃現。[41]

　　圓成實性是圓滿成就諸法功德之實性，需八識轉後才能
顯現出來。按圓成實性的要求，認識事物之自相，靠直觀的
頓悟，不須思慮、分別，也無須推理、類比。比量是「依他
起性」，指透過推理而得，理雖無謬，但未能證得真如。[42]非
量是「徧計性」，不依真如，不依事理，以妄為真。[43]

　　最後王夫之提出透過經典文字覺知真理，亦有現量、比
量和非量之別。古因明的聖教量，是指由經典文字而來的知
識，「若因聞至教，覺悟己性真實，與教契合，即現量」，是
指聞經典文字而能覺悟文字背後真理就是現量。「若從言句文
身思量比度，遮非顯是」，指試圖透過經典文字進行思考推理
以掌握真實去除虛假，就是比量。「若即著文句起顛倒想，建
立非法之法」，指透過經典文字進行想像而建立不合法理的法
理，就是非量。

41　見《相宗絡索》第八章「見分三性」，《船山全書》第 13 冊，頁 542。
42　「"依他起性"，或依境，或依根，或依言，或依義，展轉依彼事
　　理，揀別真妄而實知之，此相宗所依以立量，就流轉中證還滅理，
　　比量也。繇此度理無謬，雖未即親證真如，而可因以證如，繇八識
　　五徧行流注六識，而成此性。」見《相宗絡索》第八章「見分三性」，
　　《船山全書》第 13 冊，頁 542。
43　「"徧計性"，不依真如，不依事理，從一切世間顛倒法相類不相
　　類，徧為揣度，而妄即為真，非量也。因此而成癡慢疑邪之惑，永
　　與真如不契，從七識有覆性中一分邪慧流注六識而成此性。」見《相
　　宗絡索》第八章「見分三性」，《船山全書》第 13 冊，頁 542。

肆、王夫之以「現量」論詩

　　王夫之以現量論詩共有六次，《薑齋詩話·夕堂永日緒論內編》二次，《古詩評選》一次，《唐詩評選》一次，《明詩評選》一次，《薑齋詩集》一次。[44]王夫之以現量論詩的次數雖然不多，但是與他的情景理論可謂相互關涉，「現量」說與「情景」說應是他詩學體系中一體的兩面，從美學的觀點來說，現量說已涉及審美觀照（審美感興、審美直覺）、審美意象等範疇。

　　三量之中王夫之最肯定的是現量，他在評論詠物詩時，認為盛唐「即物達情之作」好比現量發光：

> 詠物詩，齊、梁始多有之。其標格高下，猶畫之有匠作，有士氣。徵故實，寫色澤，廣比譬，雖極鏤繪之工，皆匠氣也。又其卑者，餖湊成篇，謎也，非詩也。李嶠稱「大手筆」，詠物尤其屬意之作，裁剪整齊，而生意索然，亦匠筆耳。至盛唐以後，始有即物達情之作。……禪家有三量，唯**現量**發光，為依佛性。比量稍有不審，便入非量。……[45]

---

44 蕭馳先生指出共有七次（蕭馳〈船山詩學中“現量”義涵的再探討〉，《抒情傳統與中國思想－王夫之詩學發微》，頁2），筆者重新檢索後只有六次。

45 《薑齋詩話》卷二，《夕堂永日緒論內編》四十八，《船山全書》第15冊，頁842。

　　現量是相宗術語，此處禪家乃泛指佛教，並非專指禪宗而言。王夫之認為詠物詩如果著意於用典、比喻、排比、描摹，則詩作便「生氣索然」，他用三量作比喻，「即物達情」為詠物詩最好的作法，好比「現量發光」，否則便會墮入比量和非量。量是指認識的方式、認識的結果（知識），王夫之援現量以論詩，便使現量說從認識的方法和知識，進入了審美觀照和審美意象的美學範疇。

一、審美觀照

　　首先從審美觀照來說，現量三義－現在義、現成義和顯現真實義，就是指審美主體與景物交接的三個特點：第一，是當下直接性，第二，是瞬間非邏輯思考性，第三是真實完整性。審美主體包括作者和讀者，上述三點便指向文學創作和鑑賞的直覺體驗。王夫之有一段話援現量論詩，可說對審美觀照的特性有相當完整的描述：

　　　「僧敲月下門」，祇是妄想揣摩，如說他人夢，縱令形容酷似，何嘗毫髮關心？知然者，以其沈吟「推」「敲」二字，就他作想也。若即景會心，則或推或敲，必居其一，因景因情，自然靈妙，何勞擬議哉？「長河落日圓」，初無定景；「隔水問樵夫」，初非想得：則禪家所謂**現量**也。46

　　在這一段話中王夫之把「妄想揣摩」與「即景會心」看

---

46 《薑齋詩話》卷二，《夕堂永日緒論內編》五，《船山全書》第 15 冊，頁 820-821。

成是兩種不同的創作類型。「妄想揣摩」或「擬議」所依靠的是推理，其結果只能是景與情分立，即景中之情不是從景中直接獲得、直接呈現的，而是由詩人通過「揣摩」外加上去的，這就難以達到「自然靈妙」的境界。所以王夫之既不同意賈島「推敲」「妄想揣摩」的那種苦吟，更反對韓愈對別人的構思橫加「擬議」，他認為這樣做詩「如說他人夢」，是很荒唐的。他提倡的是王維的「即景會心」的創作路數：「即景」就是直觀景物，是指詩人對事物外在形態的觀照，是直接的接觸；「會心」是心領神會內在意蘊的領悟，是整體的把握。「即景會心」就是在直觀景物的一瞬間，景（外在的）生情（內在的），情寓景，實現了形態與意味、形與神、內在與外在同時的完整統一。他又舉了王維〈使至塞上〉「大漠孤煙直，長河落日圓」和〈終南山〉「欲投人處宿，隔水問樵夫」兩詩句為例，進一步說明「即景會心」不是長時間的揣摩擬議，而是在「初無定景」、「初非想得」等情況下的當下直接把握的。王維寫「大漠孤煙直，長河落日圓」的成功在於他並非搜腸刮肚地運用技巧，而是直接了當地抒寫他的直感。茫茫沙漠並無其他景物，在無風之天，煙自然顯得孤而直，荒遠邊關，人跡罕至林木稀少，那奔騰的黃河便顯得長，西下的夕陽就顯得圓，王維在這兩句詩裏不僅準確描繪了自然景觀，也自然融入他自己孤寂的情緒。〈終南山〉一詩則寫盡終南山景色之美，王夫之說：

　　「欲投人處宿，隔水問樵夫」，則山之遼闊荒遠可知，與
　　上六句初無異致，且得賓主分明，非獨頭意識懸相描摩

也。……[47]

　　王夫之的意思是〈終南山〉前三聯寫盡終南山的遼闊荒遠和景色迷人，最後一聯「欲投人處宿，隔水問樵夫」則點出迷戀山景的遊山人的興致，使前面的景都從「我」的眼中看出，前後聯為一體，非常現成自然而又興趣橫生。從王維的創作路數，我們不難發現王夫之詩論的現量說，強調「即景會心」，而「初無定景」「初非想得」，就是一種審美感興，這種即興抒情是感性的、直覺的、不經理性分析的，如王夫之說：

> ……天地之際，新故之迹，榮落之觀，流止之幾，欣厭之色，形於吾身以外者化也，生於吾身以內者心也；相值而相取，一俯一仰之際，幾與為通，而淳然興矣。……[48]

　　「淳然而興」就是把審美觀照的心理過程（內心與外化相遇）說成一種感興。

　　難怪王夫之說：

> 含情而能達，會景而生心。體物而得神，則自有靈通之句，參化工之妙。若但於句求巧，則性情先為外蕩，生意索然矣。[49]

47　《薑齋詩話》卷二，《夕堂永日緒論內編》十六，《船山全書》第15冊，頁825。

48　《詩廣傳》卷二，〈豳風〉三「論東山二」，《船山全書》第3冊，頁383-384。

49　《薑齋詩話》卷二，《夕堂永日緒論內編》二十七，《船山全書》第15冊，頁830。

所謂「即景」與「會心」、「會景」與「生心」、「體物」與「得神」都是指在審美觀照中，瞬間、同時的審美直覺的完成，要是長時間揣摩，玩弄技巧字句，則詩人「性情」蕩然無存，只能導致創作失敗。

王夫之肯定的「即景會心」的創作類型，包含了現量的現在義和現成義－「不緣過去作影」，「一觸即覺，不假思量計較」。王夫之詩論中便頗多強調詩人對審美對象當下直接的興會，如提到作五言詩：

> 一詩止於一時一事，自《十九首》至陶、謝皆然。……若杜陵長篇，有歷數月日事者，合為一章。《大雅》有此體。後唯〈焦仲卿〉、〈木蘭〉二詩為然。要以從旁追敘，非言情之章也。為歌行則合，五言固不宜爾。[50]

其說「一詩止於一時一事」，「要以從旁追敘，非言情之章也」，主張作詩不能依賴過去印象，要就當前時事直抒，不要從旁敘述。又如言及弔古（詠史）詩的作法提到現量：

> 弔古詩必如此乃有我位，乃有當時**現量**情景。不爾，預擬一詩，入廟粘上，饒伊議論英卓，祇是措大燈窗下鑽故紙物事，正恐英鬼笑人，學一段話來跟前賣弄也。[51]

這是說現量乃就「當前」情景直抒，而不是運用一些掌故大發議論在人前賣弄。又如其評阮籍的詠懷詩：

> 唯此窅窅搖搖之中，有一切真情在內，可興，可觀，可

---

50 《薑齋詩話》卷二，《夕堂永日緒論內編》八，《船山全書》第 15 冊，頁 822。

51 《明詩評選》卷四，評皇甫涍〈謁伍子胥廟〉語，《船山全書》第 14 冊，頁 1321。

群，可怨，是以有取於詩。然因此而詩，則又往往緣景，緣事，緣已往，緣未來，終年苦吟而不能自道。以追光躡景之筆，寫通天盡人之懷，是詩家正法眼藏。[52]

我們可以看到王夫之不主張詩人走苦吟路線，詩家正眼法藏是「以追光躡景之筆，寫通天盡人之懷」，其所強調的便是不「緣已往，緣未來」的當下感興。

對審美對象當下直接的興會，除了要依賴五識感官直取，還需要五識感官與六識（心）一起作用（「和合覺了」），因此我們在王夫之論詩中，便常看到心目、心目相取、心目為政、心目融浹等字眼，茲舉數例如下：

即如迎頭四句，大似無端，而安頓之妙，天與之以自然。無廣目細心者，但賞其幽艷而已。……天壤之景物，作者之心目如是，靈心巧手，磕著即湊，豈復煩其躊躕哉！[53]

遊覽詩固有適然未有情者，俗筆必強入以情，無病呻吟，徒令江山短氣。寫景至處，但令與心目不相睽離，則無窮之情正從此而生。……[54]

語有全不及情，而情自無限者，心目為政，不恃外物故也，「天際識歸舟，雲中辨江樹」，隱然一含情凝眺之人

---

52 《古詩評選》卷四，評阮籍〈詠懷詩〉語，《船山全書》第 14 冊，頁 681。

53 《古詩評選》卷五，評謝靈運〈遊南亭〉語，《船山全書》第 14 冊，733。

54 《古詩評選》卷五，評孝武帝〈濟曲阿後湖〉語，《船山全書》第 14 冊，749。

呼之欲出，從此寫景，乃為活景，故人胸中無丘壑，眼底無性情，雖讀盡天下書，不能道一句。[55]

只於心目相取處得景得句，乃為朝氣，乃為神筆。景盡意止，意盡言息，必不強括狂搜，舍有而尋無。在章成章，在句成句。文章之道，音樂之理，盡於斯矣。[56]

「池塘生春草」，「蝴蝶飛南園」，「明月照積雪」，皆心中目中與相融浹，一出語時，即得珠圓玉潤，要亦各視其所懷來而與景相迎者也。[57]

……「親朋無一字，老病有孤舟。」自然是登岳陽樓詩。嘗試設身作杜陵，憑軒遠望觀，則心目中二語居然出現，此亦情中景也。……[58]

　　詩人即景會心、會景生心、目取心會、體物得神的感興或興會是瞬間完成的，不需邏輯推理的，不待忖度的，所以王夫之欣賞王維的是「大漠孤煙直，長河落日圓」、「欲投人處宿，隔水問樵夫」這種沒有擬議揣想的詩句，而不是「蟬噪林逾靜，鳥鳴山更幽」這種運用比較思維的詩句，他評王維〈入若耶溪〉說：

　　……「蟬噪林逾靜，鳥鳴山更幽」，論者以為獨絕，非

---

55 《古詩評選》卷五，評謝朓〈之宣城郡出新林浦向板橋〉語，《船山全書》第 14 冊，頁 769。

56 《唐詩評選》卷三，評張子容〈泛永嘉江日暮回舟〉語，《船山全書》第 14 冊，頁 999-1000。

57 《薑齋詩話》卷二，《夕堂永日緒論內編》四，《船山全書》第 15 冊，頁 820。

58 《薑齋詩話》卷二，《夕堂永日緒論內編》十六，《船山全書》，第 15 冊，頁 825。

也；……「逾」「更」二字，斧鑿露盡，未免拙工之巧；擬之於禪，非、比二量語，所攝非**現量**也。[59]

王維詩句運用了「逾」、「更」二個比較詞，王夫之認為這樣是比量、非量，不是現量。

二、審美意象

王夫之援現量論詩，不僅是就審美觀照來講，還指審美反映的結果－審美意象。就王夫之而言，不是所有的審美意象都是現量，現量是審美主體在當前當下（現在）通過直覺（現成）獲得能夠體現審美對象本質特徵的東西，此即王夫之所謂的現量第三層義－顯現真實。王夫之說比量以「種種事比度種種理」，此量訴諸概念，是推理和邏輯思維，因此是非審美的；而非量是「情有理無之妄想」，乃純由心造的想像，無可實證，因此是不真實的。現量第三層顯現真實義，「乃彼之體性本自如此，顯現無疑，不參虛妄」，強調現量不僅是對事物表面的觀察，而且是對事物內在的體性實相的把握，也就是說審美意象是主客合一的。

現量說的審美反映必以美是客觀存在為前提。客觀景物存在著固有的美，審美主體才有可能實現審美觀照，並由審美觀照產生審美意象。王夫之說：

天不靳以其風日而為人知，物不靳以其情態而為人賞，無能取者不知有爾。「王在靈囿，麀鹿攸伏；王在靈沼，

於牣魚躍。」王適然而遊，鹿適然而伏，魚適然而躍，相取相得，未有違也。是以樂者，兩間之固有也，然後人可取而得也。[60]

「靳」是吝惜的意思，「兩間」指天地之間。第一段話的意思是說天地之間的景物並不吝惜以自己的美的情態供人欣賞，這種美的情態是天地間的景物所固有的，有了這種自然的美，然後才能有審美的觀照。王夫之又說：

兩間之固有者，自然之華，因流動生變而成其綺麗。心目之所及，文情赴之，貌其本榮，如所存而顯之，即以華奕照耀，動人無際矣。古人以此被之吟詠，而神采即絕。……[61]

這一段話包含了兩層含義：第一，美是客觀存在的，是天地間本來就有的，它的本質是氣的流動變化；第二，詩人對於美進行直接的審美觀照（心目之所及），通過「情」、「景」契合而產生的審美意象是完整的存在著，（文情赴之，貌其本榮，如所存而顯之），如能真實地表現出來，就能「華奕照耀，動人無際」。

王夫之還有二段提到現量，所指都是審美意象：

家輞川詩中有畫，畫中有詩，此二者同一風味，故得水乳調和，俱是造未造、化未化之前，因**現量**而出之。一

---

60 《詩廣傳》卷四，〈大雅〉十七「論靈臺」，《船山全書》第 3 冊，頁 450。

61 《古詩評選》卷五，評謝莊〈北宅秘園〉語，《船山全書》第 14 冊，頁 752。

覓巴鼻，鷂子即過新羅國去矣。……[62]

……如此作自是〈野望〉絕佳寫景詩，只詠得**現量分明**，則以之怡神，以之寄怨，無所不可，方是攝興觀群怨於一爐，錘為風雅之合調。……[63]

第一段以王維詩畫合一水乳交融的境界來說明，成功的詩人要在事物「造未造、化未化之前」，透過審美對象即現量來掌握，如果一落入比量，即思索追尋（一覓巴鼻），就會失去一切（鷂子即過新羅國去矣）。第二段以杜甫〈野望〉為例，說明詩人寫景，要能清楚客觀地呈現審美意象，如此審美主體可以「怡情」「寄怨」，即景中有情，情景交融就是達到儒家詩教－融興觀群怨於一爐。

美是客觀存在的，但審美意象不是先驗存在的，也不是純粹主觀的產物，王夫之說：

「日落雲傍開，風來望葉回」，亦固然之景，道出得未曾有，所謂「眼前光景」者此耳。所云「眼」者，亦問其何如眼。若俗子肉眼，大不出尋丈，麄欲如牛目，所取之景，亦何堪向人道出？[64]

「日落雲傍開，風來望葉回」能呈現天地間「固然之景」，能「道出得未曾有」，即所謂「眼前光景」，這就是說審美意象是審美主體對於客觀事物的本質美的真實反映，這種反映

62　《薑齋詩集・題盧雁絕句序》，《船山全書》第 15 冊，頁 652。

63　《唐詩評選》卷三，評杜甫〈野望〉語，《船山全書》第 14 冊，頁 1019。

64　《古詩評選》卷六，評陳後主〈臨高臺〉語，《船山全書》第 14 冊，頁 852。

是通過主體當下感興、瞬間直覺來掌握的。如果審美主體不能心目相及，即景會心，也就是主客合一、情景交融，好比「俗子肉眼」的審美觀照，粗俗有如牛目一般，其實是不能掌握事物美的本質，因此所取之景便不堪向人道出。

《薑齋詩話》還有一段話也可以說明現量說的第三層「顯現真實」義：

> 蘇子瞻謂：「桑之未落，其葉沃若」，體物之工，非「沃若」不足以言桑，非桑不足以當「沃若」，固也。然得物態，未得物理。「桃之夭夭，其葉蓁蓁」，「灼灼其華」，「有蕡其實」，乃窮物理。夭夭者，桃之稚者也。桃至拱把以上，則液流蠹結，花不榮，葉不盛，實不蕃。小樹弱枝，婀娜妍茂為有加耳。[65]

王夫之其實是說直接從審美感興審美觀照所產生的審美意象，不僅僅限於顯示客觀事物的外表情狀（物態），還要顯示事物的內在規律（物理），審美意象所顯示的理，不是經典教條的經生之理，也不是邏輯概念的名言之理，而是審美直覺直接觀照事物所把握的理。王夫之認為《詩經・周南・桃夭》篇的「桃之夭夭，其葉蓁蓁」、「灼灼其華」、「有蕡其實」等詩句就是審美直覺直接觀照事物所把握的審美意象。杜甫〈禰南夕望〉云：「百丈牽江色，孤舟泛日斜」，王夫之評曰：

> 「牽江色」，一「色」字幻妙。然於理則幻，寓目則誠，苟無其誠，然幻不足立也。[66]

65　《薑齋詩話》卷一，《詩譯》八，《船山全書》第 15 冊，頁 810-811。
66　《唐詩評選》卷三，評杜甫〈禰南夕望〉語，《船山全書》第 14 冊，

這裏評杜詩顯示了一種幻妙之理，這種理是以直接的感興為基礎，「於理則幻，寓目則誠」，是說幻妙之理是直接審美感興所把握的理。

而現量的顯現真實義，還指審美意象應該顯示客觀事物完整存在的本來面目，不應該用主體思想、情感、語言的框框去破壞客觀事物的完整性，所謂「貌其本榮，如所存而顯之」。現量的特點是能保存客觀事物的完整性，比量則不然，如拿牛和兔相比，發現二者同是獸類，或者發現一個有角一個無角，如此則牛和兔就只剩下獸類和有無角的規定性，其他的規定性就被抽掉了，這是用語言概念分割了完整的存在，從而破壞了事物本來的體性、實相，所以也就談不上「如所存而顯之」了。

客觀景物是具有多方面性的，不能用自己特定的情意去侷限、分割、破壞事物多方面性的存在，也就是要保持客觀景物的完整性，以《詩經·小雅，采薇》為例：「昔我往矣，楊柳依依。今我來思，雨雪霏霏。」往戍時悲哀的情意，通「楊柳依依」的樂景來表現，更增強了悲哀的情景，詩人並沒有因為自己的情意是悲哀的，就改樂景為哀景；同樣的，歸來的愉悅的情意，通過「雨雪霏霏」的哀景來表現，更增加了愉悅的情意，詩人並沒有因為自己的情意是愉悅的，就改哀景為樂景，這就是「不斂天物之榮凋，以益己之悲愉」。[67]根據這個角度來理解下面的詩評：

頁 1022。

67 「往戍，悲也；來歸，愉也。往而詠楊柳之依依，來而歎雨雪之霏

> 陶此題凡二作，其一有云：「平疇交遠風，良苗亦懷新」，
> 為古今所共欣賞。「平疇交遠風」，信佳句矣，「良苗亦懷
> 新」，乃生入語。杜陵得此，遂以無私之德，橫被花鳥，
> 不競之心，武斷流水。不知兩間景物關至極者，如其涯
> 量亦何限，而以己所偏得，非分相推，良苗有知，寧不
> 笑人之曲諛哉！通人於詩，不言理而理自至，無所枉而
> 已矣。[68]

我們便不難理解王夫之為何貶抑陶潛「良苗亦懷新」和
杜甫「花柳更無私」、「水流心不競」等名句，王夫之認為陶
杜二人都是用一己偏得之意去縮減、分割、破壞了客觀景物
的完整存在，這樣的詩句不是直接從審美感興產生的，不符
合「如所存而顯之」的要求，因此不具真實性。

伍、結　語

　　從唐代「意境」說開始，到宋代「妙悟」說，中國早已
出現援引佛教術語的詩歌理論，王夫之的「現量」說可說是
一系列佛教詩歌理論的總結，他重視審美感興和直覺，強調
美感生成是當下的、瞬間的、完整的、真實的掌握，綜合了

霏。善用其情者，不斂天物之榮凋，以益己之悲愉而已矣。」《詩
　廣傳》卷三〈小雅〉八「論采薇二」，《船山全書》第 3 冊，頁 392。
68　《古詩評選》卷四，評陶淵明〈癸卯歲始春懷古田舍〉，《船山全書》
　第 14 冊，頁 719。

《文心雕龍》的「起興」說、[69]鍾嶸的「直尋」說、[70]嚴羽的「妙悟」說[71]等主張。簡單地說，「現量」就是以興為特徵的情景交融。

以興為特徵的情景交融，是先有景物的觸發，再有情意的生成，物在先，情在後，是感性的，是不需要理性的刻意安排，無自覺的情思意念是當下即得的，詩人忽有所感，思緒滿懷，於是藉著景物的描寫，把自己的情意表達出來，從而達到情景交融。以比為特徵的情景交融，是情先物後，詩人是帶著強烈的感情去接觸外在景物，詩人把情感注入物境之中，從而使客觀景物彷彿具有情感，王夫之揚棄的是以比為特徵的情景交融。

興是自然的、直覺的、無意的；比是人為的、自覺的、理性的。王夫之詩論的「現量」說接近興又大於興，它摒除了概念二分，否定了二元對立，還彰顯了整體意識，既有柏格森、叔本華、克羅齊等非理性直覺主義的精神，強調人的生命本能（感官與意識）的作用，還有格式塔心理美學的精神，強調整體的性質（整體是大於部份的總和）。所以說詩家

---

69 「興者，起也。」「起情，故“興”體以立。」「觀夫“興”之託諭，婉而成章；稱名也小，取類也大。」（《文心雕龍·比興》）

70 「至乎吟詠情性，亦何貴於用事？“思君如流水”，既是即目；“高臺多悲風”，亦唯所見；“清晨登隴首”，羌無故實；“明月照積雪”，詎出經史？觀古今勝語，多非補假，皆由直尋。」（鍾嶸《詩品》）

71 「大抵禪道惟在妙悟，詩道亦在妙悟。且孟襄陽學力下韓退之甚遠，而其詩獨出退之之上者，一味妙悟而已。惟悟乃為當行，乃為本色。」（《滄浪詩話·詩辯》）

正眼法藏是在當下瞬間、直接直覺的基礎上，追求超越客觀實體總和的整體，這個整體的內涵指向極致的、超越的、本原的、無限的、真實的生命體驗。

第三部分

思 與 詩

第六章　新儒家詩學分析

— 徐復觀先生的文化詩學

壹、前　言

　　徐復觀（1904-1982）是當代新儒學的重要代表人物，在新儒學發展的歷史上，與唐君毅、牟宗三並稱為當代新儒家的三大師。由於學界對徐先生的研究，多從儒學和思想史著手，相較來說，從文學藝術方面來研究徐先生則非常有限。[1]筆者曾根據上述論著初步整理徐先生研究中國古代文學及文學理論的成果，並說明其研究文學及文論的見解乃其新儒家思想體現的結果。[2]

1　探討徐復觀在文藝方面的研究成果，臺灣方面的專著有：鄭雪花《徐復觀美學思想研究》（國立成功大學中國文學研究所碩士論文，1994年），大陸方面的專書有：侯敏《有根的詩學 —— 現代新儒家文化詩學研究》（上海：上海人民出版社，2003年12月）、王守雪《人心與文學 —— 徐復觀文學思想研究》（鄭州：鄭州大學出版社，2005年）、耿波《徐復觀心性與藝術思想研究》（北京：中國傳媒大學出版社，2007年7月）、張晚林《徐復觀藝術詮釋體系研究》（上海：上海古籍出版社，2007年9月）。

2　詳見拙文〈窮搜與體驗 —— 徐復觀先生對中國古代文學與文學理論的研究〉，《緬懷與傳承 —— 東海中文系五十年學術傳承研討會》（臺中：東海大學中國文學系，2007年12月），頁59-84。

　　徐先生研究文學及文學理論的文章，主要收在《中國文學論集》及《中國文學論集續篇》，這二本書不是計劃性、系統性的著作，但是整理書中有關中國古典詩歌及詩歌理論的考證和探索，理路不僅清晰，儼然有著一套思想脈絡貫穿其中。徐先生曾說寫文學文章時，仍保持嚴肅的態度，與有系統、有計劃寫作的《中國藝術精神》，堪稱是姐妹篇。

　　本文以上述著作為研究對象，兼及徐先生《文存》、《文錄》及《雜文補編》中的文章，在前文的基礎上，擬進一步梳理徐先生詩學的精神內涵，指出其詩學實與其強烈的人文精神和文化關懷互為表裏。首析其詩學思想的淵源在其文化意識，次整理其詩學體系，接著說明其詩學精神是一種重視生命情感、強調道德理性的文化詩學，最後思考這樣具有強烈人文精神的文化詩學，在現代學術發展的脈絡下，具有何重要意義。

貳、徐復觀先生的文化意識

一、文化意識的萌芽：激進的儒者

　　徐復觀先生在〈我的讀書生活〉一文中提到他八歲（1911）由教私塾的父親發蒙，到十二歲讀高等小學前，讀的是四書五經、《古文觀止》、《綱鑑易知錄》等古書。他非常喜歡詩，但他父親不准他讀，有一次讀《聊齋誌異》正津津有味時，被父親發現，連書都扯了燒掉。因此他進高等小學三年時間，

整整花在看舊小說。由此可見徐復觀先生對文學的興趣，可說在十二歲之前已經萌芽。

十五歲（1918），考進武昌第一師範學校，開始五年的師範生活。二十二歲（1925）在三千多名考生中以第一名的成績考入湖北國學館，並得到了當時國學大師黃侃先生的公開讚揚，徐復觀後來對《文心雕龍》「文體」觀念的發揮，應是對黃侃先生感念。國學館三年讀書時期，徐復觀對於中國線裝書，甚至整個中國文化，仍有很大的反感。[3]二十五歲（1928）國學館畢業後，因緣巧合赴日本留學入日本陸軍士官學校就讀，主要閱讀的是經濟學與政治學。

四十一歲（1944），徐復觀生命中一個重要人物出現，這個人就是新儒學三大宗師之一熊十力先生。徐復觀在重慶認識了熊十力先生，對中國文化的態度開始有了轉變。[4]當時熊十力先生對徐復觀評罵王夫之的《讀通鑑論》，有了一個「起死回生」的一罵，熊先生罵徐復觀：「任何書的內容，都是有好的地方，也有壞的地方。你為什麼不先看出它的好的地方，卻專門去挑壞的，這樣讀書，就是讀了百部千部，你會受到什麼益處？」，這番話在徐復觀的生命深處埋下一個文化宿根的種子，這顆種子埋下他思索否定人生精神中應該有肯定

---

3 這段時間徐復觀醉心於魯迅的文字，感受到他文字的批判力潑辣生動，不同於線裝書的陳腔濫調，遍讀了他的小說，感覺到有一種「純否定性的光芒」，但當時仍「不免發生一種空虛悵惘的感覺」。見徐復觀〈漫談魯迅－在香港中文大學新亞書院文學會的講演稿〉，《中國文學論集》（臺北：臺灣學生書局，1973 年增補三版，1990 年五版二刷），頁 535。以及下文第肆節分析。

4 徐復觀原名秉常、佛觀，由熊十力先生取名為復觀，便以復觀之名行世，由此可見熊先生對徐先生的影響不僅止於中國文化思想上。

人生根源，也開啟他對中國文化的價值根源的重視。受到熊先生的鼓勵，徐復觀生命力的投注才由政治轉向學術，並期以文化救中國。[5]

徐復觀先生半生投身軍旅，四十八歲才進入學界，然而其勤於筆耕，治學嚴謹，著述成果相當豐碩，對學界影響甚大，其主要著作有：《學術與政治之間》、《中國思想史論集》、《中國思想史論集續編》、《中國人性論史：先秦篇》、《兩漢思想史》、《中國藝術精神》、《中國文學論集》、《中國文學論集續編》、《儒家政治思想與民主自由人權》等三十種，譯作有《詩的原理》、《中國人的思維方法》二種，及其他文集、雜文集，總文字超過三百萬字。[6]這些論著涉獵範圍甚廣，從思想史到經學史、政治史、邏輯學說、文學、藝術等都有建樹，但其間一以貫之的主張就是對中國文化作「現代的疏釋」[7]，闡揚其中的人文主義精神，以開儒家思想之新。學界便有人指出徐先生的思想是從先秦儒家而來，不是從宋明儒家而來，相較於熊十力、唐君毅、牟宗三從宋明儒家、從超越先驗去把握事物，是「超越的儒者」，徐復觀關心現世、重視實踐，無疑是一個「激進的儒者」。[8]

5　以上參見徐復觀〈我的讀書生活〉，蕭欣義選編《徐復觀文錄選粹》（臺北：臺灣學生書局，1980 年 9 月），頁 311-319。

6　徐先生曾自為墓誌銘云：「生平著書十餘種，凡三百餘萬言，行於世。」見徐復觀，〈徐公佛觀之墓〉，《無慚尺布裹頭歸 —— 徐復觀最後日記》（臺北：允晨文化公司，1987 年 1 月），頁 231。

7　徐先生說：「我所致力的是對中國文化作現代疏釋，⋯在我心目中，中國文化的新生，遠比個人哲學的建立更為重要。」見徐復觀《徐復觀雜文續集》（臺北：時報文化公司，1981 年），頁 410。

8　陳昭瑛〈一個時代的開始：激進的儒家徐復觀先生〉，《徐復觀文存·

二、文化意識的貞定：疏通儒道思想

　　當代新儒家有一個共通點，都是通過中西哲學、文化對比的視域，重新闡發儒學的價值。徐復觀先生的主要貢獻是對中國文化作現代的疏釋。其工作首先關注在中國道德精神的闡釋上，接著又開展對中國藝術精神、文學的闡釋，由此而相繼完成了《中國人性論史：先秦篇》、《中國藝術精神》《中國文學論集》、《中國文學論集續篇》等書。

　　徐復觀認為中國傳統文化重視現實生命的特徵和人文主義精神的傳統，表現在道德上就形成了以孔孟儒家為代表的中國道德精神；表現在藝術上，就形成了以老莊道家為代表的中國藝術精神。而中國藝術精神的自覺，主要表現在繪畫與文學兩方面。他區分「為人生而藝術」和「為藝術而人生」二種藝術典型時說：

> 中國文化中的藝術精神，窮究到底，只有孔子和莊子所顯出的兩種典型。由孔子所顯現出的仁與音樂合一的典型，這是道德與藝術在窮極之地的統一，可以作萬古的標程」「由莊子所顯出的典型，徹底是純藝術精神活動的性格，而主要又是結實在繪畫上面。[9]

　　徐先生指出中國藝術精神的源頭有二，即儒道二家。孔子所奠定的儒家藝術精神是「為人生而藝術」，是道德與藝術

附錄二》（臺北：臺灣學生書局，1991 年 6 月初版），頁 361-373。原載《歷史月刊》當代人物欄，15 期，1989 年 4 月。

9 徐復觀《中國藝術精神・自敘》（臺北：臺灣學生書局，1966 年初版，1979 年增訂六版），頁 5-6。

合一的典型，儒家所開出的藝術精神，立足於仁義道德，需
要經過某種意味的轉換方能成就藝術，沒有轉換便不能成就
藝術。[10]而由莊子所顯現的藝術精神，是徹底的純藝術的性
格。但這並不表示，莊子所奠定的道家藝術精神是「為藝術
而藝術」，其實莊子同樣關懷的是人生問題，其本意只著眼於
人生，而根本無心於藝術，只不過他所思考的人生，是「藝
術的人生」，中國純藝術精神，實由道家所導出。老莊與孔子
一樣都是「為人生而藝術」，「為人生而藝術」才是中國藝術
精神的正統和主流。[11]

　　他透過修養的工夫（現實的人生體驗）成功的從儒學以
「道德」為內涵的心性，轉向老莊以「無」為內涵的心性。
他說莊子所把握到的「人的主體」，所把握到的作為「人的本
質」的德、性、心，乃是藝術的德、性、心：

> 我已經在中國人性論史先秦篇第十一章、十二兩章中論
> 證過，老子及莊子內篇之所謂德，即是莊子外篇、雜
> 篇中之所謂性。而莊子也和孟子一樣，把作為人之本質
> 的性，落實於更容易的心。而莊子所把握的心，正是藝
> 術精神的主體。[12]

　　接著他指出莊子精神核心的「心齋」「坐忘」的歷程，正
是美地觀照的歷程，且是美地觀照得以成立的精神主體。精
神自由的途徑就是心齋、坐忘的歷程：：

> 達到心齋、坐忘的歷程，主要是通過兩條路。一是消解

10　徐復觀《中國藝術精神》，第一章第十節。
11　徐復觀《中國藝術精神》，第二章第一、二節。
12　徐復觀《中國藝術精神》，第二章第六節，頁70。

由生理而來的欲望，使欲望不給心以奴役，於是心便從
欲望的要挾中解放出來；這是達到無用之用的釜底抽薪
的辦法。因為實用的觀念，實際是來自欲望。欲望消解
了，用的觀念便無處安放，精神便當下得到自由。……
另一條路是與物相接時，不讓心對物作知識的活動；不
讓由知識活動而來的是非判斷給心以煩擾，於是心便從
知識無窮地追逐中，得到解放，而增加精神的自由。[13]

　　因此徐先生認為，莊子所謂的「無情」，乃是去掉束縛於
個人生理欲望之內的感情，超越上去，顯現出與天地萬物相
通的「大情」，此即藝術精神中的「共感」。[14]由莊子以莊靜
為體的人性的自覺，實將天地萬物涵於自己生命之內，以與
天地萬物直接照面，這是種「超共感的共感」，共感到已化為
物的物化，是種「超想像的想像」，想像到物化者與物無際的
無所用想像的想像。[15]

　　從徐復觀對儒道思想所作的疏釋，肯定儒道兩家思想對
中國人文精神的展開都有貢獻。以孔、孟為代表的儒家所展
開的是入世的人文精神，以老、莊為代表的道家所展開的是
超越的人文精神，這兩種人文精神在歷史發展中，實是相互
補充、各有所成的。徐復觀強調中國傳統思想，不論是儒家
還是道家，都是最後落實於現實人生之上，從而塑造了中國
文化的人間的性格、現世的性格，因此他主張我們所要發展
的中國人文精神，應當包括這儒道兩種人文精神的積極內

---

13 徐復觀《中國藝術精神》，第二章第六節，頁72。
14 徐復觀《中國藝術精神》，第二章第十節，頁89。
15 徐復觀《中國藝術精神》，第二章第十一節，頁96。

容。[16]

叁、徐復觀先生詩學的文化內涵

　　徐先生以研究思想史為職志，因為擔任東海大學中國文學系主任的關係，促使他研究中國傳統文學。徐先生是以思想史家的眼光，決定了涉觸及到了古典及現代文學、古典詩論及文論的重要綱維。

　　《中國文學論集》十八篇文章和《續篇》十三篇文章，其中考證商榷古典詩歌最多有：〈從文學史觀點及學詩方法試釋杜甫戲為六絕句〉、〈環繞李義山（商隱）錦瑟詩的諸問題〉、〈韓偓詩與香奩集論考〉、〈宋詩特徵試論〉、〈從顏元叔教授評鑑杜甫的一首詩說起〉、〈答薛順雄教授商討「白日依山盡」詩〉、〈簡答余光中先生「三登鸛雀樓」〉；討論文學理論方面：〈釋詩的比興 —— 重新奠定中國詩的欣賞基礎〉、〈釋詩的溫柔敦厚〉、〈文心雕龍的文體論〉、〈文心雕龍淺論之一 —— 自然與文學的根源問題〉、〈文心雕龍淺論之二 —— 原道篇通釋〉、〈文心雕龍淺論之三 —— 能否解開文心雕龍的死結〉、〈文心雕龍淺論之四 —— 文體的構成與實現〉、〈文心雕龍淺論之

16　林安梧指出徐復觀先生的思想核心有一種自由主義精神融合儒道兩家，他的自由主義並不否定傳統和社會，而是對傳統和社會新評估後，賦予新的內容，這種自由精神不是感性的解放，而是理性的照明，不僅具有解構的能力，還開啟了一理性建構的可能。見林安梧《當代新儒家哲學史論》（臺北：明文書局，1996 年）第七章第三節，頁 166-167。

五 —— 知音篇釋略〉、〈文心雕龍淺論之六 —— 文之樞紐〉、〈文心雕龍淺論之七 —— 文之綱領〉、〈中國文學中的氣的問題 —— 文心雕龍風骨篇疏補〉、〈陸機文賦疏釋〉、〈皎然詩式「明作用」試釋〉、〈王國維人間詞話境界說試評 —— 中國詩詞中的寫景問題〉、〈詩詞的創造過程及其表現效果 —— 有關詩詞的隔與不隔及其他〉、〈儒道兩家思想在文學中的人格修養問題〉、〈中國文學中的想像問題〉、〈中國文學中的想像與真實〉、〈傳統文學思想中詩的個性與社會性問題〉、〈中國文學欣賞的一個基點〉、〈中國文學討論中的迷失〉。透過這些「綱維」性的文章，可說處理了中國詩學中幾個「關鍵性」的命題如：詩言志、比興、性情之真與性情之正、文體、文氣、作用、境界、隔與不隔等，這些命題背後更觸及文學理論中創作論、鑑賞論、功能論等範疇，疏釋的文字經常出現「情感」、「生命力」、「道德」等關鍵詞，因此其詩學精神具有以下的特色：

一、重視生命感情

　　徐先生天生感性極強，幼年時便喜歡讀詩，對中國文學中所表現的有情世界感動特別深，他在五十四歲（1957）寫了一篇短文〈春蠶篇〉，探討愛與愛情的區別，並提到李義山無題詩「春蠶到死絲方盡」句對他的永遠吸引力，在於「每個人接觸到這句詩，每個人便接觸到隱藏在自己內心深處的這一部分的生命力，所以這句詩的魅力，只是每個人生命力的魅力。生命力的魅力無窮，這句詩的魅力，作為這句詩主

題的春蠶的魅力，也是不盡。」[17]可見徐先生談詩相當重視詩人內在的生命情感，他說：

> 沒有個性的作品，一般地說，便不能算是文學地作品。尤其是文學中的詩歌，更以個性的表現為其生命；這在中國過去，稱之為「志」，稱之為「性情」。……
>
> 真正好的詩，它所涉及的客觀對象，必定是先攝取在詩人的靈魂之中，經過詩人感情的鎔鑄、醞釀，而構成他靈魂的一部分，然後再挾帶著詩人的血肉(在過去，稱之為「氣」)以表達出來，於是詩的字句，都是詩人的生命；字句的節律，也是生命的節律。這才是真正的詩；亦即是所謂性情之詩，亦即是所謂有個性之詩。[18]

以下分別就徐先生疏釋「興」、「溫柔敦厚」，談「文學想像」、討論「文體」、分析寫景「隔不隔」的問題，說明徐先生的論述都與情感生命連結起來一起談。

（一）

「興」是中國詩學一個重要概念，二千年來糾纏不清的問題，舊注紛紛，新說各異。徐復觀相當肯定「興」的重要說：

> 興是把詩從原始地素樸地內容與形式，一直推向高峰的最主要的因素。抹煞了興在詩中的地位，等於抹煞了詩

---

17 徐復觀著，黎漢基、李明輝編《徐復觀雜文補編》第一冊（臺北：中國文哲研究所，2001 年 12 月初版二刷），頁 96。

18 徐復觀《中國文學論集·傳統文學思想中詩的個性與社會性問題》，頁 84-85。

自身的存在。[19]

　　徐先生抓住「興」與詩人的主題在意義上到底有無關連這樣一個核心的問題，破古注今說提出自己的見解。[20]在深入體認《詩經》所表現的內容的基礎上，徐先生開創性的將「興」還原為作為詩之基質的「情感生命」：

> 興的事物和詩的主題關係，不是像比，係通過一條理路將兩者連接起來；而是由感情直接搭掛上，沾染上，……因而即以此來形成一首詩的氣氛、情調、韻味、色澤的。[21]

　　他強調一個具有發展過程的「興」：觸發、興起的興，在一章之首的興，是興的素樸形式；根源於感情蘊積的深厚，激盪、興會的興，在一章之中的興，是興的變例，「此種興的發生，是因感情所積者厚，在抒寫的中途，自然形成一種頓跌，……在頓跌中，忽觸到某種客觀的事物，引發出更深更曲折的內蘊情感，因而開闢出另一種情境，使主題做進一步的展開；[22]而文已盡而意有餘、興寄的興，在一章之末的興，「才算達到興在詩中的極致，因而把抒情詩推進到文藝的巔峰」，因為「一切藝術文學的最高境界，乃是在有限的具體事

---

19 《中國文學論集・釋詩的比興 —— 重新奠定中國詩的欣賞基礎》，頁 117。
20 徐先生所破「古注」，主要是經學家的各種穿鑿附會；所破「今說」，主要是顧頡剛氏的由民歌而推論「興」除協韻之外別無他義。
21 《中國文學論集・釋詩的比興 —— 重新奠定中國詩的欣賞基礎》，頁 100。
22 《中國文學論集・釋詩的比興 —— 重新奠定中國詩的欣賞基礎》，頁 113。

物之中，敞開一種若有若無，可意會而不可以言傳的主客合一的無限境界。興用在一章詩的結尾，恰恰發揮了此一功能」。[23]

　　由此可知徐先生強調詩人情感生命的蘊積、感發、頓跌、盪漾、融化與寄託，是詩歌創作的手法，也是讀者藉以欣賞的基礎。

（二）

　　「溫柔敦厚」是漢初儒生由先秦儒家遺說所提煉成的關於詩的性格的概括，深切精要，影響至大。但是此四字的確切內容到底是什麼，前人很少深論。徐先生從感情積蘊的層次，和專制政治下詩人的技巧和藉口兩個層面來詮釋。此處先談第一個層次。他說：

> 溫柔敦厚，都是指詩人流注於詩中的感情來說的。詩人將其溫柔敦厚的感情，發而為溫柔敦厚的語言及語言的韻律，這便形成詩的溫柔敦厚的性格。要由此作更進一步的具體把握，關鍵還在一個「溫」字。……不太冷，也不太熱，這便是「溫」。當詩人感奮於某種事物以形成創作的衝動時，感情總是很熱烈的。但感情正像火樣燃燒的時候，決做不出像樣的詩來。詩乃在某種事物發生之後的適當時間中所產生的。所謂適當時間，是指不能距離得太近，太近則因熱度的燃燒而做不出詩來；也不

23　《中國文學論集・釋詩的比興 —— 重新奠定中國詩的欣賞基礎》，頁 114-115。

能距離得太遠，太遠則因完全冷卻而失掉做詩的動力。[24]
一任感情的特性激蕩下去，對於事物總是向極端方面去
發展。稍稍後退到適當的時間距離而發生反省作用時，
理智之光，常從感情中冒了出來，給感情以照察，於是
在激情以外的因素，也照察了出來，可由此以中和一往
直前的感情，使其由熱而溫，由溫而厚；這在僅關涉到
個人的人倫之際時，尤其是如此。所以國風中這類的詩
特別多。[25]

在太熱與太冷之間的溫的感情，自然是有彈性，有吸引
力，容易使人親近的「柔和」的感情。由溫而柔，本是
自成一套的。……「敦厚」指的是富於深度，富有遠意
的感情。也可以說是有多層次，乃至是有無限層次的感
情。太熱與太冷的情感，不管多麼強硬，常常只有一個
層次。[26]

　　簡而言之，溫柔敦厚是詩的基質，是一種熱而溫、溫而
厚、經理智的照察和反省的感情，是一種富有深度、富有遠
意的感情，有多層次乃至有無限層次的感情。

（三）

　　想像是文學表現的重要手段，徐先生先區分文學想像和
史學想像的不同：「挾帶著感情的想像，是文學的想像；不挾
帶著感情的想像，是史學的想像。文學的想像，可以說想像

---

24 徐復觀《中國文學論集・釋詩的溫柔敦厚》，頁 446。
25 徐復觀《中國文學論集・釋詩的溫柔敦厚》，頁 447。
26 徐復觀《中國文學論集・釋詩的溫柔敦厚》，頁 447-448。

自身便構成文學。史學的想像，則只能作為搜羅與解釋史實的導引，想像的自身決不能構成史學。」[27]情感是中國詩歌藝術的欣賞基礎，徐先生也強調情感與想像的關係，他說：

> 由感情逼出想像所構成的文學，這常是第一等文學。……
> 但更多的情形，則是想像在先，感情在後；感情是由想像所引出的。於是作品的高下，便常由想像所能引出的感情的程度作衡量。……[28]

由此可知，徐先生的詩學相當重視感情的因素，他認為感情先於想像的文學作品優於想像先於感情的文學作品，而想像先於感情的作品的高下，端視作品能引發的感情程度。

（四）

在中國歷代文論中，徐先生首重「綱舉目析」「體大思周」的《文心雕龍》，通過細密的考證，概念性的反省和分析，把幾千年文學理論遺產中所蘊藏的真正精神重新發掘出來。

《文心雕龍》的核心是「文體」，這是徐先生的獨到發現，但是這個「文體」不是明代徐師曾、吳訥《文體明辨》、《文章辨體》中的那個文章體裁的文體，因而也不是文學理論和寫作課講的那個文體。用徐先生的話來說：「今人依然以明人之所謂文體（實際上是文類）去了解《文心》的所謂文體，便無往而不引起混亂。」徐先生認為，從鈴木虎雄、青木正兒到劉大杰、郭紹虞以及今日港臺諸公，所有混亂的共同之

---

27 徐復觀《中國文學論集・中國文學中的想像問題》，頁 451。
28 徐復觀《中國文學論集・中國文學中的想像問題》，頁 454、456。

處，即是把《文心》上篇說成「文體論」、下篇說成「創作論或修辭學」。徐先生以嚴謹的求真精神，細緻爬梳了六朝批評史以及明清批評史的大量材料，證明「自曹丕以迄六朝，一談到『文體』，所指的都是文學中的藝術的形相性，它和文章中由題材不同而來的種類，完全是兩回事」，和明代人之所謂文體，完全是兩回事。在這種解蔽破惑的基礎上，徐先生以周密的解析能力，疏導條貫了《文心》本身的潛在語義系統，闡明了《文心》一書所謂「文體」實際上是包含著「體要」（由題材內容而來的生命整體要求）、「體裁」或「體制」（由於語言文字形式而來的生命整體要求）、「體貌」（由藝術性的形相而來的生命整體要求）、最後統一於「情性」（由作家才氣學習而來的生命整體要求）這樣的一個文學理論系統。

　　由此看來，正如徐先生所指出，對「文體」理解的錯誤，不僅關係於一個名詞，而且關係於對《文心》的本身體系、全書主旨、全書所論文學特性等一系列問題的理解。如依鈴木等人的看法，上篇為文體論，下篇為創作修辭學，則《文心》上下兩篇為一機械的拼湊。而依徐先生的看法，上篇為歷史性的文體，下篇為普遍性的文體論，則全書儼然是由具體上升到抽象的生命協調體。書名「雕龍」二字，依徐氏之見，「自古文章以雕縟成體」，正是含有「以藝術性而得到其形相」之意。

　　而徐先生這番看法，還可還原劉勰的本意，依劉彥和的〈序志〉，《文心》可分為三部份。第一部份，由〈原道〉到〈辨騷〉共五篇，乃追溯文體的根源。第二部分亦稱為上篇，

由〈明詩〉到〈書記〉共二十篇，則說明各類文章中對於文體的要求，及既成作品中對於文體的得失，這即是他說的「圓鑒區域」。第三部分，亦稱為下篇，又可分為兩部份，由〈神思〉到〈總述〉共二十篇，分析構成文體的內外諸因素，及學習文體的方法，這是他所說的「大判條例」。徐先生的結論是：「《文心雕龍》全書，即我國古代的文體論」，還有更重要的一點，「文體是與作者的生命力相連結的東西，作品中有人格的存在，有生命力的存在，才能成為一個文體。」[29]

徐先生說：「把我國迷失了六、七百年的文學中最基本的文體觀念，恢復它本來的面目而使其復活，增加了不少的信心」，他對於《文心雕龍》的研究的新發現，是很高興的，因此還曾動念寫一部像樣點的《中國文學批評史》，[30]只是我們看到徐先生接下來是把精力投注思想史（《兩漢思想史》、《中國思想史論集續篇》）、經學史（《中國經學史的基礎》）的研究上，其間只是再寫了一些文學文章輯成《中國文學論集續篇》而已。

（五）

隔與不隔是王國維在《人間詞話》中提出的詩詞藝術上情景交融的問題。但徐先生界定隔與不隔的內涵說：

> 站在讀者的立場說，作者所寫的景，所言的情，能與讀
> 者直接照面，那便是不隔。若不能與讀者直接照面，不

---

29 徐復觀《中國文學論集・文心雕龍的文體論》，頁 59-61。
30 徐復觀《中國文學論集續篇・自序》（臺北：臺灣學生書局，1984），頁 3-4。

僅須讀者從文字上轉彎抹角地去摸索，並且摸索以後，還得不到什麼，那便是隔。若就作者的創作過程說，作者把他所要寫的景，所要言的情，抓住觀照、感動的一剎那，而當下表現出其原有之姿，不使與它無關涉的東西，滲雜到裏面去，這便是不隔。若當下不能表現其原有之姿，而須經過技巧的經營，假借典故，及含有典故性的詞彙，才能表達出來；此時在情與景的原有之姿的表層，蒙上了假借物的或深或淺的雲霧，這便是隔。[31]

作者創作時要以真切的情感為基礎，換言之，不隔等於直，等於真，等於真切的情感。

詩詞的隔與不隔，是與作者創造的過程密切相連著的。它之所以不隔，首先必須由真切地人生態度發而為真切地感情，以形成創造的衝動，有如骨梗在喉，必以一吐為快。這種無法抑制的衝動，對客觀的景物，有吸引、鎔解到自己感情中來，使主觀的感情，附麗在客觀的景物上，以成為自己形相的力量。此時主觀的感情，直接湊泊上客觀的景物，以客觀景物之形相為自己之形相，再不須要假借旁的東西來加以填補，即鍾嶸《詩品序》所說的「多非補假」；這是形成不隔的最基本地因素。……只要有真正地創作衝動，把所感所見的，直接了當地說了出來，這便是「直」，是「真」，是「不隔」。[32]

---

31 徐復觀《中國文學論集・詩詞的創造過程及其表現效果 —— 有關詩詞的隔與不隔及其他》，頁 118-119。

32 《中國文學論集・詩詞的創造過程及其表現效果－有關詩詞的隔與不隔及其他》，頁 118-119。

在徐先生眼裏,隔與不隔是指作者的感情昇華如何跟著
客觀的景轉,以其高超的表現力,求得一個完美的表現問題。
在這個層次理解下,隔與不隔便與一個人的才氣的問題有關:

> 作品中只有故事而沒有自己所要表現的情景。所以只做
> 到第一階段工夫的人,其作品是大抵容易犯隔的。於是
> 第二階段的功力,便是要把所積累下來的東西化掉,化
> 在自己的才氣之內,……乃是感情在昇了華的才氣的基
> 礎上向外湧現,以直接與外物相接合,使外物也隨主觀
> 才氣之昇華而昇華;以昇華了的形相,顯現其內蘊的生
> 命。於是所表現的不僅是普通之所謂不隔,並且是透澈
> 到內部去了的更真、更深、更完全的不隔。[33]

徐先生繼而提出不隔的三種典型:陶淵明是「人、境交
融型的不隔」、李白是「天才型的不隔」、杜甫是「功力型的
不隔」。因為隔與不隔關涉到作者的情感,即創作衝動有關。
徐先生認為杜甫「下筆如有神」的不隔,不能僅從他「讀書
破萬卷」上解釋,杜詩之不隔,乃在他強烈的創作衝動把「萬
卷書」於胸中化掉了,成為他新的生命力一部份,使他的生
命進一步深、大、厚,這都是因為杜甫是一個把整個生命投
注於時代而有強烈責任感的詩人。[34]

---

33 徐復觀《中國文學論集‧詩詞的創造過程及其表現效果 —— 有關詩
　詞的隔與不隔及其他》,頁 129。
34 徐復觀《中國文學論集‧詩詞的創造過程及其表現效果 —— 有關詩
　詞的隔與不隔及其他》,頁 131-133。

二、強調道德社會

　　徐先生的詩學觀非常強調道德社會，這種以道德為本的詩學，關心的是社會倫理，是人的道德實踐，是人與天合一的生命自覺，其應用在文學的批評和鑑賞上，就形成了中國詩學的現世精神和功利意識，形成了重視道德社會的價值核心。

　　這種「以德為本」的批評型態，很自然強調能體現以社會、人倫為根本的精神和內容。而「德本批評」的發端與孔子的詩學很有關係。[35]孔子對於詩的作用，雖肯定了在接受與運用詩中個體情感意志表現的某種形象性因素（興、觀），然而卻更加強調了借助個體情感來實現社會教化功能的出發點和途徑（群、怨）。在這一點上，徐先生的詩學很明顯承繼了孔子的詩學，其詩學便非常肯定文學作品的社會性，強調創作者應具有社會意識。

　　〈傳統文學思想中詩的個性與社會性問題〉一文討論傳統詩學上「性情之真」與「性情之正」的命題，徐先生說：

> 一個偉大的詩人，他的精神總是籠罩著整個的天下國家，把天下國家的悲歡憂樂，凝注於詩人的心，以形成詩人的悲歡憂樂，再挾帶著自己的血肉把它表達出來，於是使讀者隨詩人之所悲而悲，隨詩人之所樂而樂；作者的感情，和讀者的感情，通過作品而融合在一起；這

---

35 詳參王志清《中國詩學的德本精神研究》第四章（濟南：齊魯出版社，2007 年 7 月），頁 58-59。

> 從表面看，是詩人感動了讀者；但實際，則是詩人把無
> 數讀者所蘊蓄而無法自宣的悲歡哀樂還之於讀者。[36]

詩歌作品是詩人與讀者視域融合之處，一個偉大的詩人要透過自身作品影響讀者，他要泯除個人小我的悲喜，而投注整個家國天下的大我關懷。

美國批評家艾略特（T.S.Eliot）著名的「個性泯滅論」說（extinction of personality）批評浪漫主義對個人的過分突出，或是現代派對傳統的一味否定，並主張詩人必須具備歷史感，不僅要能看到「過去中的過去」，還要看到「過去中的現在」，要做到這一點，詩人必須放棄自己個人的情感，融入偉大的民族傳統中去，在傳統的襯托下顯現個人的特徵。[37]

看起來徐先生重視社會和艾略特重視傳統一樣，都是強調個體以外的整體超越在個體之上，而不同的是，艾略特的看法是整體含攝個人，而徐先生的看法是個體即是整體。詩人之心何以能即是社會之心，徐先生以為個人可以透過修養充實為整體，亦即創作主體透過昇華，詩心便成為家國天下之心：

> 詩人是「攬一國之意以為己心」，「總天下之心，四方風
> 俗，以為己意」。即是詩人先經歷了一個把「一國之意」，
> 「天下之心」，內在化而形成自己的心，形成自己的個性
> 的歷程；於是詩人的心，詩人的個性，不是以個人為中

---

36 徐復觀《中國文學論集·傳統文學思想中詩的個性與社會性問題》，
　　頁 86。

37 朱剛《二十世紀西方文藝文化批評理論》（臺北：揚智出版社，2002
　　年 7 月），頁 44。

心的心，不是純主觀的個性；而是經過提煉昇華後的社
會的心；是先由客觀轉為主觀，因而在主觀中蘊蓄著客
觀的，主客合一的個性。[38]

徐先生認為作為一個偉大詩人的基本條件，首先在不失
其赤子之心，不失去自己的人性，這便是得性情之正。能得
性情之正，則性情的本身自然會與天下人的性情相感相通，
因而自然會「攬一國之心以為己意」；而詩人的心，便是「一
國之心」。由「一國之心」所發出來的好惡，自然是深藏在天
下人心深處的好惡，這即是由性情之正而得好惡之正。人總
是人，人總是可以相通相感的。詩人只要相信自己不是好人
之所惡，惡人之所好的獨夫，則詩人的個性中自然有社會性；
個性的作品，自然同時即是社會性的作品。所謂得「性情之
正」，就中國文化的通性而言，即是「沒有讓自己的私慾薰黑
了自己的心，因而保住性情的正常狀態」。因為「中國文化中，
有一個根本信念，認為凡是人的本性，都是善的，也大體上
都是相同的；因而由本性發出來的好惡，便彼此相去不遠」。[39]

接著徐先生指出「性情之正」是「個人之心」經過修養
擴充而為「社會之心」，其主要媒介來自儒家思想所要求的「道
德之心」，道家思想雖不強調道德心，卻能使個性與社會性統
一：

一個偉大的詩人，因其得性情之正，所以常是「取眾之

38 徐復觀《中國文學論集‧傳統文學思想中詩的個性與社會性問題》，
頁 85-86。
39 徐復觀《中國文學論集‧傳統文學思想中詩的個性與社會問題》，
頁 87。

意以為己辭」，因而詩人有個性的作品，同時即是富於社
會性的作品。這實際是由道德心的培養，以打通個性與
社會性中間的障壁的。這是儒家在文學方面的基本要
求。道家則要求由無私無欲，以呈現出虛靜之心。他們
並不強調社會性；但在虛靜之心裡面，也自然得到個性
與社會性的統一。[40]

　　接著徐先生提出「性情之真」與「性情之正」二命題，
並辯證其關係。他說許多好詩，只不過是「勞人思婦之詞、
遷客離人之語，其所感所發者僅是當下的一人一事」，詩人「平
時並未注意道德心的培養，也沒有作致虛守靜的工夫」，因此
作詩時不會「取眾意以為己辭」，卻依然有很大的感染力，有
社會性能引發人們的共鳴，這是什麼緣故呢？

照中國傳統的看法，感情之愈近於純粹而很少雜有特殊
個人利害打算關係在內的，這便愈近於感情的「原型」，
便愈能表達共同人性的某一方面，因而其本身也有其社
會的共同性。所以「性情之真」，必然會近於「性情之正」。
但性情之正，係從修養得來；而性情之真，即使在全無
修養的人，經過感情自身不知不覺的濾純化作用，也有
時可以當下呈現。[41]

　　徐復觀分析性情之真與性情之正是不同的兩種感情，但
二者仍可相通：

40　徐復觀《中國文學論集・傳統文學思想中詩的個性與社會性問題》，
　　頁88。
41　徐復觀《中國文學論集・傳統文學思想中詩的個性與社會性問題》，
　　頁88-89。

人的感情，是在修養的昇華中而能得其正，在自身向下
沉潛中而易得其真。得其正的感情，是社會哀樂向個人
之心的集約化。得其真的感情，是個人在某一剎那間，
因外部打擊而向內沉潛的人生的真實化。在其真實化的
一剎那間，性情之真，也即是性情之正，於是個性當下
即與社會相通。所以道德與藝術，在其最根源之地，常
融和而不可分。而一個人，當他在感情的某一點上，直
浸到底時，便把此點感情以外的東西，自然而然地忘掉
了，也略近於道家所要求的虛靜狀態[42]

「性情之真」是情感的真實流露，是藝術，「性情之正」
是情感修養保持正常，是道德，這兩種感情不同但相關。究
竟真實的性情是第一位？還是純正的性情是第一位？「性情
之真必然會近於性情之正」，顯然徐先生的詩學觀是肯定性情
之正的價值高於性情之真。因為性情之真是當下的，性情之
正是恆常的。一個人的感情向下沉潛向上提昇，性情之真即
性情之正，徐先生認為藝術與道德在根源處常融和而不可
分，當一個人把感情沈浸到底，把感情之外的東西自然忘掉
的狀態是接近道家所要求的虛靜狀態。

儒家的詩學觀往往有其倫理道德的向度，新儒家的詩學
也發展出兼具藝術與道德的觀點。儒家的倫理道德講仁者愛
人、人飢己飢、人溺己溺，其人際關係網絡，有一種意向性
結構──從主體的安身立命走向他者的關懷。[43]如果說藝術

---

42 徐復觀《中國文學論集·傳統文學思想中詩的個性與社會性問題》，
　頁89。
43 參吳有能〈從實存現象學談儒家人學精神──以唐君毅先生為中

是實踐理性的一種德能，它使人類按照合宜的行動創作出理想的作品。從這個角度理解，我們充分看到徐復觀先生密切結合藝術與道德的意圖，徐復觀的詩學是既重視藝術與道德的分立差異，但又以實現道德的藝術創作和審美活動為最高追求目標。

肆、徐復觀先生詩學的其他實踐

徐先生的詩學，重視生命情感，強調道德社會，使其詩學充滿著人文精神、文化觀照的特色，我們或可稱之為文化詩學。徐先生詩學的精神，不僅運用於討論詩歌，同時也看到他運用在詩歌以外其他文藝的批判與引介，如批判現代藝術、評價現代作家、翻譯《詩的原理》等，以下分為說明。

一、批判現代藝術

徐復觀的詩學觀重視創作主體的人格修養，主客生命得以共連共感合而為一，自然反對創作主體精神心靈的封閉，主客分立，形神分離，失去性情之正。[44]

徐先生指出現代藝術的發端：

心〉，《鵝湖學誌》，38 期，2007 年 6 月，頁 173-195。

44 根據張晚林的研究指出，徐先生批判現代主義主要有三點：一、從外在表現上看，現代藝術破壞了自然形象；二、從內在精神上看，現代主義的藝術精神主體閉鎖，缺乏人格修養；三、從最終趨向上看，現代主義帶有暴力主義傾向。見張晚林《徐復觀藝術詮釋體系研究》（上海：上海古籍出版社，2007 年 9 月），第一章第三節，頁 64-84。

> 由達達主義所開始的現代藝術，它是順承兩次世界大戰
> 及西班牙內戰的殘酷、混亂、孤危、絕望的精神狀態而
> 來的。[45]

　　他認為現代主義中抽象主義和超現實主義，借助一些物品來表情達意，但那些物品只能算是乾癟的符號，而不能是神形兼備的藝術形象，他反對李仲生、余光中、劉國松等人將西方的現代藝術，特別是抽象主義同中國傳統繪畫相比附，他認為二者基本精神是不一致的。中國繪畫形神兼具，而純主觀的現代藝術有神而無形，現代藝術因神之孤絕幽暗，破壞了自然形象之風氣活力，徐先生理解現代藝術：

> 主要是來自對時代的敏銳感覺，而覺得在既成的現實
> 中，找不到出路，看不見前途；因而形成內心的空虛、
> 苦悶、憂憤，於是感到一切既成的藝術形象，乃至自然
> 形象，都和他的空虛、苦悶、憂憤的生命躍動，發生了
> 距離。要把他的內心的空虛、憂憤的真實，不受一切形
> 相的拘束，而如實的表現出來，這便自然而然成了抽象
> 的畫，或超現實的詩了。[46]

　　這種純主觀的現代藝術，是變態的，是閉鎖的人性、心理狀態，根本失掉了人性最根本的作用之一的美地觀照的作用。[47]

　　徐復觀寫《中國藝術精神》闡發中國藝術精神，發現了

---

45 徐復觀《中國藝術精神·自敘》，頁 8。

46 徐復觀〈從藝術的變看人生的態度〉，《徐復觀文錄》第三冊（臺北：環宇出版社，1971 年），頁 59-60。

47 徐復觀〈現代藝術的永恆性問題〉，《徐復觀文錄》第三冊，頁 106。

莊子虛靜之心在使主體精神自由，是純藝術精神主體之所在。徐復觀認為現代藝術家因缺乏人格修養的工夫，不能打開藝術的精神主體，做不到《莊子・應帝王》所說的「不將不迎，應而不藏，故能勝物而不傷」，只是借外物來複寫其幽暗孤絕的心理，因此他們變形和宰制自然形象，以「變了又變的心情，求得官能上新奇地感覺。不奇便不新；不新便不能給官能以快感」，因此「文化的目的，也在於官能的滿足；人生幸福，即是官能的快感」，而藝術、道德、宗教等精神境界反而成了人生的幻想，是最不真實的，於是「世界觸目皆是的只有官能感覺而無精神境界的藝術家文學家」。

徐先生認為藝術作為一種人類情感的投入，應積極表現理想性，現代藝術所表現和探討的不是「進入到歷史以後的人」，而是「把人拉下到一般動物的地位來考慮人的問題」[48]，把理想性完全還原到生物學的層次，於是「在愛的根柢中暴露出憎恨，在優雅的情調中暴露出惡意，在兒子對母親的愛慕中，暴露出這是近親通奸，在寬大行為中暴露出非法的企圖」，現代藝術這樣的趨向，「乃是沒有人類愛的西方文化在藝術方面的赤裸裸地表現」，而「沒有了愛的文化，結果會變成了沒有美的文化」。[49]因此看了「達達主義、超現實主義、抽象主義、破布主義、光學藝術等等作品，更增加觀者精神的殘酷、混亂、孤危、絕望的感覺」[50]。通過人格修養的工

---

48 徐復觀〈愛與美〉，《徐復觀文錄》第三冊，頁 67-69。
49 徐復觀〈從藝術的變看人生的態度〉，《徐復觀文錄》第三冊，頁 60。
50 徐復觀《中國藝術精神・自敘》，頁 8。

夫，在生命中打開或顯露一個精神性主體，這是徐先生面對現代社會困局，站在世界文化高度，對所有文學藝術家提出的要求，更是對世界提供的反省。

二、評價小說作家

徐復觀的詩學觀強調作品要具有社會性，因此自然要作家要有社會意識，創作要盡到社會責任。其詩學精神的實踐具體展現在對魯迅、白先勇、陳映真等作家的評價上。

首先談魯迅。徐復觀二十二歲至二十五歲國學館三年讀書時期曾醉心於魯迅的小說，喜歡他潑辣生動的文字有一種「純否定性的光芒」，只感到對國家對社會只有一片烏黑，因而「不免發生一種空虛悵惘的感覺」。[51]後來他到香港中文大學新亞書院講學時便整體性地評價魯迅文。

徐先生的講詞中概述魯迅作品的內容，實際由〈狂人日記〉可以概括，那就是中國社會是「禮教吃人」的社會，兄弟姐妹間也是用各種方式來互吃。他批評魯訊對中國歷史的看法過於簡單，簡化為兩個時代：一個是「想做奴隸而不得的時代」，一是「暫時做穩了奴隸的時代」，魯迅的小說、雜文都是環繞著上述的主題來加以發揮，所以凡是屬於中國的，都認為是醜惡的，感受不到「詩云」中有極高的文學意義。徐先生一方面肯定魯迅的藝術成就，內容思想反映批判了社會的黑暗腐敗，表現技巧方面是成功創造人物典型，文字精鍊潑辣，能以寸鐵殺人，全篇無一閑字閑句，奠定了現

---

51 徐復觀《中國文學論集・漫談魯迅》，頁 535。

代小說的基礎。[52]同時徐先生也反省到魯迅的不足說：

> 他的短篇小說，向外的銳角很強，但向內的深度不足，
> 有刺激力而沒有感動力。他的思考是「直線型思考」，對
> 問題的處理，使用徹底的二分法，好的便是徹底的好，
> 壞的便徹底的壞。……他是一個感性很強的人，但思考
> 能力卻不足。例如他攻擊「國粹」所持的理由，只要稍
> 加分析便多不能成立的。……魯迅常把他所見到的部分
> 現象，當作是全般現象來處理。他感到自己家庭，及與
> 自己家庭相關的腐敗與黑暗，遂把這個觀念擴及全中
> 國，擴及全歷史。……他是一個虛無主義者。[53]

徐先生最後將魯迅放在世界文壇來評價說：「魯迅只能把
握到中國社會的一個角落，並沒有深入進中國的社會中去。
所以他的作品不能與大革命前的俄國文學家作品比其高度與
深度。」因此認為魯迅在世界文壇上只能算三流的作家。[54]

其次來談白先勇。一九七九年九月二十二日徐先生在香
港新亞研究所文化講座上，談作家如何可以盡到社會責任的
問題時批判了白先勇。

白先勇認為從五四以至三十年代之文學思潮，文藝被視
為社會改革工具。因社會意識過剩，以致貶低了藝術的獨立
性，這種功利主義的文學觀，使文學藝術性不再獨立。[55]徐
先生分別就「文學的社會意識」、「文學的功利主義」「藝術的

---

52 徐復觀《中國文學論集・漫談魯迅》，頁 540-541。
53 徐復觀《中國文學論集・漫談魯迅》，頁 543。
54 徐復觀《中國文學論集・漫談魯迅》，頁 543。
55 徐復觀《中國文學論集續篇・中國文學討論中的迷失》，頁 156。

獨立性」三方面反駁白先勇的說法。

　　第一，他批評白先勇「對社會意識的產生及其在文學創作中的根源性的作用，似乎沒有真切地把握到」，「於是不認為文學的藝術性是社會意識表現的自身要求，而強調藝術的獨立性。」白先勇認為社會意識與藝術的關係，不是生發的關係，而是配合的關係，這一種看法，是「忽視了文學的心靈，是緣文學家所處時代中的問題而發」。[56]

　　接著徐先生提到文學的感動有二種，一是原始性的個體生命的感動，所謂「勞人思婦之辭」，另一種是文化性的群體生命的感動。第二種文化性的群體生命的感動須在兩種前提下產生，一是作者的現實生活要在群體中生根，一是作者的教養使他能夠在群體中生根的自覺，並由此而發生「同命感」。乃至稱為「連帶感」。這需要文化發展到某一程度時才會出現。孔穎達在《毛詩正義・大序》的疏釋中說「詩人攬一國之心以為己意」，指的即是這種群體生命的感動。這種感動，是「社會意識」的根源之地，偉大地作品常由此種感動而來。[57]

　　第二，徐先生反駁白先勇說「文學的功利主義」始於梁啟超。他說文學的功利主義，是中國兩千多年來的文學傳統，《詩大序》說「先生以是（詩）經夫婦，成孝敬，後人倫，美教化，移風俗。」這是詩教的功利主義，一直延伸到小說戲劇中。

　　第三，徐先生對藝術的獨立性看法，不同於白先勇持西方形式主義的見解，徐先生認為「能將主題通過文字作如實地、有效地表達出來，這即是文學中的藝術性。所以藝術性

56 徐復觀《中國文學論集續篇・中國文學討論中的迷失》，頁 157。
57 徐復觀《中國文學論集續篇・中國文學討論中的迷失》，頁 161。

附麗於內容而存在，可以說這是出自內容自身的要請，無所
謂獨立性的問題。」簡單地說，就是文學的藝術性決不會因
文學的社會意識影響到她的存在。他認為內容決定藝術的存
在，文學的藝術性要在統一體中，亦即在文體中決定，而作
品的統一性來自作品的內容主題，若內容的主題是某種社會
意識，即此統一性來自某種社會意識所凝結的主題。換句話
說，作品達不到世界一流的水準，不是來自作家社會意識的
問題，乃是作家自身學習及經驗積累不夠的問題。[58]所以他
作了以下呼籲：

> 當前應鼓勵青年們培養內發的社會意識，提倡對中、西
> 古典文學的學習；而當學習時，應當由內容的把握以走
> 向藝術性的把握；更由藝術性的把握以加深內容的把
> 握；內容與形式，可以暫分而必歸於復合。應當卑視個
> 人的功利主義，但應當重視對社會大眾的責任感，這或
> 許是一條平坦之路。[59]

　　最後談陳映真。在現代作家中，徐先生相當推崇陳映真。
陳映真小說最先引起他注意的是驅遣許多「社會層的活語
言」，並與「文化層的語言」取得和諧，他肯定陳映真小說中
的語言，比起魯迅三十年代作家，「更多使用了社會現實生活
中帶有各種特性或個性的語言」，給了讀者新鮮感。陳映真擺
脫了形容詞過多的描寫格套，以「隨機設喻」的方式描寫人
事物，加強了形象化的效果，徐先生以杜甫的詩筆大大讚許
陳映真小說的寫作技巧：

---

58 徐復觀《中國文學論集續篇‧中國文學討論中的迷失》，頁 163。

他在表現中常常出現「入其環中」又「超乎象外」，有如
杜甫〈縛雞行〉「雞蟲得失無了時，注目寒江倚山閣」的
神來之筆。把具體的情節，化為若有若無的氣氛，使小
說富有詩的最高意境。[60]

在文字的藝術之上，徐先生更加肯定的是作品的內容的
社會性，因此他對陳映真小說〈第一件差事〉中對人性的發
掘與反省，給予「海峽兩岸第一人」的極高評價：

> 陳映真每篇小說結構的發展，都是對人性發掘的歷程。
> 發掘得愈深，人性某一部分或某一方面的真實呈露，這
> 即完成了反省的任務，也會浮出由反省所提出的問題與
> 解答。在〈第一件差事〉中……反映出流亡在外的中國
> 人的人性深處的呼喚，也反映出大陸在毛澤東從文化
> 上、從社會體制上，實行「拔根統治術」下的九億多兩
> 腳騰空的中國人所遭遇的悲哀，不能由臺灣的現代派作
> 家們反省到、說出來，也不能由大陸九死一生的許多作
> 家們反省到、說出來，卻由一位年紀輕輕的出生在臺灣
> 的陳映真反省到、說出來；僅就這一點，我承認他是「海
> 峽兩岸第一人」的說法；因為他透露出了中國絕對多
> 數人是沒有根之人的真實。[61]

徐先生之所以高度肯定陳映真小說，乃因為陳映真由「性
情之真」，得「性情之正」，正符合徐先生所主張的偉大的作

---

59 徐復觀《中國文學論集續篇·中國文學討論中的迷失》，頁 164。
60 徐復觀《中國文學論集續篇·海峽東西第一人 —— 讀陳映真小說》，
   頁 235-236。
61 徐復觀《中國文學論集續篇·海峽東西第一人 —— 讀陳映真小說》，
   頁 236-237。

家須「攬一國之意以為己心」，「總天下之心，以為己意」，「取眾之意以為己辭」，作品裏充滿著社會真實性。

　　其實徐先生對陳映真的欣賞，根本處來自二人文藝觀點的契密吻合。如陳映真批評蔣勳現代詩：

> 在現代主義中「天下至大，唯有一個我」這樣一種庸俗、淺薄的思惟外，別無思惟。這樣造成了現代詩在思想上極度的貧困——儘管不少的現代詩人，以玄學的語言寫了不少即令詩人自己也不懂的理論——也終於造成了現代詩的萎殆。[62]

　　徐先生說陳映真的見解，幾句話便點出現代主義的盲點，把「現代詩」的神龕一下便鑿穿踢倒了。他還肯定陳映真「在〈唐倩的喜劇〉中，把風行一時的存在主義、邏輯實證論，在形象化的過程中，用簡淨的筆墨，作了一針見血地批評。」[63]陳映真文藝觀既對徐先生的胃口，又能落實其文藝理念的創作，難怪晚年的徐復觀對一位二十出頭的年輕作家如此欣賞肯定。

三、翻譯詩的原理

　　徐先生認為我國自古以來，關於詩的評論，雖是作者如林，然而下焉者僅是枝節片斷的直感，很少接觸到根本全般的問題，上焉者則依然是以詩的表現方法來評論詩，例如鍾

62　徐復觀《中國文學論集續篇・海峽東西第一人 —— 讀陳映真小說》，頁 234。

63　徐復觀《中國文學論集續篇・海峽東西第一人 —— 讀陳映真小說》，頁 234。

嶸《詩品》，其本身即是一首好詩，但因其缺乏概念性的陳述，不易達到理論反省的目的。徐先生很清楚「文藝的繼續發展，有賴於由理論反省而來的精神上的提撕。而一切理論上的東西，必須通過概念性的思考；這恰是我國文化中的缺點。」[64] 徐先生處理文學的問題，因涉及到國外的文學藝術理論，而注意到日本文藝理論暢銷書 —— 萩原朔太郎《詩的原理》一書，從而譯介到臺灣以供國人參考。

我們在徐先生的譯序中看他提到著者寫書目的、態度和理念，其實與他非常類似。

第一，尋找詩魂的主體精神相似：

> 著者覺得詩這一語言，從來都是曖昧模糊，不易把握其真正意義；而一般詩人所作的詩論，又不過是各為自己的詩作說明辯護，十人十義，缺乏理論上的普遍妥當性。他的目的，是要寫成一部任何人也可承認的，有普遍共同性的詩的原理。並要從現代自然主義、唯物主義的雰圍中，回復詩的主體性，以喚醒詩之所以為詩的靈魂。

第二、窮搜力討的研究態度相同：

> 他經過了十年以上，鏤心鉥骨的思索，闖過了多次令他絕望的難關，才寫成這一部理路整飭的著作。所以此書本來在大正八年九月（一九一九年）已經預告出刊，但一直延遲到昭和三年十二月（一九二八年）始行問世，中間改寫三次，並將寫就的八百張稿紙，壓縮為五百張。即此一端，已可想見此書成立過程中的艱苦。

---

64 《詩的原理·譯序》（臺北：臺灣學生書局，1956 年），頁 8。

第三，思考詩的位置的理念相近：

> 他刊落藝術理論中的一切枝葉，深深底把握住最基本的
> 主觀與客觀的兩條線索，條分縷析，以發現詩在整個藝
> 術中的地位。更將藝術中，尤其是文藝中的其他部門；
> 細心剖白比較，以凸顯出詩之所以不同於其他藝術或文
> 藝的特性。所以這是以詩為中心的一部文藝理論著作。
> 誠如著作在其自序中所說：「此書所思考的，不僅是詩的
> 這一部門，而是要判別在文學藝術、及人生的全體中何
> 處有詩的正當位置。」

因此，翻譯工作也是徐先生詩學精神的另類實踐。

伍、徐復觀先生詩學的現代意義

一、儒家詩學的現代轉進

《論語・述而》記載孔子在齊聞韶樂，三月不知肉味的
事情，提醒我們注意在儒學發展中，孔了已將藝術從感官經
驗提昇到超感官的精神狀態，這一超感官狀態，使得藝術取
得了道德人文的內涵。[65]孔子追求盡善盡美的境界，高度連
結藝術與道德的態度，呈現一種以德為本的文藝觀，重視文
藝的道德教化功能。

徐復觀詩學辯證「性情之真」與「性情之正」的關係，

---

65 韓德林〈孔子美學觀淺探〉，李孝弟編《儒家美學思想研究》（北京：
中華書局，2003 年），頁 584。

處理了藝術與道德二個命題的互動關係，強烈肯定感情在道德實踐中正面積極的作用，重視個人感情透過修養工夫昇華為群體的感情，「感情」可說是徐復觀詩學轉進傳統儒家詩學的一個重要關鍵，這不僅使其詩學具有古典儒學精神，又回應了當代對追求藝術獨立性的反省。

西方美學由康德到鮑姆嘉滕再到畢士利等人，刻意把美感活動跟科學、理性或其他人類活動區別開來，美感經驗的概念確曾變得偏狹及封閉，它只能為純藝術甚至精緻藝術服務。美感經驗因而被描述為完整的、強烈的和崇高的，也因而招來了英美美學界的抨擊。英美學界近年討論美感經驗與價值問題的密切關係，曾修正為以下幾個論點：第一，美感經驗並非無利害關係活動，而是人與自然調適的基本需求；第二，美感經驗中的想像活動與道德教化的關係；第三，美學為倫理學之母。[66]

徐復觀以主體在整體的覺攝中自有藝術的呈現，[67]其詩學把藝術和道德統合起來，強調詩人要將個人感情昇華，「攬一國之心以為己意」、「取眾意以為己辭」，文學藝術中不僅能反映主體的生命精神，還能反映社會的道德價值。就此而言，徐先生詩學詮釋有關藝術與道德的命題關係，是現代吾人思考藝術的責任問題的一個很好的參照。

---

66 參見文潔華〈美感經驗的完結？──當代英美美學的基源問題與儒學的詮釋〉，《清華大學學報》，2007年6期（22卷），頁89-93。

67 徐復觀說：「樂與仁的含通統一，即是藝術與道德，在其最深的根柢中，同時，也即是在其高的境界中，會得到自然而然的融合統一。」見《中國藝術精神》，頁17。

二、中國詩學的現代更新

中國傳統的詩話、詩論等詩學著作常被認為是印象式批評，缺乏嚴謹的系統。因此，許多研究者都希望為傳統中國詩學清理出一個脈絡，使其能更系統地與西方詩學並列，這對傳統中國詩學的研究可算是其中最重要的一環。可是，這種研究往往給人一個假象，使人以為通過對傳統中國詩學的後設閱讀，便有可能清理出中國論述的詮釋系統。

近年知識產生的中心一直在西方，因此從西方閱讀傳統的中國詩學的確可以為我們提供一個機會從跨文化的角度去檢視中國批評論述的閱讀位置。跨文化閱讀時，如只從西方視角進行中國詩學的研究，很可能使中國詩學會淪為「東方主義者」的變相文化侵略，[68]或者出現文化失語症問題。[69]

「窮搜力討」與「追體驗」是徐先生治學的方法。[70]他考索的工夫經常是通貫古今中外，例如：他研究《文心雕龍》，便看了三千多頁的西方文學理論的書；研究《史記》，便把蘭

---

68 朱耀偉〈從西方閱讀傳統中國詩學：三個範位〉，《清華大學學報》，23 卷 3 期，1993 年 9 月，頁 287-340。

69 曹順慶〈文論失語症與文化病態〉，《文藝爭鳴》，1996 年 2 期，頁 50-58。高小康，〈"失語症"與文化研究中的問題〉，《文藝爭鳴》，2002 年 4 期，頁 70-73。

70 徐先生說：「我把文學、藝術，都當做中國思想史的一部分來處理，也採用治思想史的窮搜力討的方法。搜討到根源之地時，卻發現了文學、藝術，有不同於一般思想史的各自的特性，更須在運用一般治思想史的方法以後，還要以追體驗來進入形象的世界，進入感情的世界，以與作者的精神相往來，因而把握到文學藝術的本質。」見《中國文學論集續篇・自序》，頁 3。

克、克羅齊、馬伊勒克的歷史理論，乃至卡西勒的綜合敘述，弄一個頭緒，並做一番摘抄工作；研究朱陸問題，便先把西方倫理思想史的東西摘抄出三十多萬字，他表示中國的思想文學「在什麼地方站得住腳，在什麼地方有問題，是要在大的較量之下才能開口的」。[71]

　　徐先生在中國詩學現代詮釋過程中經常引用西方的文藝理論，打開中西對話的視域來討論中國詩學種種命題，他說：「我在探索的過程中，突破了許多古人，尤其是現代人們，在文獻上、在觀念上的誤解。尤其是現在的中國知識分子，偶而著手到自己的文化時，常不敢堂堂正正地面對自己所處理的對象，深入到自己所處理的對象；而總是想先在西方文化的屋簷下，找一膝容身之地。但對西方文化的動態，又常陷於過分地消息不靈。」[72]他這種具體與西方主導論述的「大話」（grand marrative）互相迎拒的治學精神，不僅實踐了學術現代化過程求真求實的理性分析要求，還為我們樹立了一個中國詩學現代更新的典範：吾輩在建設中國詩學時，不應淪為西方話語的殖民，但也應去除文化本位主義的心態。既要有中西比較的視野觀照，更要展現出中國文化的精神性位置。

---

71 徐復觀〈我的讀書生活〉，《徐復觀文錄選粹》，頁 316。
72 徐復觀《中國藝術精神・自敘》，頁 4。

第七章　儒家的抒情新美典

── 勞思光先生的學人之詩

壹、前　言

隨著東亞的復興，儒家思想重新成為全世界學術領域的重要話題，儒家的承擔精神也在現代社會中起了重要的作用。狄百瑞先生認為中國儒家傳統中的君子，就是對朝廷的不義進行譴責和矯枉。君子和帝王之間的張力是中國政治中重要的主題。君子的力量源於替百姓和上天代言的社會角色，但是君子卻沒有有效地得到百姓的託付，也沒有從上天那裏獲得宗教性的支撐，而是一直陷入黎民蒼生和專制皇權的裂縫之中，這造成了歷史上儒家最大的困境。[1]

勞思光先生是當代哲學界重要哲學家，其治學嚴謹，博聞強記，文思敏捷鮮少有人可望其項背，其學問博雅，著作等身，遍及政治評論、哲學研究、歷史批評、文化論述及文學創作各領域。勞思光先生研究中國哲學，與唐君毅、牟宗

---

[1] 詳參狄百瑞著，黃水嬰譯，《儒家的困境》（北京：北京大學出版社，2009 年 1 月）。

三論學，學界或以新儒家稱勞先生，但勞先生始終不以儒者自居，僅宣稱自己是一自由主義者。勞先生《少作集》中的歷史、政治、文化方面的評論，莫不以國家命運和文化前途為終極關懷，其詩集《思光詩選》中的詩作亦多抒發其在困悶中對於家國天下的關切。就此而言，筆者認為勞先生在其詩作所展現出來的人格美，正是一種儒家抒情美典。而其抒情美典在中國抒情傳統中究竟又有新創，正是本文所關注。

　　勞先生自中大退休後，來臺先後講學於清華大學歷史研究所、政治大學哲學所、東吳大學哲學所、華梵大學哲研究，筆者才有幸親炙先生教導，並且得以躋身門徒之列。筆者於1992 年間認識先生以來，因興趣所致，經常向先生請益詞章方面的學問，而先生行止間，偶吟咏舊作，剖析鍊字用典之道，以及諷詠的時事，筆者記注抄錄之餘，已感到《思光詩選》已難為吾輩理解，私下雖有為先生詩集作注的念頭，但此一浩大工程，每想到自己學力不深，始終不敢冒然進行。然而此一夙志，終於在華梵大學中文系林碧玲、王隆升先生的提倡下推動了。

　　林碧玲與王隆升先生主持由國科會人文學研究中心補助的〈《思光詩選》讀書會（2004 年 3 月－2005 年 12 月），邀集了國內中文學界十餘位教師參加詩會，這個詩會每月聚集一次，以勞先生《思光詩選》（臺北：東大圖書公司，1992年）所錄的詩作（1950-1990 年）為基本資料，透過對勞思光先生的請益，在其講述下，針對勞先生的詩歌，進行校勘、輯佚、續補、述解、賞析等工作，並以出版《韋齋詩存述解新編》為目標。這項工作後來移到由教育部補助華梵大學整

體發展的「現當代古典詩研究室 ——『韋齋詩研究』讀書會」
（2006 年 3 月－2007 年 7 月）。目前的進度在二修稿中，《韋
齋詩存述解新編》已有大致規模，尚未出版，但因為詩會針
對勞先生詩作作了校勘、輯佚、續補等工作，因此本文徵引
勞先生的詩作，是依據林碧玲先生編年排序整理的《韋齋詩
存目錄與文本》（2007 年）。

　　《韋齋詩存目錄與文本》，以編年排序，收錄勞氏離開大
陸入臺之後的詩作，自 1950 年起至 2007 年 6 月止，共錄古
典詩歌 238 首。1950 年以前所輯詩作，則收入〈附錄〉，附
錄收 1950 年以前的古典詩歌 3 首，新體詩 1 首、輓聯與輓詞
5 首、詞 6 闋。[2]

　　據筆者所知最早以學術論文的形式發表研究勞先生詩歌
的成果是陳耀南先生，[3] 隨後有張善穎先生的〈情意我與心靈
境界 —— 從《思光詩選》一探勞思光先生的哲學生命〉[4]，近

---

2 《韋齋詩存述解新編》出版編排前，勞先生如有新作或提供舊作，
　將陸續增補輯入書中。詳參林碧玲〈「韋齋詩研究」的對象之考察
　—— 從勞思光先生之《思光詩選》到《韋齋詩存述解新編》擬議〉，
　《華梵人文學報》第 6 期（2006 年 1 月），頁 185-224。

3 勞先生於 1995 年間害病，一度危急，筆者曾就近服侍湯藥，後勞先
　生返港養病康復又返台，華梵大學榮聘先生為講座教授。1997 年勞
　先生七十大壽，中文大學哲學系主辦「勞思光教授七十大壽學術研
　討會」，於臺北陽明山中國飯店舉行，陳文〈詩藝哲懷兩妙奇 —— 讀
　勞師《思光詩選》〉發表於會中，筆者僅與會旁聽，很可惜未拿到陳
　文。為祝福勞先生大病初癒，兼記懷與先生一段師生情誼，當時謹
　以七律一首祝賀，賀詩如下：〈思光師七十大壽有感　丁丑年八月八
　日思光師七十大壽作於臺北寓所謹以誌慶兼抒所懷〉：「別論興亡四
　十年，哲壇咸望啟新筌。一身避地南荒客，九仞窺牆叔世緣。內典
　玄思曾手指，風騷雅旨偶心傳。從今玉杖尊鳩在，猶慶庭前可執鞭。」

4 張文發表於行政院文化建設委員會主辦，華梵大學承辦，臺灣大學、

年來透過林碧玲先生提倡和研究，已開啟學界重視勞先生的
詩歌研究。林先生的研究有〈「思光詩研究」的價值與文獻之
考察〉[5]、〈「韋齋詩研究」的對象之考察 —— 從勞思光先生之
《思光詩選》到《韋齋詩存述解新編》擬議〉[6]、及擬發表的
〈世變民劫 —— 勞思光韋齋詩「『情意我』之心志面」的「他
者」考察〉、〈勞思光韋齋詩的喜情樂境〉，此外尚有王隆升先
生的〈文化人的情意與詞心 —— 論韋齋詞的生命情境與懷抱〉
[7]。

　　由於勞先生常年關切哲學的問題，加上其培養的門生多
在哲學界服務，因此有關勞先生學術思想與成就的研究，也
多集中在哲學方面。筆者研究勞先生的詩歌，不同於上述諸
文的取徑，本文不打算從哲學的方向入手分析勞先生詩作中
的自我境界，也不從主題學的研究方法條分縷析勞生先詩
作，在此僅設定一個有限的工作目標，擬從高友工先生所提
倡的中國抒情傳統的「抒情美典」，特別藉用其「抒情自我」
（lyrical self）與「抒情現時」（lyrical moment）這組概念來
檢視和評價勞先生詩作在中國詩歌抒情傳統中所開創的成績
及樹立的典範。

東吳大學協辦的「勞思光思想與中國哲學世界化」學術研討會，2002
　年 11 月 23 日（華梵大學）-24 日（臺灣大學）。

5 林碧玲〈「思光詩研究」的價值與文獻之考察〉，《華梵人文學報》，5
　期，2005 年 7 月，頁 1-62，。

6 林碧玲〈「韋齋詩研究」的對象之考察 —— 從勞思光先生之《思光詩
　選》到《韋齋詩存述解新編》擬議〉，《華梵人文學報》第 6 期（2006
　年 1 月），頁 185-224。

7 王隆升〈文化人的情意與詞心 —— 論韋齋詞的生命情境與懷抱〉，《彰
　化師大國文學誌》，12 期，2006 年 6 月，頁 347-374。

貳、勞先生論詩歌抒情傳統

　　近幾十年來中國古典文學研究的領域，有一項較為突出的論點與研究取向，即中國古典文學傳統的特質基本上是一個「抒情傳統」。陳世驤先生初步揭示中國文學傳統在本質上是一個抒情為主的傳統，有別於西方以史詩和戲劇為主的敘事傳統。[8]他從字源學角度，論證了《楚辭》不只是第一部個人意義的詩，同時屈原的「抒情自我」更建構了一種詩的起源時間和主觀時間。[9]並由「詩」「志」的密切相通，「興」字的字形傳達「上舉歡舞」的原始場景（興是群眾合力舉物實發出的聲音之意），探討中國抒情傳統中所具有的自白性與音樂性。[10]這種論述系統，是企圖以現代的學術格式回應西方學界，並開啟中西文學對話的領域。有別於陳世驤的文學探源工作，高友工先生以更大的企圖心論述抒情傳統的論題，其論述拉高到哲學、美學的抽象層次。從知識論的角度，試圖界定中國古典文學及文論在知識論上的性質，藉用當代西方語言哲學、結構語言學與詩學的概念語彙，試圖以西方當代學術語言擘劃出中國抒情美學的知識空間，以搭出和當代

8　陳世驤〈中國抒情傳統〉，《陳世驤文存》（臺北：志文出版社，1972年），頁 31-37。

9　陳世驤著、古添洪譯〈論時：屈賦發微〉，《幼獅月刊》，45 卷 2 期，頁 51-62；45 卷 3 期，頁 13-21。

10　陳世驤〈中國詩字之原始觀念試論〉、〈原興：兼論中國文學特質〉二文，見《陳世驤文存》，頁 39-61。

西方美學的溝通橋樑。高友工從理論、理念的角度設定抽象
的模子（「理想架構」），而且嘗試界定「抒情」的哲學預設（和
諧、自然、自足的理想）。這個大的理論架構雖以抒情詩為主
體，卻含括了音樂、書法、繪畫等幾乎所有藝術門類的「抒
情美學」。如此的論述，已從文學史擴大到文化史，而且相當
接近在建構一種中國文學藝術的主導精神。在論述策略上，
高友工並以「律詩」為文化史／文學史中的美學典範，他稱
之為「抒情美典」。因為律詩在形式上、「聲調」、「語義」的
對仗則處處都體現了「並例」、「等值」、均衡而對稱的「構形」
與「節奏」，也象徵了一種「和諧圓滿」精神；在內容上，這
形式的圓滿正反映了詩人所要表現的自足圓滿的理想世界。
[11]

　　高先生在理想架構／抒情美典的構設，接近一種學術典
範的奠立，為後繼者提供了一個龐大的、可向哲學美學延伸
的解釋框架，與及一個普被接受的關於中國文化以詩為主體
之自身邏輯的合法化敘事。國內如蔡英俊[12]、龔鵬程[13]、呂正

---

[11] 高友工《中國美典與文學研究》（臺北：臺灣大學出版中心，2004
年）。該書收錄高友工先生於 1978 年返臺，於臺灣大學客座一年的
講學內容，以及中譯其他抒情傳統論述的英文研究。

[12] 蔡英俊主編《中國文化新論文學篇一：抒情的境界》（臺北：聯經
文化公司，1981 年）、《中國文化新論文學篇二：意象的流變》（臺
北：聯經文化公司，1982 年）。蔡英俊著：《比興物色與情景交融》
（臺北：大安出版社，1986 年）、《中國古典詩論中「語言」與「意
義」的論題 ── 「意在言外」的用言方式與「含蓄」的美典》（臺
北：臺灣學生書局，2001 年）

[13] 龔鵬程《詩史本色與妙悟》（臺北：臺灣學生書局，1986 年）、《文
學批評的視野》（臺北：大安出版社，1990 年）、《文化符號學》（臺
北：臺灣學生書局，1991 年）。

惠[14]、張淑香[15]、顏崑陽[16]、柯慶明[17]、鄭毓瑜[18]，海外如蕭馳[19]、孫康宜[20]，相對高友工以律詩為美典，這些人的研究受到高先生的影響，他們因各自不同的論述需要，各自建構了各自的美典（〈古詩十九首〉、〈蘭亭集序〉、宋詩、情景交融－含蓄美典……），如果說美典是有多個選擇的選項，這顯然道出美典的詮釋空間遠未被窮盡。因為高先生藉由抒情美典為中國文化史中一般詩學樹立一理想架構，其實吾人可藉以展開大規模的歷史詩學研究，不論是就特定的詩體，如五言、七言、律、絕、詞體，還是就特定的文學觀念，包括神韻、興趣、比興物色、情景交融等，抒情美典的美感經驗都為傳統詩歌及詩學觀念的研究，先在的提供了有意義的背景。如果我們將勞先生詩作放在抒情傳統這一個大系統下檢視，我們似可重新解讀勞先生詩歌的抒情特色為何？其詩歌在中國抒情傳統中究竟樹立的美學典範為何？

　　首先，我們先來理解勞先生如何看待中國的抒情傳統。

14　呂正惠《抒情傳統與政治現實》（臺北：大安出版社，1989 年）。

15　張淑香《抒情傳統的省思與探索》（臺北：大安出版社，1992 年）。

16　顏崑陽《六朝文學觀念論叢》（臺北：正中書局，1993 年）。

17　柯慶明《中國文學的美感》（臺北：麥田出版社，2000 年）。

18　鄭毓瑜〈詮釋界域 ── 從〈詩大序〉再探抒情傳統的建構〉，《中國文哲研究集刊》，23 期（2003 年 9 月），頁 1-32。〈抒情、身體與空間 ── 中國古典文學研究的一個反思〉，《淡江中文學報》，15 期（2006 年 12 月），頁 257-272。

19　蕭馳《中國抒情傳統》（臺北：允晨出版社，1999 年）、《抒情傳統與中國思想 ── 王夫之詩發微》（上海：上海古籍出版社，2003 年）。

20　孫康宜著，鍾振振譯：《抒情與描寫：六朝詩歌概論》（臺北：允晨出版社，2001 年）。

勞先生在《中國文化要義》中談論中國文學，對於中國抒情詩有段扼要的說明：

> 漢代以後，詩賦之界線已分；詩作為韻文之一種，主要承繼中原詩歌的體裁，但漸漸嚴格。五言詩逐漸成為主要體裁。就功能而言，詩歌可表現人生感觸，對時代的感受，以及議論，可說範圍極廣。
>
> 談到批評標準，則自周末以後，論詩者大體都以儒學立場為基本原則。雖然詩以「言志」，但「志」本身要求理性化。兩漢之詩，大體上遵循這個標準。
>
> 抒情詩之大盛，應說在魏晉南北朝時。這一階段中，思想方面玄談興起，生活方面則放誕之說與神仙之說均大盛，所以，詩歌一方面強調純藝術的美——如音節詞藻，一方面趨向任情及幻想。可說，道家的各種變形思想，支配詩歌的批評標準，純美的要求與超世的情感，取代了道德教化標準，而成為一種新藝術標準。
>
> 但道家這種藝術觀，到隋唐後又再為儒學藝術觀所取代。唐代中國詩歌最盛，但「文以載道」的觀念也漸漸興盛。其中雖有承繼魏晉傳統的詩人——如李白承放誕之風，王、孟承隱逸之風，但就大趨勢看，則詩人自覺地要在詩歌中表現自己對國家社會的責任感，或對政治的批評——最顯著的例子是杜甫與白香山；這就表示他們在詩中表現道德感，即是跟隨儒學標準了。
>
> 此外，由於科舉制度與干謁之風，唐代知識份子每每以詩文為謀取功名的手段，這自然表現一種墮落。在這種目的下作詩，自然要迎合當代的愛好，純藝術的美便無

由保持。

但唐代抒情詩也有另一種發展，即是刻劃兒女私情。古代歌謠中原有談男女之愛的，唐代詩人承這一傳統也大寫情詩。我們看唐人詩集中以所謂「古意」為題的詩，照例都是說「郎」說「妾」，哀怨相思；而由於「七言近體」的新體裁興起，唐代名詩人中頗有通過新體裁寫精美情詩的──最有名的當然是李商隱了。玉谿〈無題〉諸作，可說是一種純美的抒情詩；但就生命情趣看，則他所受道家影響卻不甚多，他的純美詩只算一種技術成就，並未表現一藝術精神。[21]

　　勞先生從漢代的五言詩談到唐詩，他區分了兩種抒情原型，一是儒家的，一是道家的，道家抒情原型追求純美的藝術表現，儒家抒情原型追求言志載道的道德目標。勞先生肯定詩歌而否定詞在中國文學上的地位，就功能而言，詩歌可表現人生感觸，對時代的感受，以及議論，可說範圍極廣。詞大半都限於描寫男女之情就其所表現的精神講，未能超出詩的領域。而談到詩歌的評價，勞先生重視詩歌的理性精神──即在詩歌中表現自己對國家社會的責任感，或對政治的批評，所以他肯定唐代的杜甫與白居易，因為他們詩中所表現的道德感是屬於儒學的創作精神。接下來勞先生極力推崇宋詩，給予宋詩更高的的評價，他認為宋詩的特色在通過知性的反省產生形式的覺知和義理的追求：

中國詩歌至兩宋而有一新發展，這就是一種兼以理境及

---

21 勞思光《中國文化要義》（香港：中文大學，1998 年），頁 234-235。

技巧為重的詩歌。宋詩基本上要求有深遠思致，同時有
脫俗的技巧。因此，智性成分較高，純美一面也別有表
現。如王安石之詩時有議論，東坡之詩時有悟境，都是
智的表現；而山谷後山則錘鍊精嚴，又特別能表現形式
美與技巧美。但詩歌發展至此，已不是自然情緒的流露，
而是一種精思的產物；所以宋詩稱為「苦吟」之作。就
藝術活動而論，我們可說，宋詩以智御情；情意的自我
更不是佔有中心地位了。

宋以後，中國詩歌無大發展；但詞曲則由宋至元，愈來
愈盛，詞本起於唐代；最早是用來侑酒行樂的。五代及
宋初時，詞大半都限於描寫男女之情，這是第一步變化。
其後逐漸寫人生感受，又進而包含議論；另一面有些詞
人又偏重詞的音樂性。至宋亡時，詞成為中國文學一大
支。但就其所表現的精神講，則從未能超出詩的領域。[22]

　　勞先生以為宋詩是兼有理境及技巧的詩歌，宋詩基本風
貌是深遠思致、技巧脫俗，是融合言志說理與藝術表現的詩
歌，既有很高的理性知性成分，還有純美感性的成份。勞先
生給予宋代詩高度的評價，與其主張宋詩的創作路向有極大
的關係。上引這段對宋詩高度評價的文字，極為珍貴，實可
視為勞先生表達其追求詩歌創作的境界。

---

22 勞思光著：《中國文化要義》（香港：中文大學，1998 年），頁 235。

叁、勞先生抒情自我的轉向

一、世變局亂的時代：由性靈走向同光

勞先生在《思光詩選・自序》回顧自己寫詩的態度：

> 詞賦之事，揚子雲視為雕蟲，所謂壯夫不為者也。況詩
> 欲求工，則必審音造語，廣用典實，尤不免耽於記問，
> 溺於華詞，又程伊川譏為玩物喪志者矣。故予幼承庭訓，
> 早學謳吟，積久成習，不自省覺；每傷時感事，輒寄意
> 於篇章。且平生多在亂離憂患之中，苦志孤懷，無可告
> 語，則又不免拈韻自娛，亦以自慰也。[23]

一如古代思想家揚雄及程頤對待詞章之學，勞先生也曾
表示他「不沉溺」的態度，因此可以想見他對於沉溺詞章的
態度。然而勞先生生自官宦世家，自幼學詩，七歲即能賦詩。
[24]吟詠本舊社會知識份子經常所為，並用以寄懷抒情的媒

---

23 見《思光詩選・自序》（臺北：東大圖書公司，1992 年），頁 1。
24 過去讀書人要行四個禮，即開筆禮、進階禮、感恩禮和狀元禮。開
　筆禮是對大約四歲到七歲的學童進行一次「崇德立志」的啟蒙式教
　育，這種對少兒開始識字習禮的形式，又稱「破蒙」。先生七歲開
　始學作詩，家中長輩以「聞雷」為題，命以為詩，先生原作「通塞
　原多變，休嗟寂寞春。長空來霹靂，一震便驚人。」從兄勞榦見詩，
　從練字及音節建議「通塞」二字可改為「鬱暢」，先生欣然接受。
　當時勞先生家中請來的長輩見先生的開筆詩後，即評斷先生「少年
　成名」。由先生自述〈聞雷〉一詩的改寫，可知先生與勞榦二人，
　兄弟情深，幼年起習以詩相唱和，更可貴的是，從詩作中，我們看到
　先生早發的詩才、開闊的胸懷。詩見《韋齋詩存目錄與文本》，頁 35。

介，詩歌也是勞先生寄託亂離中的苦志孤懷。

　　勞先生早年也是學性靈詩，性靈詩追求的是新奇和風趣，語言風格則力求通俗和生動。二〇〇四年十一月六日《思光詩選》第七次讀書會中，勞先生便自述其二十多歲時的詩歌能不脫性靈派的作法，到了三十多歲用典日趨精鍊。勞先生早年是學性靈詩，勞先生十二、十三歲所作的〈雨後桃花〉便見性靈詩的特色：

> 積霖一夕漲方池，零落紅英滿碧墀。片片更饒相映色，
> 天天應念始開時。流年似水何須恨？結子成陰會有期。
> 試看道旁楊柳樹，牧童爭折拂雲枝。[25]

　　「性靈詩」大抵追求特別新奇的見解（包含對歷史人物的評論），喜寫瑣事，善寫異事，詠物別出心裁，饒有寄託，想像豐富，比喻新巧。其語言基本白描，極少用典，通俗但要有趣，靈心妙舌之間，往往博人一粲。

　　二〇〇四年三月六日《思光詩選》第一次讀書會中，勞先生提到他受伯兄勞榦的點撥，由性靈詩體改走同光詩體。同光詩派指的是道咸年間崇尚宋詩的詩派，清代的宋詩運動共有三波，[26]清代的宋詩運動有兩個特點，一是重視人品，二是重視學問，而人品尤在學問之先。對詩提出「不俗」的主張，在創造實踐中，強調獨創，力避模擬。人不俗，詩不

---

25 見《韋齋詩存目錄與文本》輯補，頁 35。

26 清代道咸年間流行的同光詩，正是從清初以來的第二波宋詩運動。早期有黃宗羲、吳之振、厲鶚、翁方綱、姚鼐，為清初宋詩派；道咸年間何紹基、祁寯藻、鄭珍，為中期宋詩派，與桐城派的方東樹、梅曾亮同宗宋詩；後期宋詩派是以陳衍為代表的同光派。見吳淑鈿〈近代宋詩派的詩體論〉，《華東師範大學學報》，1996 年 2 期，頁 89。

俗，自然不會去仿古，仿古正是「俗」的一種表現，而發展
到道咸之間的同光體，提出學人之詩與詩人之詩的統一，就
更強調避熟避俗了。同光體詩論家陳衍說：「詩最患淺俗。何
為淺？人人能道語是也。何謂俗？人人所喜語也。」[27]前一
句顯示了學人之詩的高深；後一句則顯示了此派詩人的孤寂
清高的心態。同光體詩人生於末世，自覺地走向咀嚼內心、
艱深險奧、清言見骨的詩路上，凡淺意則深一層說，直意則
曲一層說，正意則反一層側一層說，因此同光詩特別深拗，
富於詩味，極耐咀爵。

　　我們看勞先生走向宋詩苦吟的詩作，既不是性靈詩派那
種表現主義，直尋性情、真情、靈機的展現 —— 性乃本能是
天生的，情乃感情是後天的，所要求的是將詩人性情儘可能
靈巧的表現，有感而發，絕不能無病而呻吟。主體的感情表
現為「真」，而反映在詩作上便是「新」。也不是神韻詩派那
種極簡主義，訴諸視覺的精神空間或意境、境界 —— 語言極
端的簡省經濟，處處留白，以包藏言外之意，故而豐富多義，
且指向不明確。畫面與意義凝結於一瞬間，一個視覺形象，
一個超空間的空間。

　　如果說「直覺－表現－意象－感情」和「邏輯－思考－
概念－理智」分別代表兩種不同的寫作進路，性靈似近於前
者，同光似近於後者，這種區分原自於生命型態和文化質地
的不同。勞先生以追光逐影之筆，寫通天盡人之懷，精深微
妙，顯於人生社會群體之中，此一創作型態係在其哲學涵養中

---

27 陳衍著，鄭朝宗、石文英點校：《石遺室詩話》（北京：人民文學，
　2004 年），卷 23。

成就的，故常以深情冷眼，觀照世變時亂、成敗興廢，不同於性靈的直觀新奇。勞先生選擇宋詩苦吟為基調的創作路數，其實就是對自我生命性格作一番莊嚴的釐定與永恆追尋的展開。

二、鎔鑄錘鍊的詩人：以知性統御感性

根據《韋齋詩存目錄與文本》所收錄勞先生二百三十六首古典詩作中，分析詩歌的體式，共計五古六首，五絕二首，五律二首，七絕三十四首，七律一百九十二首，其中七律創作數量，超過總詩作的四分之三，而除了六首古體詩外，所作都是近體詩。從詩體來說，勞先生走的是宋詩的路數。

勞先生稱頌宋人的詩歌能表現形式美與技巧美，「時有議論」「時有悟境」「錘鍊精嚴」，是精思的產物，詩歌創作不在追求「自然情感的流露」，情意的自我不是詩中的中心地位，而是「以智御情」。其詩作最明顯表現宋詩苦吟的風格便是使事用典。

「使事用典」原則上是修辭手法之一，這是以間接委婉的語言形式來傳達或呈現情感意念，詩人在於引述既定且熟悉的事例，藉以簡潔扼要的傳達某種類似或對照的經驗內容，在這種脈絡下，典故的使用是在當下的情境中加入過去經驗的憑據，因而能夠有效而經濟的引導出附加的含意與聯想，並且擴大詩的意義範圍。[28]「使事用典」在表現手法上是以既有的人事事例作為作家個人的創作材料，進而對於這

---

28 關於「典故」的一般性質與作用，讀者可以參見劉若愚著，杜國清譯：《中國詩學》（臺北：幼獅文化公司，1977），下篇第三章：「典故‧引用‧脫胎」，頁214-239。

些事例所具現的經驗內容或經驗模式重新加以詮釋。作家創作時關切的重點，是在於提示既有事例得以出現的境遇及其可能蘊涵的意義，而作家個人的創造能力也就具體表現在如此的詮釋活動上。使事用典是運用在以情感意念的抒發為主的形式表現，則典故自是詩的情意的一部份。援引典故或事例在實際生活的應答以及書寫的活動中，其實是用以展示士大夫此一知識階層所謂「博雅」的一種文化素養，而士階層也藉此取獲或保障其在政治社會上的優勢地位。[29]

勞先生在用典上面遍及四部經典，頷聯、頸聯用典自不在話下，其作詩更常在尾聯也用典，造成詩意的廻蕩。如〈寄臺灣友人〉其二：

> 次公無酒亦輕狂，囚垢高談薄玉堂。十斗分才多白眼，
> 三更得句豁愁腸。

> 師儒稷下譏荀況，孽子淮南禍辟陽。日暮浮雲莫回首，
> 長安原不是家鄉。[30]

此詩作於一九五九年，先生三十三歲，已離臺赴港五年。頸聯用古事典（荀子及淮南子）指臺灣局勢，荀子當時為師儒之首，第五句反用荀子典，第六句則暗指方東美被官方勢力所用，尾聯反用崔顥詩句「日暮鄉關何處是，煙波江上使人愁」為「日暮浮雲莫回首，長安原不是家鄉」，此長安指的

---

29 蔡英俊分析「使事用典」的作用有四：一、彰明自我身分，二、集體心理認同，三、意在言外的修辭方式，四、獲致詩味的審美旨趣。見《中國古典詩論中「語言」與「意義」的論題》（臺北：臺灣學生書局，2001），頁 286-301。

30 三十三歲作，《思光詩選》，頁 25；現暫編入《韋齋詩存目錄與文本》，頁 12。

是臺灣。一九五五年勞先生因為臺灣對言論自由的緊縮，準備離臺赴港，臺灣本是大陸變色後避難地，離臺五年後，看到知識份子對臺灣的處境更加艱難，因此尾聯讀起來很耐人尋味，頗有宋詩「點鐵成金」的詩法。雖然臺灣不是勞先生故鄉，但仍號稱為一民主基地，莫回首臺灣是勞先生不忍看到臺灣局勢惡化，含藏著一個抒情主體對臺灣民主前途的深層企盼。

再舉一例，〈書枚以詠螢見示，步韻和之〉：

> 微塵三界本無常，莫笑熒熒尺寸光。腐竟能生憐弱草，鳴終何益厭群蜋。蓬窗燭盡珍流照，羅扇風迴任抑揚。曾導玉門千萬騎，將軍無賴鐵衣涼。案：用漢書故事，亦有意為翻案文字，遊戲而已。[31]

這首詠物詩為勞先生步韻酬答芳洲詩社詩友夏書枚[32]的〈詠螢詩〉，全詩採宋詩翻案筆法，鍊字用典極巧。詠物詩的技巧要能由小見大，由反駁正。第三句「腐竟能生憐弱」典出《李季‧樂令》：「腐草化為螢」，連螢蟲都能自腐草生出，草之卑微更形可憐。夏書枚原詩頸聯，以螢火蟲之小沒有力量比喻黨外言論之薄弱，勞先生的頸聯扣住原詩不僅步韻還和詩意，「任揚抑」暗指知識份子其實有很多典型，在權力運作當中，或被權貴使用或被揚棄，未必沒有力量。尾聯用了《漢書》典故，使螢火蟲的重要性大增，史載霍去病討罰匈奴曾困在沙漠，後賴著螢火蟲之光而脫困，「鐵衣」用江南民

---

31 三十三歲作，見《思光詩選》，頁 46；現暫編入《韋齋詩存目錄與文本》，頁 17。

32 夏書枚為清詞家夏敬觀的姪兒，與勞先生同為芳洲詩社成員。

間的說法，稱螢火蟲為鐵衣將軍。就詠物、步韻及翻案詩法來說，勞先生此詩作可說將宋詩精神發揮到極致，難怪夏書枚見勞先生的步韻詩後，大嘆因用玉門典使螢火蟲的重要性大增。勞先生在這首詩中的鍊字用典，不僅展現他的博雅，更展現他匡世的雄志，不因勢單力薄而自輕，與勞先生的生命氣質完全符合，詩作因使事用典充滿知性，但知性的背後仍流露他個人感性情懷的寄託。

肆、勞先生抒情現時的向度

　　一個個我情懷、一種自我心靈對外在世界的所觀、所感、所思，透過抒情的結構形式表現，其本質都是抒情的。抒情言志既然成為中國詩人創作的精神動因，他們所重視的必然是自我流露與訴說，特別是作者自我「現時」（immediacy）的感悟。當過去生命經驗成為創作的對象或內容，在時序上有一個「再經驗」的意義，也就是說初度經驗會先經過「內化」（internalization）的程序，這個經驗便再經驗成為心境的記憶或想像，而記憶、想像的再經驗能否體現出來，則有賴語言符號為媒介轉移成「象意」（symbolization）表現出來。因此高友工所謂「抒情現時」的意思，是指詩人把過去的經歷及感覺濃縮成一感悟，通過詩的語言將感悟濃縮的呈現出來。[33]

---

33 高友工〈文學研究的美學問題（下）：經驗材料的意義及解釋〉，《中國美典與文學研究》（臺北：臺灣大學出版中心，2004 年）頁 50-68。

　　筆者認為勞先生的詩歌有繼承傳統抒情的部分，也有別於一般抒情傳統而別開生面的境界。在傳承方面，勞先生同傳統詩人一樣都是將所思所感呈現在詩歌，透過詩歌來抒情言志。勞先生曾對其生命特質有一明確的表述：

> 若就我內在的氣質與心態講，我實在並非一個學究式的人。即以從事哲學研究而論，我並不是像現代學究人那樣一味只重視外在表現。反之我所真正關切的是我自己所見到的理境及所達到的自我境界。我治學之基本目的在於自己的所成與所得，至於對外表現只是「餘事」。……我所關切的哲學問題，本是哲學現有的危機問題，與未來的希望問題。我從幼年即感覺到一種普遍性的新哲學的需要。後來，我正式入了哲學界，自己所訂的工作計畫便是先整理幾個大傳統下的哲學思想，然後面對現代世界從事一種新的建立工作。[34]

　　凡是一個精神世界傳統的開創者，大抵都會以真理的代表自居，因而宣稱自己已獲得絕對真理。換言之，都有一種封閉意味，即將自己的成就看成至高無上，絕對圓滿。……以孔子開放心靈或不息的開拓精神視為儒學原始精神特色的代表，與其他宗教或精神傳統的開創者之封閉傾向相比，儒學精神的真特色即可大明。……我們如果真想使儒學精神能在現代文化生活中復興或重獲活力，則如何能上承孔子這種開放心靈，是一種關鍵問題。[35]

34　勞思光《思辯錄 —— 思光近集‧序》（臺北，東大圖書公司，1996），頁 1-2。

35　勞思光著：〈為王門儒學工夫論再近一解〉，《思辯錄 —— 思光近集‧序》（臺北，東大圖書公司，1996），頁 128。

　　由於勞先生對哲學的研究和探索，及和儒學傳統中開放心靈及承擔精神的相契，這就使得勞先生的詩歌有別於傳統抒情詩人只是清楚表達或寄託個人的感情，並無關乎社會宏旨；有些抒情詩人比較有現世的關心，但只關心現實的懷才不遇，激憤見棄於君王。前者是孤憤的傳統如宋玉的傷春悲秋，後者是離騷的傳統。勞先生固然有其感性的寄託，其實更多的是理性的精神，他沒有屈原的見棄於時、懷才不遇，也沒有逃遁於世、追求逍遙，他所展現的是無限奮進的理境。我們在其詩作中經常看到他將個人的生活及經歷的感悟，馬上連接到家國天下的關懷、或是文化前途的關心。這些把個人連接到社會群體，把個體的生命連接到文化的生命的寫法，確實是與一般抒發個體感情的抒情傳統是迥然不同的。更特別的是勞先生將個體關連到整體，將自我關連到世界的呈現方式，其本質是超越時間的，又不只限定於當下的關心，還透露對未來的關懷；他把過去的感悟，當下的關心，連結到未來的展望，在短短的詩篇中就把過去 —— 現在 —— 未來的時間點接連起來了，這樣宏觀的時間意識，所展現的歷史的連續性，又同時體現未來的向度，在短短的詩句中寄寓在時間的綿延，他把過去片刻感覺的經驗濃縮，寄託在綿延時間之中。如果說勞先生的「抒情自我」是以超越的理境生命安頓了的感性生命，其「抒情現時」則是以綿延的時間向度寄託了個人感悟，就此而言，勞先生的詩歌是在片刻的把握中寄託了永恆的關心。

　　勞先生抒情現時的具體內容表現為三個面向：憂患意識、承擔意識、孤獨意識。由於對現實形勢的評估產生很大

的憂患意識，政治上對國家的前途、民族的未來有所關心，尤其近百年來中國的命運，勞先生可說是親歷其境感受特深。勞先生在這方面的著作很多，如《少作集》、《時論集》、《歷史的懲罰》、《中國的路向》，這種憂患意識沒有使他放棄對未來承擔和使命，見到憂患有人自暴自棄，有人遁逃於外，有人以美感來麻痺自己的責任。勞先生見到憂患，則是用堅毅的道德理性來承擔起來，在他詩作之中經常看到為祖國文化、民族命運的承擔精神。由於時代的不幸，他所關心的祖國和文化並沒有開展出令人滿意的現實，連在書齋中的寫作，如《少作集》分享他對過去政治世局的憂心和批評，《時論集》分享他對當前局勢的分析和見解，但多數不為時代所了解。一九九〇年勞先生講學清華大學期間，曾作一詩抒懷：

> 恰似坡公遠謫身，隨緣樽酒慶佳辰。詎知入海屠龍手，
> 來作登樓望月人。簫管東南天一角，槐柯上下夢千春。
> 衰顏苦志茫茫意，剩向生徒笑語親。[36]

日人廚川白村說：「文學是苦悶的象徵」，頷聯「詎知入海屠龍手，來作登樓望月人」用莊子典，《莊子·列禦寇》云：「朱泙漫學屠龍於支離益，殫千金之家，三年技成，而無所用其巧。」勞先生感嘆一身空有屠龍的高超技術，卻無人可知，他的不為世所用，不為時所知，成為孑絕獨行的先知，此聯寄託了先生匡救之志無用武之地的苦悶。一個孤獨的心靈雖然不為人所知，心中雖然苦悶，但詩句中寄託的卻

---

36 〈庚午中秋，與清華諸生登人社院高臺觀月，口占一律抒懷〉，見《思光詩選》，頁 121，現暫編入《韋齋詩存目錄與文本》，頁 32。

是無窮的理想，與一般抒情詩人不一樣，只是發洩苦悶，這詩句中還透露了他的感性、他的關懷、他對民族文化前途的關心，一個充滿堅毅的道德生命、意志生命，力透紙背，躍然在詩筆之上。就此而言，勞先生的哲學和詩歌是一體的兩面，很多人研究他的哲學而沒有注意到他的詩歌，這是很可惜的。如果說勞先生將理性寄託在哲學上，將感性寄託在詩歌上，這是過於簡單的說法，因為勞先生繼承宋詩言理的傳統、宋儒的承擔，他的詩魂和哲魂是息息相關的、他的詩筆和哲思是通貫為一的，這種知性和感性的融合，以知性統御感性的作法，正是一個儒家型知識份子的道德展現和生命寫照。

　　勞先生常有孤獨感，但卻不求媚於世，他不向權貴低頭，也不期待關愛的眼神，他始終保有知識份子向權貴說不的氣節和風骨，如詩句「幾人傲骨同蘭息？一客高吟及艾年」[37]、「風雨平生無媚骨，江山向晚有狂歌」[38]、「平生勁骨窮尤健，分作危邦末世人」[39]、「思量不事王侯意，翻喜如瓠五石才」[40]、「一事平生猶自慰，不容辭色向權門」[41]。

　　薩伊德說：

---

37 三十二歲作，〈己亥歲暮郭亦園以近作四律見示，因步原韻書懷以答〉其二，見《思光詩選》，頁 30；現暫編入《韋齋詩存目錄與文本》，頁 13。

38 三十九歲，〈丙午初度，中夜獨坐，成三律書感〉，見《思光詩選》，頁 58；現暫編入《韋齋詩存目錄與文本》，頁 18。

39 四十三歲作，〈書懷並贈子健伉儷〉，見《思光詩選》，頁 79；現暫編入《韋齋詩存目錄與文本》，頁 23。

40 六十歲作，〈退居吟〉其三，見《思光詩選》，頁 115，現暫編入《韋齋詩存目錄與文本》，頁 30。

41 七十歲作，〈七十初度〉其二，見《韋齋詩存目錄與文本》輯補，頁 32。

> 知識份子的代表是在行動本身，依賴的是一種意識，一
> 種懷疑、投注、不斷獻身於理性探究和道德判斷的意識；
> 而這使得個人紀錄在案並無所遁形。知道如何善用語
> 言，知道何時以語言介入，是知識份子行動的兩個必要
> 特色。[42]

薩伊德說明一個社會裡的知識份子不應曲學阿世，也不能離群索居，必須掌握時代的脈動，扮演人類的良心，為正義、公理、自由而奮鬥，以弘毅之士自許，以仁為己任，死而後已，發揮任重道遠的精神。知識份子以知識和自由為職責，運用智慧，獨立判斷，時時反省，事事警覺，不趨炎附勢，不迷信權威，不貪戀富貴，不屈從威嚇，面對權勢坦然道出真話，體現富貴不能淫，貧賤不能移，威武不能屈的人格。知識份子除了為一己的社會發言之外，還要秉持良知及道德勇氣，即使面臨強權橫行的國際社會，也會堅守原則，反對雙重標準，為全世界的和平、公理、正義奮鬥不懈。勞先生不曲學阿世，不離群索居，而時時奮進，不畏強權，敢於說真話，以天下為己任的不懈行動，確實為我們展現了知識份子應有的行為典範。

---

[42] 艾德華・薩伊德著，單德興譯《知識份子論》（臺北：麥田出版社，2004年），頁57。

伍、結　語

抒情傳統是源於一種哲學觀點，它肯定個人的經驗，而以為生命的價值即寓於此經驗之中，也承認在此生命中確實有不同程度的價值及不同的體現方法，個人至少可作他自己的選擇。由於在中國抒情傳統中，個人的經驗可以成為此一具體的心境，生命價值及蘊藏於此心境之中，因而詩言志就發展為以藝術媒介整體地表現個人的心境與人格的美學理論；它的核心義是在個人心境中實現它的理想」，也就是一個「自然、自足、自得、自在」精神的實現。「抒情自我」和「抒情現時」變成一個擴大及持續的世界。以「抒情詩」傳統的律詩典型為例，它至少表現了部分中國文化的理想，在其最高的境界一首圓滿的律詩體現了一種生命的智慧，這時美感已由快感逐漸經過形式結構美的過程，進入了境界的美，這境界的美之所以能震撼我們，正是因為它含蘊了（而未必明言）這生命的理想與意義。此即高先生所一再強調中國抒情傳統表現了創作者一種「價值判斷」、「文化理想」。

勞先生的詩作不追求性靈詩派那種美學的表現主義，直尋性情、真情、靈機的展現 —— 性乃本能是先天的，情乃感情是後天的，所要求的是將詩人性情盡可能靈巧的表現，有感而發，絕不能無病而呻吟，主體的感情表現為「真」，而反映在詩作上便是「新」。也不是神韻詩派那種極簡主義，訴諸視覺的精神空間或意境、境界 —— 語言極端的簡省經濟，處

處留白，以包藏言外之意，故而豐富多義，且指向不明確。畫面與意義凝結於一瞬間，一個視覺形象，一個超空間的空間。

性靈、神韻詩不設終極關懷，而以情感狀態、意向活動的心理歷程自身為目的，這種美學風格類型沒有固定意義指向，它的最終指向的是一種心理經驗／美感境界。而勞先生的詩作始終有一政治社會、道德文化的關懷，它指向一個崇高的文化心靈／道德境界。勞先生由性靈詩走向同光詩，改尋宋詩深遠思致的路數，其詩作之意向內容，包涵了抒情主體所投入的情感，但不是純粹的美感觀照與判斷，其憂患過去，孤懷當下，到懷抱未來，他的抒情現時，其實是超越時間的。

勞先生的詩作典律森嚴，鍊字用典，意在言外，充份展現學人涵養。而在抒情言志的詩筆中，又有崇高心靈和自我境界，又充份呈現詩人思致。傳統士大夫面對時變世亂，其抒情詩多半呈現的是吟風弄月式的精神遁逃、感時傷春式的自我哀憐，勞先生一生多在動盪離亂當中，面對個體有限與世界無限的糾結，其詩作沒有傳統文人奮昂激情的踽踽獨行、懷才不遇的枯槁酸腐，他冷眼觀照並蘊含理想的高標與嚮往，表露孤高的心志、悲憫的胸懷，因此賦予詩歌無限的深度與力感，在中國詩歌抒情傳統中，勞先生的詩歌開創了一個新美典，特別是知識份子的抒情世界中樹立了一個新典範。

附錄一：思光詩述解

　　本附錄述解勞思光先生的詩歌，作於「思光詩選讀書會」（2004 年 3 月-2005 年 12 月）和「韋齋詩研究讀書會」（2006年 3 月-2007 年 7 月）期間。凡述解《思光詩選》中詩作二十一首，另增補述解先生的詩作三首，可略窺勞先生「學人之詩」的精神風貌。

詩題	數量
思光詩選頁 1-6	
庚寅春謁李嘯風丈於臺灣。侍談竟夕。親長者之高風，顧前塵而微悵。吟俚詩四章，錄呈誨正	四首
步韻答閔生	一首
再答	一首
獨坐	一首
步公遂原韻並寄	一首
再叠原韻	一首
深秋登樓極目四顧，愴然有感，賦七律一章寄閔生	一首
思光詩選頁 66-70	
丁未元日試筆	三首
有寄	一首
讀宋史絕句	五首
丁未初度適慧蓮寄柬來賀詩以答之	一首
臺灣友人來函詢及近狀並論時局，詩以答之	一首
韋齋詩續補	
甲戌　　聞雷	一首
己未　　晨起攬鏡，忽見白髮，悵然久之，即成一律一首	一首
癸酉　　秋日赴會劍橋，初卸行裝，晚步哈佛園中，口占記感一九九三	一首

庚寅春謁李嘯風丈於臺灣。侍談竟夕。親長者之高風，顧前塵而微悵。吟俚詩四章，錄呈誨正

蕭條蠻市[1]困煩塵，忽喜靈光[2]接席親[3]。屋愛[4]屢邀青眼[5]重，松堅宜致白頭新。

世途風雨磨千劫，父執[6]晨星問幾人。此日江山文采歇，蒼茫望斷五湖[7]春。

開天當日鄴侯[8]功，生戴吾頭走海東，不顧豺狼扶赤幟[9]，笑看狐鼠礪[10]青鋒。

書生清節霜為骨，國士豪談舌化虹。一謝冠裳江海去，茅簷吟誦燭搖紅。

長揖高標[11]重鳳城[12]，廢興冷眼自分明，卅年未歇窮經志，一笑渾忘濁世名。

幕府[13]竭來[14]聯夜話，故園歸去趁秋晴。塵沙莽莽誰相識，惆悵吳鉤[15]嘯不平。

驚風昨夜報春殘，大海浮槎[16]惜路難，壯志我空傷蟋蟀[17]，醉歌人自夢邯鄲[18]。

生涯不改鬚眉健，口角深知斧鉞寒，可許朝朝侍函丈[19]，蒼蠅聲[20]急滿長安[21]。

【解題】

勞思光先生，本名勞榮瑋，一九二七年生於陝西西安，祖籍湖南長沙。高祖崇光公，於清同治年間曾任兩廣總督，並曾代表清廷簽署第一次九龍條約。父親競九公，早歲入同

盟會，參加辛亥革命，與于右任同在陝西工作，李先生與勞
先生尊翁競九公一起參加辛亥革命。一九四九年國民政府失
去大陸政權，勞先生避難臺灣，一九五〇年春拜見父執輩李
嘯風先生，侍談終夜，先生時年二十三，因感世局不定，興
發四律，俚詩乃先生自謙之詞。

【註釋】

01　蠻市　南方曰蠻，蠻市指身處臺灣。

02　靈光　指靈光殿而言。李嘯風為辛亥革命元老，故以靈
　　　　　光擬之。王逸之子王延壽〈魯靈光殿賦・序〉中
　　　　　提到魯靈光殿是魯恭王劉餘所建（殿址在今山東
　　　　　曲阜），到漢代中葉，歷經戰亂，許多漢代宮殿都
　　　　　毀壞了，獨魯靈光殿存在，見《後漢書》卷八十
　　　　　〈文苑傳・王逸傳〉，今因稱碩果僅存的人物為「魯
　　　　　殿靈光」。

03　接席親　接席語出曹丕〈與吳質書〉：「出則連輿，止則
　　　　　接席」，「親」即親近之意。「接席親」指關係親近
　　　　　座次並連，勞先生另有「曾教接席隨」句，見〈有
　　　　　寄〉詩。

04　屋愛　愛屋及屋的意思。典故出自《尚書大傳・大戰》：
　　　　　「愛人者，兼其屋上之烏」，意因愛其人，推愛及
　　　　　於其他有關的人和物。

05　青眼　《晉書・阮籍傳》載阮籍能為青白眼，見禮俗之
　　　　　士，以白眼對之。青眼乃指喜悅時正目而視，眼
　　　　　多青處也，後世遂有青盼、垂青之語。此指得到

李嘯風的看重。

06　父執　父親的朋友輩。

07　五湖　越王勾踐為人，鷹視狼步，心地殘忍，可以共犯
　　　　　難，不可同安樂，范蠡在幫助勾踐平吳之後，功
　　　　　成身退，泛舟於五湖之上。此事典見於《國語‧
　　　　　越語》、《史記‧越王勾踐世家》，用以指歸隱，後
　　　　　世詩詞常用以表達去國出走、放浪江湖的願望，
　　　　　或用以抒寫詩人的感概情懷。如李白詩句〈書情
　　　　　題蔡舍人雄〉：「我縱五湖棹，煙濤恣崩奔」、〈悲
　　　　　歌行〉：「范子何曾愛五湖，功成名遂身自退」。

08　鄴侯　唐李泌封鄴侯，他父親承休置架陳列二萬餘卷藏
　　　　　書，後以「鄴架」指庋藏豐富。

09　赤幟　漢用赤色旗幟，此指漢之旗幟，見《史記‧淮陰
　　　　　侯列傳》。

10　礪　　磨也。

11　高標　人品高尚。

12　鳳城　京都之城。杜甫〈夜詩〉：「步蟾倚杖看牛斗，銀
　　　　　漢遙應接鳳城。」

13　幕府　軍旅出征，施用帳幕，古稱將軍府為幕府。此指
　　　　　李嘯風昔日與競九公同參軍幕府往事。幕府典出
　　　　　《史記‧李廣傳》。

14　朅來　朅，音ㄑㄧㄝˋ（qie4），通何、曷，或有離去的
　　　　　意思。朅來與歸去相對，有離開的意思。

15　吳鉤　鉤指彎形的刀。吳王闔閭（廬）所造之鉤以鋒利
　　　　　著稱，世稱吳鉤。據說吳王懸重賞造鉤，有人殺

二子用血拌金，造成二鉤形狀相似，鉤師向堆積之鉤呼二子之名，兩鉤便飛往其父胸前。（見《吳越春秋·闔閭內傳》卷四）。李白〈俠客行〉：「趙客縵胡纓，含笑看吳鉤」，杜甫〈後出塞〉之一：「少年別有贈，含笑看吳鉤」

16　浮槎　槎，同楂，音ㄔㄚˊ（cha2），指竹筏、木筏，杜甫〈秋興〉八首之二：「聽猿實下三聲淚，奉使虛隨八月槎」。浮槎，意指水中浮木，張華《博物志》：「年年八月，有浮槎去來不失期」。

17　傷蟋蟀　用《古詩十九首》之十二：「晨風懷苦心，蟋蟀傷局促」成語，傷蟋蟀有施展不開的意思。蟋蟀典故出自《詩經·唐風·蟋蟀》：「蟋蟀在堂，歲聿其莫，今我不樂，日月其除。已無大康，職思其居，好樂無荒，良士瞿瞿。」除了有感嘆時間流逝、生命短暫之意，還有何必自苦、不妨及時行樂的意思，又有身處時亂，難以為樂的意思。

18　夢邯鄲　明湯顯祖的傳奇《邯鄲夢》（又名《邯鄲記》），談呂洞賓度盧生事，取材自唐傳奇《枕中記》。

19　函丈　師生相對鑽研，其距離應在丈許之間，以方便指畫，故稱老師為函丈。

20　蒼蠅聲　典出《詩經·齊風·雞鳴》：「雞既鳴矣，朝既盈矣。匪雞則鳴，蒼蠅之聲。」詩句擬王妃與君王問答之語，一二句妃促君王早起以赴朝會，三四句言君王留戀床榻不願上朝。雞鳴未起，蒼蠅聲急，此處有滿心期待、迫不急待的意思。

21　長安　指臺北。

【鑑賞】

　　勞先生出自官宦世家，幼承家學，七歲即能賦詩，積久成習，是以「每傷時感事，輒寄意於篇章」，或「拈韻自娛」，告慰離亂憂患中的「苦志孤懷」。這一組詩，為酬贈詩，亦是詠懷詩，共有四首，乃大陸山河變色，來臺避難之初，拜見父親朋友李嘯風，感時傷世之作，四律依序寫出受邀去訪、到訪侍談、夜談歸來、期待再訪的感懷，詩作的時間背景，從白天到晚上，再由晚上到白天。勞先生謙稱這四首詩為俚詩，其實四詩對仗工整、用典豐贍，乃格律謹嚴平起首押的七言律詩，第一首押十一真韻，第二首押一東韻，第三首押八庚韻，第四首押十四寒韻。

　　先生初來臺時，滿目景象蕭條荒涼，第一首首聯寫先生心中煩困之際接到父親好友李嘯風的邀請，心情為之大振。李先生屢次邀請先生，自然基於一種愛屋及屋的心情，還有一種長輩對晚輩才華的看重和欣賞。李嘯風先生與勞先生尊翁二人為同盟會盟友，曾一起參加過辛亥革命，項聯、腹聯**（按：先生習稱詩律四聯為首聯、項聯、腹聯、末聯，乃明清文人用法，與今人用首聯、頷聯、頸聯、末聯略有不同）**藉烘寫李嘯風與父親的交情歷久彌新，直到年老白髮新長，亦如松樹堅實，點染出在時代浩劫下飽經世途風雨的無奈感。世局動盪下親友大都離散，如晨星般稀微，而自己還可以得到父執長輩的眷顧，「問幾人」大有滄海桑田的悲切情懷。先生感悟到中國未來艱困的前途，人世種種的橫逆與阻隔，一時無法改變，於是最後突顯望斷山河、文運不再的哀

歎，孑然立於天地之間的孤獨感溢於言表，末聯用范蠡乘舟歸隱於五湖的典故，頗寓興亡之嘆，讀來令人不勝唏噓。

第二首首聯二句追憶能突破種種困難走避臺灣，是靠著父執朋友的幫忙。兵荒馬亂人心亂離，要在逃難時保全生命本非易事，「生戴吾頭」頗有嘲諷隨時身首異處的可能。先生承繼家學，年少即負有經世之志，避走海東蕭條蠻市，項聯二句言不畏豺狼當道，一心振興國運，磨勵青劍比喻磨練自己，笑看世道險惡狡詐。論起中國的命運，先生常有深切的關懷與精闢的見解，身為知識份子要保持對於國家前途、公共事務的關心與批判，但又不該涉足政治與利益，這是五四以來知識份子的風骨與遺範，腹聯則顯露先生議論時政所秉持的宿念。最後以到訪李府徹夜長談燭影搖曳的畫面作結，表達對話者彼此間的投契。

第三首推崇李嘯風前輩人品高尚望重於北京，能冷靜分析國家興廢之道，他三十年未曾改變窮究經籍事理的志趣，笑談中也未見其俗世盛名之累。先生關心國事與長者徹夜長談，離開後勾起先生心中濃濃的鄉愁，從春謁親席到秋歸故園，第六句中的「趁」字，流露出先生在時間上的期盼。雖然「丈夫志四海，萬里猶比鄰」（曹植〈贈白馬王彪語〉，然而國難當頭，正值青年的先生，對於未來也不覺茫然起來，心情似乎也無法平靜下來。最後先生以吳刀自喻，鋒利的吳刀無用武之地也會發出不平之鳴，則憑添詩中一股壯志難伸的惆悵情懷。

第四首抒發夜談歸來的心情與期許。第一句中「春殘」景象乃景中寓情的寫法，實惆悵沈重心情的投射，面對茫茫

前途惜嘆行路艱難，第二句以「大海浮槎」為喻，大海中浮盪的木頭則傳達出飄零無依的感懷。項聯分別用《古詩十九首》及《邯鄲夢》典，涵義頗為深遠：對於「壯志我空」理想難酬的人來說，「傷蟋蟀」不僅有《古詩十九首》「蟋蟀傷局促」中施展不開的苦痛，還有《詩經·唐風·蟋蟀》篇中隨著時間更替（「歲聿其莫」「日月其除」），「今我不樂」與「好樂無荒」二層心情交雜其間，一方面覺得不必自苦而不妨及時行樂，但馬上又警覺到良士應該自勉無荒而難以為樂；也許就枕夢中可以暫時忘憂，但醉歌人生終須醒覺，夢醒時分仍要面對殘酷無情的現實，事實上飲醉或沈緬於虛夢，都不切實際於事無補，腹聯筆鋒一轉，則陳述自己報國的理念。先生主張自由民主，以言論為針砭，傲骨直言，可能直忤當道，先生不改其志，並非不識時務，不知斧鉞刑爵可能加諸身，其無畏無懼的勇氣，來自宿昔典型的感召，亦來自理性自覺和道德意志。最後以期許來日隨侍親長、親炙親長高風亮節作收，以酬贈長輩的關愛，末句用《詩經·齊風·雞鳴》典故，以蒼蠅聲急形容自己迫不急待天明的心情，用典之巧，耐人尋味。

先生涵養極深，作詩不求表現一己性靈發抒的詩人之詩，而是講究字字有來歷、句句苦吟的學人之詩，其詩出入古今典故而無礙，表現典故形式多變而嫻熟，又常縮合個人處境和國家命運，既自抒胸臆，亦有所寄喻，不僅令詩意含蓄不盡，兼能增加詩歌無盡的生命力和感染力，這都是我們體味涵泳先生詩作，最需用功留心處，也是貼近勞先生心靈意識最直接的方式之一。

步韻答閔生

疏樹鳴蟬早弄秋，閉門長晝厭登樓[1]。路人耳議譏司馬[2]，
宿疾天心歎伯牛[3]。
蓬寄多時枯樹賦[4]，巢傾何處首陽邱[5]。還餘相念傳箋意，
酒畔賡[6]吟一洗愁。

再　答

興亡歷歷問春秋，夢斷江南結綺樓。末世文章哀鵬鳥[7]，
中宵風露望牽牛[8]。
共成幕燕[9]誰謀國，辜負沙蟲[10]尚負邱。卻笑張顛[11]飛
錦句，碧紗[12]滿壁轉生愁。

【解題】

張皋，字閔生，民國四十年間任《民主潮》半月刊主編，
勞先生《少作集》的文章大都發表於此刊物。二律乃先生酬
答友人張閔生君，作於一九五四年。

【註釋】

01　登樓　此藉王粲〈登樓賦〉指憂時思歸之情。

02　司馬　魏王曹髦在位時，大權旁落至大將軍司馬昭手
　　　　　裏。司馬昭一心想篡位，曹髦時感不安，在一次
　　　　　召集親信官吏共商對策時，曹髦氣憤地說出：「司
　　　　　馬昭之心，路人皆知也。」後司馬昭果然殺了曹

髭。後世因以「司馬昭之心」比喻人所共知的陰謀或野心。

03　伯牛　孔子的學生冉耕。《論語・雍也》：「伯牛有疾，子問之，自牖執其手，曰：『亡之，命矣夫！斯人也而有斯疾也！斯人也而有斯疾也！』」

04　枯樹賦　庾信約四十二、三歲時作此賦，為後期代表作之一。庾信屈身仕北，文士多輕視，出示此賦後，文士無敢再言。

05　首陽邱　指伯夷、叔齊避居的首陽山。

06　賡　續也。

07　鵩鳥　西漢文士賈誼被貶為長沙王太傅，有鵩鳥入室，古人以為不祥之兆，賈誼遂作〈鵩鳥賦〉以自傷。鵩鳥遂有遭貶或自傷不幸的意思。

08　中宵風露望牽牛　典出《古詩十九首》之七：「明月皎夜光，促織鳴東壁。玉衡指孟冬，眾星何歷歷。白露沾野草，時節忽復易。秋蟬鳴樹間，玄鳥逝安適。昔我同門友，高舉振六翮。不念攜手好，棄我如遺跡。南箕北有斗，牽牛不負軛。良無盤石固，虛名復何益？」

09　幕燕　典出自《左傳・襄公二十九年》。燕巢於幕上，幕動則巢傾，比喻人的依托不可靠，處境非常危險。

10　沙蟲　此典見《太平御覽》卷九一六引《抱朴子》。這是一個神話故事，周穆王出兵南征，忽然間一軍盡化，君子為猿鶴，小人為蟲沙。「猿鶴蟲沙」「猿鶴沙蟲」便用以指為捐軀的將士。

11　張顛　此處並非指張旭，而是指先生朋友張皋先生。唐代著名草書家張旭，相傳他往往大醉後呼喊狂走，揮灑落筆，有時以髮濡墨而書，世稱為「張顛」、「書顛」。

12　碧紗　唐人王播官至宰相，名聲顯赫，有人趨奉捧場，把他當年在揚州惠昭寺木蘭院的題詩用碧紗圍護起來，後以「碧紗籠詩」形容為居官榮顯則人多趨奉。典故出自《唐摭言・起自苦寒》卷七。

【鑑賞】

　　古代文人雅士常以詩作相酬答，而唱和詩作又常常和韻。和韻的方式有四種：一是「次韻」又稱「步韻」，即用原詩相同的韻字，且前後次序都必須相同，這是最常見的一種方式。二是「用韻」，即使用原詩中的韻字，但不必依照其次序。三是「依韻」，即用與原詩同一韻部的字，但不必用其原字。四是「拾其餘韻」，指全不用原詩的韻字，另找同韻中其餘的新字押韻。勞先生的酬答詩幾乎都採步韻的方式和韻，我們知道步韻的難度高於其他和韻方式，先生嫻熟於詩律可見一斑。此二首步韻詩押十一尤韻。

　　有別於《古詩十九首》的樓頭思婦「空床獨難守」「慷慨有餘哀」，王粲〈登樓賦〉表現的是知識分子憂時思歸之情。王粲登樓四望本「聊暇日以銷憂」，不料因所見景色顯敞，「華實蔽野，黍稷盈疇」，勾起了心中「信美而非吾土」的思鄉情懷。先生走避難臺灣心情蕭索，面對一切衰朽淒涼之景，比起王粲「忉怛而慘惻」的心情猶有過之，故曾云「蕭條蠻市

困煩塵」，此又云「閉門長晝厭登樓」，表達自己連登樓望遠
的興緻都沒有，〈步韻答閔生〉詩一開始是用比較映襯手法呈
現自己思歸不得、歸鄉難期的深深惆悵。先生的經世救亡之
道表現在他議論時政上面，雖然「口角深知斧鉞寒」，仍不畏
當道，「生涯不改鬚眉健」，先生的苦心懿旨、孤高行徑，在
世人眼中恐怕被視為沽名釣譽別有企圖，第三句形容自己的
行為徒遭來司馬昭之譏。第四句中「宿疾」是先生自嘲不改
議論的書生病，而友人張皋主編《民主潮》與自己理念相合，
故藉孔子嘆伯牛生病的典故，當回應友人之相知。

西元五五四年，庾信出使西魏，不久梁元帝兵敗江陵，
梁朝滅亡，庾信扣留在西魏，西元五五六年，北周代魏，庾
信遂仕北周，當時北方文士多輕之，庾信以〈枯樹賦〉示人，
賦云：「未能采葛，還成食薇？」〈采葛〉是《詩經・王風》
中一篇懷人詩作，詩云：「一日不見，如三秋兮」，因此賦中
庾信表達了自己作為亡國之臣思念亡朝君王已無必要，面對
一個已經滅亡的國家盡忠守節已無意義，難道會讓自己變成
一個不食周粟只食薇菜、活活餓死在首陽山的伯夷和叔齊
嗎？昔年栽的樹，如今搖落，都耐不住寂寞，人又哪裏能承
受得了這種處境？庾信懷著曠達的心態看待歷史風雲的變
幻，進一步表示不甘寂寞的心志：「樹猶如此，人何以堪？」
勞先生在腹聯中用庾信〈枯樹賦〉為典故，點出自己出亡的
處境以及救亡的決心。勞先生早年發表許多對民主自由的時
論於張皋先生主編的《民主潮》半月刊，二人不僅共謀國運，
平常亦以詩文相和，詩末二句則回應張先生的寄贈詩，流露
出同道相知相惜之情。

　　〈再答〉詩開始二句說歷史興亡班班可考，如今國運式微，只能避難江南寓居臺灣。第三句藉賈誼〈鵩鳥賦〉比喻自己身處亂世的悲亡文章，夜闌人靜夢醒時分，撫昔追往，猶教人無法自適。於是第四句再藉古詩十九首典故，進一步興嘆流逝、哀矜胸懷，「時節忽復」、「玄鳥安適」、「無盤石固」、「虛名何益」都是先生一時心情的寫照。筆鋒一轉，先生想起戰亂中為國捐軀的將士，腹聯表達自己避難臺灣並非貪生圖存，而是為了經世濟民的理想，先生想為國家奉獻更多心力的苦心，顯然與明儒「無事袖手談心性，臨危一死報君王」的做法不同。最後仍採用和詩的表現手法，末聯回應張皋的寄贈詩，表示自己讀著張先生文采飛揚的詩句，心中雖然珍重愛惜，仍憑添不少無限愁緒。

獨　坐

　　蕭瑟詩懷把筆知，塵帷掩案坐多時。殘春脈脈啼鵑[1]苦，宿志茫茫射隼[2]遲。

　　豈慕遠遊忘菽水[3]，難堪蟄伏負鬚眉。五年未改相如病[4]，鏡影嶙峋只自嗤。

　　案此時已定秋間赴港，親衰遠遊，不得已也。

【解題】

　　一九五五年勞先生準備離臺赴港，此詩作於離臺前，時年二十八。

【註釋】

01　啼鵑　《異苑》卷三:「杜鵑始陽相催而鳴,先鳴者吐血死。常有人山行,見一群寂然,聊學其聲,便嘔血死。初鳴,先聽其聲者,主離別。廁上聽其聲不祥。」杜鵑鳥口紅,春天杜鵑花開即鳴,聲甚哀切。古人誤傳它夜啼吐血,又說聞其聲者,將有離別或不祥之事。因此「啼鵑」、「啼血」有悲痛或傷別之意。又蜀王杜宇,號曰「望帝」,據說他自慚德薄,委政於宰相開明,死後魂魄化為杜鵑,後以「望帝啼鵑」指懷鄉思歸。此處當取傷別意。

02　射隼　隼,音ㄓㄨㄣˇ(zhen3),是凶猛的禽鳥。《周易‧解‧上六》:「公用射隼于高墉之上,獲之,無不利。」《象》曰:「公用射隼,以解悖也。」在高高的城墻上射隼鳥,身藏弓矢之器,待機而動,必能獲得,沒有不利,因此「射隼」比喻待機殲敵。

03　菽水　菽,豆類,指普通的飲食。《禮記‧檀弓下》:「子路曰:『傷哉貧也!生無以為養,死無以為禮也。』孔子曰:『啜菽飲水,盡其歡,斯之謂孝』」因此以菽水承歡則有盡孝的意思。

04　相如病　《史記‧司馬相如列傳》記載司馬相如患有消渴疾,即今糖尿病,晚年病居茂陵。後遂用「相如病」、「相如渴」為詠文士生病之典。

【鑑賞】

　　勞先生來臺鼓吹自由民主思潮，常在《民主潮》等政論雜誌發表意見，書生論政可以啟蒙思想，還漸次可形成一種輿論力量監督政府，臺灣當時黨政不分的政治氣候下，先生的言論自然挑戰執政者的權威。聰敏先知如先生者，「口角深知斧鉞寒」句早已為自己預言「國士豪談舌化虹」、「生涯不改鬚眉健」的結果。先生離臺赴港前百感交集，遂寄意於詩。首聯便說獨坐多時，伏案寫詩，藉詩筆寓託自己蕭索悵然的情懷，久久不能自已。從一九五〇年來臺到一九五五年離臺，五年來先生不曾改變書生論政的本色，面對可能的危險，被迫離開親人，潛伏蟄居香港，先生直用「難堪」二字來形容，並自遣無法承歡親長、未盡人子孝道，哪裏因為自己喜好遠遊？面對壯志難酬、危殆處境、離別哀苦，攬鏡自照望見鏡中自己瘦骨嶙峋的模樣，也只能一笑無奈。先生長於七律，此律仄起首押，押八齊韻。

步公遂原韻並寄

　　詩筆江西千古重[1]，高寒望子敢思齊。羯遊塵眾憑呼馬，久廢輶車[2]臥聽雞。

　　客舍藥爐情落拓，歲時海雨夢淒迷。登樓昨悟宣尼[3]語，笑對當風萬草低。

再疊原韻

　　易暴人忘周粟[4]恥，憑誰心事論夷齊[5]。狂趨習見求羶蟻[6]，急舞常憐媚鏡雞[7]。

　　歷歷半生愁作劫，荒荒五色望成迷。初衷不改仍憔悴，
每覺清霜壓鬢低。

【解題】

　　二律作於一九五六年。涂公遂先生長於拈韻，亦好書畫，
曾任教於南洋大學、新亞研究所、珠海書院，有《文學概論》、
《詩與政教》、《中國文學小識》、《艾廬文史論述》等著作傳
世。

【註釋】

01　詩筆江西千古重　北宋江西詩派詩人作詩講究詩法。

02　輶車　馬車，輕小之車也。輶，音一ㄠˊ（yao2）。

03　宣尼　孔子的封號，漢平帝元始元年褒孔子為宣尼公。

04　周粟　《史記‧伯夷列傳》記載孤竹君二個兒子伯夷和
　　　　　叔齊相互讓國，逃往殷商西伯昌，及至，西伯死，
　　　　　會武王伐紂平殷亂，兄弟二人，義不食周粟，隱
　　　　　居首陽山，采薇而食，後餓死在首陽山。

05　夷齊　指伯夷和叔齊。

06　羶蟻　《莊子‧徐無鬼》：「卷婁者，舜也。羊肉不慕蟻，
　　　　　蟻慕羊肉，羊肉羶也。舜有羶行，百姓悅之，故
　　　　　三徙成都，至鄧之虛而十有萬家。」羊肉羶腥，
　　　　　無心慕蟻，蟻聞而歸之；舜有仁行，不慕百姓，
　　　　　百姓悅之；故羊肉比舜，蟻況百姓。

07　鏡雞　就是鏡鸞。《異苑》卷三及《藝文類聚》卷十九都
　　　　　有記載一個傳說，古代罽賓王獲得一隻鸞鳥，三
　　　　　年不鳴。王夫人以為鸞鳥不鳴，因不見同類，王

懸鏡以照鸞鳥，鸞鳥睹見同類則鳴，結果哀響沖
霄，一奮而絕。後遂以「鏡鸞」比喻失偶。

【鑑賞】

七律二首亦是步韻詩，依公遂原詩押八齊韻。詩句一開
始即推崇公遂先生作詩講究詩法有江西詩人的筆力，並表達
他見賢思齊的心意。接下來項聯用對比的手法寫過去友朋趨
車同樂，以及今日沈潛臥居。腹聯則抒寫客居香江藥爐相隨
的落拓情況，人生無常如夢幻凄愴迷離，身處海雨時節最難
忍受。於是登樓銷愁，遠望風吹草低的景象，不禁想起孔子
「風行草偃」的話，孔子說：「君子之德風，小人之德草，草
上之風必偃」（《論語・顏淵》），玩味「悟」、「笑」二字，先
生除展現自己超然於世情的體悟，還隱隱有種聖賢寂寞、曲
高和寡、不勝高處的孤寂感。

〈再疊原韻〉前四句是對世情的批判：首聯用伯夷、叔
齊恥食周粟逃隱首陽山典故，指出世人容易忘記逃難的困
窘，不禁難過避難心事要向誰訴說呢？項聯則以「狂趨」及
「急舞」比喻急於追逐的世人，批評他們習於爭名逐利，喜
愛不切實際的幻象而不自知。腹聯二句抒寫半生逃難之倉
惶，而眼前荒涼淒迷景色，當是先生心理的投射。末聯先生
表示自己踽踽獨行不改初衷的言論，每使形容憔悴，「清霜壓
鬢低」則用形象化語言，比喻先生沈重無法開展的心情。

深秋登樓極目四顧，愴然有感，賦七律一章寄閔生

已過安仁[1]作賦年，二毛[2]秋興意蕭然。雌風窮巷煩冤起
[3]，嚴氣疏簾暮怨牽[4]。

鄰笛有聲催歎逝，天花 5 無夢幻遊仙。危樓晚納潮音 6
急，始悔浮言強說禪。

　　項聯用宋玉風賦中語

【解題】

　　本詩形式為寄贈友人，實則詠懷，押下平一先韻，作於
一九五六年，勞先生時年二十九。閔生為張皋先生字。

【註釋】

01　安仁　潘岳（247-300A.D.），又名潘安，字安仁，晉滎
　　　　　陽中牟人，能詩賦，與陸機齊名。

02　二毛　《左傳‧僖公二十二年》：「君子不重傷，不禽二
　　　　　毛。」晉杜預注：「二毛，頭白有二色也。」潘岳
　　　　　形容自己年華消逝，頭上生出黑白二種髮色，其
　　　　　〈秋興賦〉并序：「晉十有四年，余春秋三十有二，
　　　　　始見二毛。」潘岳美姿容，三十二歲頭髮即花白，
　　　　　故「潘鬢」、「安仁頭白」有中年頭髮斑白的意思。
　　　　　又潘岳曾任河陽縣令，「河陽鬢改」則用以形容身
　　　　　心漸老。

03　雌風窮巷煩冤起　宋玉〈風賦〉藉風為喻，諷諭楚襄王，
　　　　　君王與百姓的階級差別，賦中謂大王之風為雄
　　　　　風，庶人之風為雌風。窮巷煩冤之喻，乃用宋玉
　　　　　語。宋玉對曰：「夫庶人之風，塕然起於窮巷之間，
　　　　　堀堁揚塵，勃鬱煩冤，沖孔襲門。」雌風，為自
　　　　　喻之詞。

04 嚴氣疏簾暮怨牽　典出謝惠連〈雪賦〉，謝惠連，南朝宋
　　　　　　人，謝靈運族弟，十歲能屬文，因父喪期間作詩
　　　　　　贈人，長期得不到官職。先生此句用語典，大抵
　　　　　　取自謝惠連形容雪景之句：「歲將暮，時既昏，寒
　　　　　　風積，愁雲繁……雪之時義遠矣哉！請言其始：
　　　　　　若乃玄律窮，嚴氣升；焦溪涸，湯谷凝……其為
　　　　　　狀也，散漫交錯，氣氳蕭索……始緣甍而冒棟，
　　　　　　終開簾而入隙……」。

05 天花　　《五燈會元・翠微學禪師法嗣》記載梁武帝時雲
　　　　　　光法師講經感動天帝，香花從空中紛紛墜落。後
　　　　　　以「天花亂墜」形容說話有聲有色，極為動聽；
　　　　　　亦指言談虛妄，動聽而不切實際，或指用甜言蜜
　　　　　　語騙人。此處當指登樓時望見空中落花娉婷而下
　　　　　　之景象。

06 潮音　　音之大者譬之於海潮，又海潮無念，不違其時，
　　　　　　與大悲之音聲應時適機相似。《法華經・普門品》：
　　　　　　「梵音海潮音」《楞伽經》卷二：「佛興慈悲，哀
　　　　　　愍阿難及諸大眾，發海潮音，徧告同會諸善男子。」

【鑑賞】

　　迫於世局變化，勞先生由大陸避難臺灣，又輾轉移居香
港，心情難免沈重抑鬱，深秋登樓有所感懷，不禁想起同值
青壯，同於秋天興感的晉人潘安。潘安作賦，年三十二，先
生時年二十九，首聯援「安仁頭白」典，比喻年華消逝頭髮
花白，旨在以嘆逝起興，「已過」二字當不必深究。頷聯用宋

玉〈風賦〉及謝惠連〈雪賦〉成語，擷取凝縮後轉而形容自
己心情慘淡鬱結憂傷。登樓之際傳來鄰笛聲陣陣，又望見空
中落花翩翩，腹聯承上啟下，第五句呼應首聯嘆逝之傷，第
六句則寫空中落花有如置身遊仙夢境。先生用「天花」、「潮
音」等佛家語比況登高所見之象、所聞之聲，最後以自悔放
言高論強作解人做結，所謂「浮言」應是自謙之詞，沙門人
不涉俗世，世間解語自非佛門的箴言妙語。

丁未元日試筆

士女珠簪炫[1]夜光，千家曲巷蔫[2]爐香。越人[3]百代仍尊
鬼，楚客[4]中年最憶鄉。

江左烽煙[5]歌白馬[6]，燈前術數[7]證紅羊[8]。星流曆改尋
常事，卻向閒時感舊狂。

危言[9]長句[10]久成編，檢點[11]奚囊[12]一顆然[13]。鳴鐸
[14]漸能防畫虎[15]，吹簫[16]未許賦游仙。頻年[17]天下求芳
草，何處泥中湧白蓮。放眼千秋觀世變，大言輕易笑龍
川[18]。

伯兄[19]有游仙曲見寄欲和而未成章也

豺聲蜂毒[20]任相侵，計歲方宜不動心[21]。樂散黃金憐馬
骨[22]，坐聽碧海起龍吟[23]。幾人目論[24]供談笑，萬卷神
遊閱古今。一念三千[25]親證後，肯將懷抱歎孤琴[26]。

予初入四十

【解題】

丁未年（西元 1967），先生四十歲。元日，一年之第一

日，指農曆年初一。三首七律分別押七陽韻，一先韻，十二
侵韻。試筆，開筆寫詩之意也。

【註釋】

01　炫　　照耀，照亮的意思。指女人穿戴著珠寶頭飾在夜
　　　　　空中閃閃發亮。

02　薦　　獻插。

03　越人　指今浙江、福建、廣東一帶的人，亦稱為「百越」、
　　　　　「百粵」。

04　楚客　指今湖南、湖北、廣西一帶的人。

05　江左烽煙　江左指長江下游以東的地方，即今江蘇省南
　　　　　部等地。《晉書・桓宣傳》卷八十一：「善音樂，
　　　　　盡一時之妙，為江左第一。」宋陸游〈水調歌頭〉：
　　　　　「江左占形勝，最數古徐州。」烽煙指烽火燧煙，
　　　　　為戰爭的代稱。此暗指大陸文化大革命。

06　白馬　古代祭祀時所用的歌曲。唐白行簡《李娃傳》：「於
　　　　　是奮髯揚眉，扼腕頓顙而登，乃歌白馬之詞。」
　　　　　又唐末朱溫的謀士李振不是進士出身，很痛恨進
　　　　　士出身的大臣，他慫恿朱溫，將宰相裴樞以下的
　　　　　大臣三十多人殺於白馬驛，投屍黃河，而且說這
　　　　　些人自稱清流，是應該把他們投入濁流。見《資
　　　　　治通鑑・唐昭宣天佑二年》。

07　術數　術指方術，數是計算推算之意，《漢書》稱數術。
　　　　　術數意指以種種方術，觀察自然界可注意的現
　　　　　象，來推測人和國家的氣數和命運。卜筮、占龜、

占星、命理、相術、太乙、奇門、六壬、堪輿、擇日等等，中國古代統稱之爲術數，近現代或西方則名曰預測學。

08 紅羊 古人以丙午、丁未為國家發生災禍的年份。丙丁均屬火，色赤，未屬羊，故以紅羊稱國難。此指中國大陸發生文化大革命（1966-1976）。

09 危言 當名詞使用，指正直的言論，如《論語・憲問》：「邦有道，危言危行；邦無道，危行言孫」。當動詞使用，指不畏危難直言不諱，亦可解作驚人之語，如「危言聳聽」。此處指先生憂時之言。

10 長句 七言古詩，不限句數，故唐人稱之為「長句」，如杜甫〈蘇端薛復筵簡薛華醉歌〉：「近來海內長句，汝與山東李白好」。而元稹、白居易用長句稱七律和十二句以上的七言排律，如元稹〈寄舊詩與薛濤因成長句〉、白居易〈長句呈謝〉為七律，白居易〈偶以拙詩數首寄呈裴少尹侍郎蒙以盛製四篇一時酬和重投長句美而謝之〉是七言排律。

11 檢點 審慎仔細的檢查，如《三國演義》第三回：「檢點宮中，不見了傳國玉璽。」後引申為指道德、行為上的注意約束。

12 奚囊 古女婢為奚，男僕為隸。《新唐書・文藝傳》記載李賀每天早上出門，騎著瘦弱的馬，隨從女婢背著古錦囊，每有佳句，便投入錦囊中。後遂以奚囊指詩囊。

13 囅然 開懷大笑的樣子，今多用以形容女子的微笑。囅，

音ㄔㄢˇ（chan3）。《莊子・達生》篇：「桓公囅然而笑曰：此寡人之所見者也。」唐白居易〈酬思黯相公見過弊居戲贈詩〉：「村妓不辭出，恐君囅然咍。」咍，音ㄏㄞ（hai）。

14 鳴鐸 即振鐸。古時宣布政令或教化時搖鈴以警眾，如《國語・吳語》：「王乃秉枹，親就鳴鐘鼓，丁寧、錞于，振鐸。」後以振鐸指從事教職。

15 畫虎 描繪老虎的樣子卻畫得不像，反倒畫成一條威猛盡失的狗。語出《後漢書・馬援傳》：「效季良不得，陷為天下輕薄子，所謂畫虎不成反類狗者也。」比喻人好高騖遠，但能力不足，仿效失真，變得不倫不類。

16 吹篪 吹笛也。篪，音ㄔˊ（chi2），俗或省寫成箎，管樂器名，以竹為之，長者尺四寸，小者尺二寸，形狀似笛，橫吹，有八孔。《詩經・小雅・何人斯》：「伯氏吹壎，仲氏吹篪。」指哥哥吹壎，弟弟吹篪，兄弟合奏出旋律優美的音樂，後遂以「伯壎仲篪」比喻兄弟相親相愛。

17 頻年 連年。《後漢書・李固傳》：「皇太后聖德當朝，攝統萬機，明將軍體履忠孝，憂存社稷，而頻年之閒，國祚三絕。」

18 龍川 南宋陳亮（西元 1143－1194），字同甫，號龍川，永康（今浙江省永康縣）人。才氣超邁，喜談兵，志存經濟，一生力主北伐。孝宗、光宗二朝，迭詣闕上書，言興復之策。其政論筆鋒犀利，氣象

萬千，曾期許：「至於堂堂之陣，正正之旗，風雨
雲雷交發而并至，龍蛇虎豹變現而出沒，推倒一
世之智勇，開拓萬古之心胸，自謂差有一日之長。」
著有《酌古論》、《龍川文集》、《龍川詞》，卒諡文
毅。其詞慷慨激昂，風格豪放，如〈水調歌頭‧
送章德茂大卿使金〉：「……當場隻手，畢竟還我
萬夫雄。……萬里腥羶如許，千古英靈安在，磅
礴幾時通。胡運何須問，赫日自當中。」即表現
其北伐的政治抱負。

19　伯兄　　即勞先生堂兄勞榦。勞榦，字貞一，1907 年 1 月
　　　　　　13 日生，北京大學畢業，曾任中央研究院歷史語
　　　　　　言研究所研究員，臺灣大學教授，美國加州大學
　　　　　　洛杉磯分校教授，1958 年獲選為第二屆中研院院
　　　　　　士，退休後獲美國加州大學洛杉磯分校頒榮譽教
　　　　　　授，2003 年 8 月 3 日病逝美國。勞榦為當代史學
　　　　　　大師，其在秦漢史領域之貢獻，尤為史學界欽佩，
　　　　　　不論在官制、地理、人口、經濟、社會諸方面，
　　　　　　均足以發千年未解之覆，補班馬未載之筆。而遠
　　　　　　赴居延遺址，考釋居延漢簡，以闡明漢代邊塞制
　　　　　　度及屯戍生活，使居延研究成為顯學。其史學造
　　　　　　詣冠絕一時外，書法雄渾，詩語卓然，有《成廬
　　　　　　詩稿》結集。〈遊仙曲〉（見《詩稿》頁 11）講究
　　　　　　詞華，以文人之筆觀世變，講臺灣政局，蔣家政
　　　　　　權，頗有晚唐李賀的筆路。

20　豺聲蜂毒　比喻人凶猛狠毒似豺、蜂一般。見《左傳‧

文公元年》：「是人也，蜂目而豺聲，忍人也。」
《史記‧秦始皇本紀》：「秦王為人，蜂準長目，
摯鳥膺，豺聲，少恩而虎狼心。」此處指香港的
親臺文人對自由主義份子的攻擊。

21 不動心 語出《孟子‧公孫丑上》第二章。孟子曰：「我
四十不動心。」

22 樂散黃金憐馬骨 戰國時，燕國昭王繼承王位，打算招
納賢士興振邦，他問郭隗如何才能找到有才能的
人，郭隗向燕昭王講一個故事。「從前，有個國君
願用千金買一匹良馬。可是三年過去，無人入宮
獻馬。後來一位侍臣帶了千金去尋求良馬。他花
了千金買回來的竟是一副良馬骨頭。侍臣說：「這
樣，才表明國君尋求良馬的誠意！」接著，郭隗
說：「大王招賢納士，不妨從我開始。」燕昭王當
即重用郭隗。果然，天下賢士雲集燕京。後遂以
「千金買骨」形容迫切招聘天下賢人。

23 龍吟 龍的鳴聲。

24 目論 全憑目之所見，即遽下論斷，指見識淺薄。

25 一念三千 中國佛教天臺宗的基本思想之一。謂眾生一
個心念活動，就含括宇宙萬有，輪迴和解脫的一
切總和。《止觀輔行傳弘決》卷五之三：「但以自
他等觀推於三假，並未云一念三千具足。」

26 肯將懷抱歎孤琴 阮籍〈詠懷詩〉：「夜中不能寐，起坐
彈鳴琴。」王維〈竹里館〉：「獨坐幽篁裏，彈琴
復長嘯。」士人頗以彈琴抒懷。句中懷抱則有苦

心孤懷之意與孤琴相對應。

【鑑賞】

　　勞先生二十八歲離臺即長年居港，一九六七年邁入四十歲，三首詩作於農曆年初一。第一首詩首聯、頷聯即景入詩，寫港人過年大街小巷千家萬戶都舉香拜祖，而士女名媛則穿戴珠寶頭飾爭奇鬥艷在夜空中閃閃發亮。勞先生年少時即通術數，除了拈韻以後，喜以術數自娛。腹聯指出丁未年中國發生文化大革命這個大浩劫，印證了中國術數之說，而文化大革命破四舊，許多知識份子被清算鬥爭。按照自然的法則，觀看星象的流變、人事的更易，雖然都是稀鬆平常之事，只是感時憂世的先生，即使在春節假期，也不得閑暇，不禁發起舊時議論國運時勢的狂氣。

　　第二首詩原為唱和所作，和堂兄勞榦所寄的〈遊仙詩〉。首聯先生說明和詩因為雜事耽擱下來始終未能完成，春節期間收拾書房時，赫然發現未完成的詩稿，不禁失笑。第三句先生點出自己到香港從事教職後，漸能使學生不再好高騖遠，第四句則回應堂兄的〈遊仙詩〉說明自己仍舊是紅塵俗人，無法學仙人吹笛逍遙於世外。先生主張民主自由，從臺灣到香港，常以言論針砭時政，始終以國運的振興為志業，五、六句中的「頻年」、「何處」，流露出先生亟求天下賢才（芳草）清流（白蓮）以救國的苦心。放眼古今歷史觀察世局變化，最後先生藉南宋陳亮自遣；陳亮一生主張北伐，孝宗、光宗二朝屢發策論力圖復興宋室；其實笑陳亮之大言，乃自笑自我排解而已。

　　孟子說：「我四十不動心」，四十歲是人生另一個階段，揮別青年邁向中年，進入四十歲，到底人生態度應該如何呢？第三首詩一開始便藉孟子語起興，年屆不惑者，本應動心忍性，任憑俗世親臺文人對自由主義主張的凶狠攻訐。千金買馬骨，表示自己對人才的重視；坐聽碧海生濤，則顯示先生縱橫之氣。先生博覽古今群籍、觀察世俗各種淺論，終究不願「摧眉折腰事權貴，使我不得開心顏」，腹聯親自證悟天臺的「一念三千」，表示經歷一個心念起動萬千的體證後，一切成住壞空都可以平淡視之，都可以不動心，末句將胸懷襟抱寄託於孤寂的琴聲中。

有　寄

挑燈猶記戒行裝 [1]，又見傳郵自遠方。相伴最憐風雨夕 [2]，獨居喜在水雲鄉。

通文 [3] 乍可供重譯，履世應知集眾長 [4]。昨夜買花經曲巷，繁枝照眼不成香。

【解題】

　　七律，押七陽韻，作於一九六七年，勞先生時年四十。古詩常以「有寄」為詩題，或指己有所感，藉詩以寄託情懷，或指聞知親友情事，寄詩以感懷。此詩屬後者。按詩中所指即後來的勞師母。

【註釋】

01 挑燈猶記戒行裝　挑燈，撥動燈心燭蕊，即點燈也。戒，戒備。行裝，指行囊、行李。

02 相伴最憐風雨夕　古人常表達在風雨夜珍惜友朋相聚的詩句，如韋應物〈寄全椒山中道士〉：「今朝郡齋冷，忽念山中客。澗底束荊薪，歸來煮白石。欲持一瓢酒，遠慰風雨夕。落葉滿空山，何處尋行跡。」白居易〈喜友至留宿〉：「村中少賓客，柴門多不開。忽聞車馬至，云是故人來。況值風雨夕，愁心正悠哉。願君且同宿，盡此手中杯。人生開口笑，百年都幾回。」李商隱〈夜雨寄北〉：「君問歸期未有期，巴山夜雨漲秋池。何當共剪西窗燭，卻話巴山夜雨時。」

03 通文　指在香港通曉英文，到加國蒙特羅則又可兼習法文。

04 履世應知集眾長　指處世之道應該知道集合眾人的長處。

【鑑賞】

　　先生才想起當時夜晚為朋友送行整理行裝的情形，不多時便已收到朋友遠自加拿大寄來的郵束。李商隱〈夜雨寄北〉云：「君問歸期未有期，巴山夜雨漲秋池。何當共剪西窗燭，卻話巴山夜雨時。」朋友相聚，印象最深的莫過於風雨夜晚，如今替朋友可以待在水雲鄉間空靈幽遠的城市（指加國首都蒙特羅）讀書。五六句勉勵朋友通曉英文法文，可以從事翻

譯工作，經歷年歲更替以後，知道處世之道在於能集合眾人的優點。最後七、八兩句則是藉景抒情。想起昨夜經過曲折的小巷去買花，先生走進花店，映入眼簾的雖然是茂繁的花枝，而竟然聞不到一點香味，寫出心情對於嗅覺的影響，也道出先生心中一股濃郁的離情。

讀宋史絕句

八家文采薄相如 [1]，無奈詞人厭讀書 [2]。黨錮 [3] 黃巾 [4] 譏獻帝，始知歐九 [5] 信空疏 [6]。

抗席龍門史筆豪 [7]，莫將才略擬蕭曹 [8]。拜麻反促清流禍 [9]，愧絕忠宣識品高 [10]。

變法熙寧未竟功 [11]，金陵一臥負英雄 [12]。呂家投啟無聊甚 [13]，卻賞高文造語工 [14]。

取表登堂創例新 [15]，佳兒入座作朝賓 [16]。東園雲對西園雨 [17]，剩有焦郎敢笑人 [18]。

南渡君臣樂小邦，浪誇天塹指長江 [19]。笙歌 [20] 日醉西湖酒，軍報初來便勸降 [21]。

【解題】

詠史七絕五首，分別押魚、豪、東、真、江韻。作於一九六七年，勞先生時年四十。

【註釋】

01　八家文采薄相如　八家，指唐宋八大家；薄，接近；相如，指司馬相如。

02　無奈詞人厭讀書　文人雖有文采，可惜讀書不精。此暗
　　　　諷歐陽脩〈朋黨論〉。

03　黨錮　東漢有二次黨錮之禍。桓帝時宦官為害嚴重，一
　　　　些名士發出批評朝政的言論來攻擊宦官，宦官反
　　　　而誣告李膺等名士與太學生私自組黨批評朝廷，
　　　　於是捕李膺等二百餘人。第二年，雖然免除黨人
　　　　的罪，但卻終身被軟禁，不得自由行動，這是第
　　　　一次「黨錮之禍」。靈帝即位，只有十二歲，也是
　　　　母后臨朝，外戚主政的局面。名士想與外戚合作，
　　　　殺掉宦官，但事機洩漏，造成外戚竇武自殺，陳
　　　　蕃遇害，名士李膺等一百多人被捕全都死在監獄
　　　　中，但也牽連太學生被捕有一千多人，被禁足的
　　　　也多達六、七百人之多，這是第二次「黨錮之禍」。

04　黃巾　指東漢靈帝以張角為主的黃巾民變。張角，冀州
　　　　鉅鹿郡（今河北寧晉縣西南）人，信奉黃老，通
　　　　法術，會咒語，許多病人喝下他加持過的符水，
　　　　不藥而癒，因而被奉若神明，信徒愈來愈多，達
　　　　數十萬人，遍及青、徐、幽、冀、荊、揚、兗、
　　　　豫八大州，包括今天江蘇、安徽、江西、湖南、
　　　　湖北、山東、河南、河北等省分，張角運用陰陽
　　　　五行的迷信，喊出「蒼天已死，黃天當立；歲在
　　　　甲子，天下大吉」的口號，並在說好在甲子年三
　　　　月五日發動軍事政變。「蒼天」指的是東漢王朝，
　　　　依照金木水火土的五行循環迷信，漢朝是火德，
　　　　是紅色的，火生土，所以土德取而代之，而土為

黃色，因此張角的信徒以黃色頭巾為標幟，象徵他們這土德將取代衰竭的火德。

05　歐九　歐陽脩（西元 1007－1072），字永叔，晚號醉翁，又號六一居士，宋廬陵人（今江西省吉安縣）。工詩、詞、散文，所作文章，為世所重，是當時文壇領袖。官至樞密副使參知政事，卒諡文忠。著有《新五代史》、《文忠集》、《六一詞》等，並與宋祁合修《新唐書》。「九」乃其行第，即大排行序。

06　信空疏　信，實在。空疏，空虛空洞。此諷歐陽脩〈朋黨論〉評論朋黨的言論，空疏而沒有根據。

07　抗席龍門史筆豪　此句指司馬光（西元 1019－1086）饒富司馬遷的史才史筆雄健，在北宋為相地位聲望高。抗，匹敵。龍門，是司馬遷的故鄉。司馬光，字君實，宋陝州夏縣涑水鄉人，哲宗初，入朝為相，罷王安石新法，恢復舊制，卒贈溫國公，諡文正，世稱為「涑水先生」，著有《資治通鑑》、《稽古錄》、《涑水紀聞》等。

08　莫將才略比蕭曹　此句言司馬光地位高且有史才，但是他的才能謀略卻比不上漢初相國蕭何和曹參。

09　拜麻反促清流禍　指司馬光返朝執掌相位，反而加速北宋的黨禍。王安石變法失敗後，司馬光奉堅決反對變法的宣仁太后之命返回京城，開始主持中央工作。到第二年九月病逝前，以一年半時間及其與王安石同樣不聽任何反對意見的精神，將十七

年變法新政全部廢除。包括于民于國兩相便利的免役法在內。史稱「元祐更化」。堅決反對變法，但贊成實行免役法的蘇東坡、范純仁等人，建議司馬光區別對待，保留那些經實踐證明合理的新政，免得用另一種方式繼續糟蹋了老百姓。結果，遭到司馬光斷然拒絕。致使蘇東坡、范純仁等人相當惆悵地歎息：「奈何又一位拗相公」。

10　愧絕忠宣識品高　指范純仁。范純仁是范仲淹的兒子，他為人正派，政治見解與司馬光同屬保守派。宋神宗廢掉丞相王安石後不久就死了，哲宗趙煦繼位，太后高氏掌握了宋朝實權。高太后任命司馬光擔任宰相，范純仁與司馬光同時升遷。由於過去司馬光一直受到王安石的排擠，所以這次東山再起，司馬光要全面廢除新法。范純仁也贊成廢除新法，但他不同意全面廢除，他對王安石提出的「青苗法」十分讚賞。

11　變法熙寧未竟功　熙寧為宋神宗年號（西元 1068－1077），指宋神宗啟用王安石變法圖強。未竟功，不成功。

12　金陵一臥負英雄　此句指王安石變法失敗以後，臥居江寧府（即今南京）。宋哲宗元祐元年（1086 年）四月，王安石在江寧去世，時年六十六歲。

13　呂家投啟無聊甚　呂家，指呂惠卿。投啟，指給王安石的信。無聊甚，指書信內容甚為無聊。呂惠卿（1032-1111 年），字吉甫，北宋南安水頭鎮樸兜

村人（一稱晉江人）。一生歷事五朝，神宗朝積極
參與王安石變法，是王安石變法的重要人物，王
安石事無大小，必與惠卿謀之　。呂惠卿的著作
有《道德真經傳》4 卷、《孝經傳》1 卷、《道德經
注》4 卷、《論語義》10 卷、《莊子義》、《呂吉甫
文集》、《新史吏部式》2 卷、《呂吉甫奏議》70
卷、《縣法》10 卷、《弓試》1 部、《建安茶用記》
2 卷、《中太乙宮碑銘》等。其中《道德真經傳》
4 卷、《縣法》、《新史吏部式》、《弓試》和《奏議》，
都是變法和經國治世的論著。目前便僅存收入《道
藏》的《道德真經傳》4 卷，及收入南安《豐州
集稿》的〈縣法序〉一篇。

14　卻賞高文造語工　只是欣賞文章高妙，造語工巧。

15　取表登堂創例新　指蔡京攬權，新創至朝官家中取辭職
　　信一事。

16　佳兒入座作朝賓　佳兒，指蔡京的兒子蔡攸。蔡攸銜命
　　至蔡京家中取職辭信，其身份為使臣，自然成為
　　蔡京座上貴賓。

17　東園雲對西園雨　此指蔡京權傾一時。北宋周輝
　　（1127-?）《清波雜志》卷六載：「蔡京罷政，賜
　　鄰地以為西園，毀民屋數百間。一日，京在園中，
　　顧焦德曰：『西園與東園景致如何？』德曰：『太
　　師公相東園嘉木繁蔭，望之如雲；西園人民起離，
　　淚下如雨；可謂「東園如雲，西園如雨」也！』
　　語聞，抵罪。或云：『一伶人何敢面詆公相之非？

特同輩以飛語嫁其禍云。』」周煇，字昭禮，泰州人，欽宗靖康元年生。《清波雜志》為宋代著名的筆記，書中記載了宋代的一些名人軼事；保留了不少宋人的佚文、佚詩和佚詞；記載了當時的一些典章制度、風俗、物產等。

18　焦郎　指宋伶人焦德。戲劇理論家劉守鶴在《祁陽劇》中提到的祁陽戲劇的專祀神為焦德。據說十一月初二日是焦德侯爺的生日，平常是安置於戲班的祖先堂上，出外演出時隨班運走，安置於演劇地方，初五和十五，神前燒香，參見劉氏〈祁陽劇的班子及班規〉。

19　浪誇天塹指長江　天塹，天然的河海險要地。長江的形勢險要，有如天然的塹溝。《南史·恩倖傳·孔範傳》：「長江天塹，古來限隔。」此指南宋君臣耽於逸樂，以長江勢險要而偏安於江南。

20　笙歌　泛指奏樂唱歌。

21　軍報初來便勸降　南宋度宗咸淳十年（1274 年）蒙古人直逼臨安（今杭州）。德祐元年（1275 年）南宋丞相賈似道為了挽救頹勢，不得不親自出馬，督師駐蕪湖，又派遣宋京前往元軍大本營與伯顏議和，希望像南宋理宗景定元年（1260 年）開慶密約一樣，輸歲幣，稱臣。被伯顏拒絕了。這時賈似道只得命殿帥（即殿前都指揮使司的簡稱）孫虎臣率領步兵、七萬駐池州（今安徽貴池）丁家洲·舟師（水軍）統帥夏貴以戰艦二千五百艘橫亙江

中，自率後軍駐魯港(今安徽蕪湖西南)。伯顏命張弘範所部步騎夾岸而進，利用陸上優勢，形成包圍，又用戰艦巨炮，轟擊孫虎臣軍。孫軍大潰，逃到魯港。夏貴聞敗訊後，也放棄了指揮，倉皇奔逃。在這次戰役中，南宋水陸兩軍主力喪失殆盡，張弘範所部長驅至建康(今南京市)。軍入建康後有一個小插曲：丞相伯顏決定在建康休整一番。

【鑑賞】

　　歐陽脩認為朋黨有君子和小人兩種分別，主張人君要用君子之朋黨，不要用小人之朋黨，不能善用朋黨，如紂使人人異心不為朋，漢獻帝禁絕善人為朋，唐昭宗誅戮清流之朋，都導致了國家亂亡。這種看法勞先生認為只是文人之見，先生認為小人之朋黨為利，固然不可取，君子如果為道而為朋黨，便不能坦蕩蕩，無法免於剛愎自用。先生不僅論史反對朋黨，論學則反對門戶，其自身執鞭於杏壇謹嚴公正不為己私，均可見先生之識見及道德勇氣。第一首詩便是在反駁歐陽脩〈朋黨論〉的論點。首聯評歐陽脩名列唐宋八大家之一，文采接近司馬相如，可惜讀書不精、思慮不全，所謂「為人君者，但當退小人之是偽，用君子之真朋，則天下治矣」，這種朋黨論，便是導致北宋人事爭鬥、國勢衰竭的原因，實在是空疏之見。

　　第二首詩第一句肯定司馬光的史才史筆可與司馬遷分庭抗禮，第二句貶司馬光的政治才略比不上蕭何、曹參。原因

何在呢？第三句接著指出原因在於司馬光返朝執掌相位，反而加速北宋的黨禍。第四句作結，評司馬光剛愎自用，愧對好友范純仁的提醒。王安石變法失敗後，哲宗趙煦繼位，太后掌握了宋朝實權，司馬光奉堅決反對變法的宣仁太后之命返回京城，開始主持中央工作。由於過去司馬光一直受到王安石的排擠，所以這次東山再起，司馬光要全面廢除新法，他以一年半時間將十七年變法新政全部廢除，史稱「元祐更化」。范純仁（范仲淹的兒子）等人同樣反對變法，但建議司馬光保留那些經實踐證明合理的新政，免得用另一種方式繼續糟蹋了老百姓，如王安石推行的青苗法是在每年青黃不接時由政府以較低的利息貸款或借穀給農民，秋天以後償還，這種作法對農民有利，使那些「兼併之家不能乘其急以邀倍息」，富裕戶也要依照一定額度貸款、納息，這樣便可以「多取於豪強，以濟貧弱」，這一政策促進了農業生產的發展，穩定了北宋的統治，富國效果十分明顯。范純仁對司馬光說王安石制定的法令有其可取的一面，不必「因人廢言」，他希望司馬光虛心「以延眾論」，如果什麼意見都必須是自己提出的，什麼辦法都必須是自己想出來的，身邊就會出現阿諛奉承的人。可惜司馬光並不以此為意，只把范純仁的看法當作耳邊風，致使范純仁等人相當惆悵地歎息：「奈何又一位拗相公」。司馬光因其著述《資治通鑑》廣為後人稱頌，但在革除新政上卻顯得剛愎自用、一意孤行，愧對好友的規勸。司馬光執政僅八個月，即病死任內。

　　第三首詩論王安石與呂惠卿事。北宋嘉佑二年（1057年），呂惠卿登進士第，被授真州推官。任期滿至京師，樞密

使曾公亮薦為集賢殿校勘。當時王安石主持集賢院，兩人經常研討經義而成為至交。呂惠卿與王安石交情甚密。呂惠卿的岳父高惠連于熙寧元年（1068 年）去世，呂惠卿的父親呂濤于熙寧三年（1070 年）病逝，墓誌銘都是出自王安石之手。熙寧二年（1069 年），王安石當權，推行變法，極力舉薦志同道合的惠卿。惠卿的政治、學術思想，王安石瞭解最為深刻，他對神宗說：「惠卿之賢，豈特今人，雖前世儒者未易比也。學先王之道而能用之者，獨惠卿而已。」（《宋史·呂惠卿傳》）司馬光等人力排新法，變法舉步維艱。熙寧二年十一月，惠卿利用進講機會，引經據典當面駁倒司馬光的「曹參不變蕭何之法、得守成道」的反新法言論。王安石變法失敗後，便臥居南京，呂惠卿寫信安慰他，王安石認為書信的內容相當無聊，但卻能欣賞惠卿的文采。

　　第四首詩評北宋奸臣蔡京獨攬朝權，荒唐奢華，藉伶人焦德譏諷之語，朝政不清，招致靖康之變，其來有自。蔡京（1047－1126 年），字元長，仙遊縣楓亭人。曾參與支持王安石變法，哲宗元祐元年（1086 年）司馬光任宰相，廢止王安石新法，復差役制，蔡京又積極追隨司馬光，受到賞識。哲宗紹聖元年（1094 年），蔡京任戶部尚書，此時司馬光已死，他又幫助章惇重行新法，推行雇役制，又得章惇賞識。後徽宗（1101 年）即位，蔡京被降為端明殿龍圖閣學士，不久又貶至杭州任職。崇寧元年（1102 年）後，蔡京又被重用，歷任大名府知府、戶部尚書、左丞、右僕射、太師等職，可見蔡京詭譎善媚。蔡京屢罷屢起，先後五度為相，獨攬朝權，廣收賄賂，曾創制到朝官家取辭職信的先例，其子蔡攸奸惡

尤有過之，不到幾年時間蔡攸的權力與父親相當，人稱這一對父子為「大蔡學士」、「小蔡學士」。蔡京晚年，蔡攸借機看望父親，蔡京正與客人坐談，蔡攸進去後，急忙拉住父親的手作把脈狀，說：「大人脈緩，是不是身體不適？」蔡京回答兒子說：「沒有什麼不適的。」蔡攸走後，客人問蔡京：「這是為什麼？」蔡京回答說：「我這個兒子想借疾病之名罷我的官。」沒多久，徽宗派蔡攸到蔡京家中取退職信，這種兒子逼退父親，竟然還成為父親座上賓的事情，令人覺得荒唐。本詩一、二句，乃評蔡京自食惡果。蔡京無視人民疾苦，晚年力倡「豐亨豫大」之說，大興土木，建造宮殿，設立道觀，加重百姓負擔。宋人筆記《清波雜志》曾載蔡京奢華無度，已有豪華的東園，為建造西園，毀民屋數百，百姓無歸所，當時只有伶人焦德，不畏權貴敢以「東園如雲，西園如雨」語直接譏諷蔡京。伶人的勇氣似乎更勝有言詮能力的為官者。

第五首詩評南宋君臣偏安誤國。南宋時期，抗金名將輩出，數度打敗金兵。然高宗等為一己之私利，屈膝求降，對金人談虎色變，滿足於偏安一時，沉於逸樂，不思振作復國。其子孫亦仿效高宗，一味以偏安為榮，一旦強敵壓境，遂措手無策。宋君既以偏安為得計，乃寵信奸佞之人，不求進取但求偷安，南宋一朝，多由佞臣當國，先有高宗時之秦檜，後有史彌遠、賈似道之流，外則割地賠款、賣國求榮，內則殘害忠良、敗壞朝政，遂予異族入侵以可乘之機，終至滅亡。一九四九年國民政府退守臺灣，情勢與南宋相似，本詩表面上在詠南宋偏安之計失策，其實是憂慮臺灣抗敵的戰鬥能力。

丁未初度適慧蓮寄柬來賀詩以答之

錦柬朱封[1]萬里程，依稀笑語祝長生。蓴羹[2]尚記初逢日，雞炙[3]還催久別情。

行樂好酬[4]相勸意，著書[5]聊作不平鳴。歸來踏徧長街月，寒葉西風正滿城。

【解題】

七律，押八庚韻，作於一九六七年，勞先生時年四十。這首詩為贈答詩。慧蓮，即勞師母，當時遠赴加拿大蒙特羅攻讀教育碩士。

【註釋】

01　錦柬朱封　書信

02　蓴羹　蓴或寫作蓴，音ㄔㄨㄣˊ（chun2），植物名，多年生水草，葉橢圓形，浮生水面，莖葉背面有黏液，夏日開紅紫色花，多生於池沼中。蓴菜嫩葉通常用以作羹湯，味道鮮美。勞先生和勞師母第一次見面時，吃蓴菜湯。

03　雞炙　烤雞。炙，燒烤。北方館多興吃童子雞。

04　酬　報答

05　著書　當時勞先生正在撰寫《歷史之懲罰》一書。

【鑑賞】

贈答詩一開始往往會呼應詩題，本詩首聯明點贈答詩的

緣起。一、二句說接到慧蓮從遠方寄來的生日賀卡時，彷彿看到她笑著為我慶生的模樣。看到特殊場合吃過的食物，是最能勾起人回憶的了，三、四句藉蒓羹和烤雞追憶認識慧蓮和慧蓮離開時的情形。五、六句回應慧蓮的賀卡，並表明勤於著書的態度；雖然行樂人間是報答好意相勸的最佳方式，然而著述不輟，實是胸中有塊壘不吐不快。先生耿介孤高，一心窮究興亡之際，承擔國運文運，因而長年胸懷沈重。第七、八句寓情於景，先生描寫漫步在遙長的街頭上，踏著月色歸家時，「任重道遠」的使命感，絲毫沒有慶生的喜樂，只感受到城市裏充滿秋風掃葉的寒意。

臺灣友人來函詢及近狀並論時局，詩以答之

冉冉[1]流光逼鬢絲，消寒[2]新錄十年詩。殘書架上皆親選，過客門前輒婉辭。

犬吠欲驚高閣夢[3]，蝶飛苦戀夕陽時。長留細草當窗綠[4]，茂叔[5]胸懷世未知。

案此詩作於殷海光[6]罹黨禍後，時日記之不真，姑置於丁未。

【解題】

七律，押四支韻，作於一九六七年，勞先生時年四十。本詩為贈答詩。臺灣友人暗指極右派人士胡秋原。自由主義份子對殷海光事件相當反感，極右派人士如胡秋原曾在《中華雜誌》撰〈左舜生之文與勞思光之詩〉批評自由主義，胡為文後頻頻致意勞先生有無新作，試探先生的反應，先生遂

作詩諷刺胡等人，並用以明志。

【註釋】

01　冉冉　緩慢行進的樣子。

02　消寒　每年一旦冬至來臨，天氣即日冷一日，俗謂之「九
　　　　　九寒天」。一般都得到冬至後的八十一天，才見春
　　　　　風送暖。古人為了計算這段日子，於是想出製圖
　　　　　計日的方式，以畫梅、畫圓圈或填影格字等形式
　　　　　來記載。如明朝以前的「九九消寒圖」，多是一株
　　　　　八十一瓣的梅花或有八十一小圈的九叢圓圈，過
　　　　　了冬至，逐日塗滿一瓣或一小圈以計日。
　　　　　古人在冬至後，聚集朋友，輪流出錢飲酒的聚會，
　　　　　稱之「消寒會」，或是「九九消寒會」。《紅樓夢》
　　　　　九十二回：「明兒不是十一月初一日麼？年年老太
　　　　　太那裡必是個老規矩，要辦消寒會，齊打夥兒坐
　　　　　下喝酒說笑。」

03　犬吠欲驚高閣夢　指胡秋原等人幫國民黨整肅知識份
　　　　　子。

04　長留細草當窗綠　語出周敦頤「綠滿窗前草不除。」《易
　　　　　傳》說：「生生之謂易」、「天地之大德曰生」，生
　　　　　生是生而又生，自然界生生不息，萬物充滿生意，
　　　　　世界因此就有了無限的情趣。宋代幾位大哲學家
　　　　　都提倡用這種審美眼光去觀照宇宙萬物，如：周
　　　　　敦頤喜歡「綠滿窗前草不除」，人問他為什麼不除
　　　　　草，他說：「欲觀天地生物氣象」。程顥窗前茂草

覆砌，有人勸他芟除，他說：「不可！欲常見造化
生意。」又在盆池養小魚數尾，時時觀之，有人
問其故，他說：「欲觀萬物自得意」。

05　茂叔　周敦頤（西元 1017-1073），字茂叔，宋道州營道
　　　　（今湖南省道縣）人。著《太極圖說》及《通書》，
　　　　為宋理學之開山祖，二程皆其弟子，世稱濂溪先
　　　　生，卒諡元公。

06　殷海光　1919 年生，原名福生，後改名海光。原籍湖北
　　　　省黃岡縣，1938 年，入讀西南聯合大學哲學系。
　　　　1942 年，考入清華大學哲學研究所。1945 年，投
　　　　筆從戎，加入青年軍。1946 年，獲聘為《中央日
　　　　報》主筆，並擔任金陵大學講師，講授「哲學與
　　　　邏輯」課程。1949 年赴臺擔任臺大講師，後因雷
　　　　震、胡適等人之邀，成為《自由中國》的主筆之
　　　　一。1954 年以哈佛燕京學社訪問學人身份，赴美
　　　　研究。1955 年返臺執教。1960 年，國民黨限制言
　　　　論自由，《自由中國》被迫停刊，殷氏人身安全也
　　　　受到威脅。1965 年出版《中國文化的展望》，國
　　　　民黨以此書「反對傳統文化精神」等罪名查禁。
　　　　1966 年發生「臺大哲學系事件」，殷海光被迫離
　　　　開臺大，生活困頓抑鬱。1969 因胃癌去世。

【鑑賞】

　　殷海光先生自一九四九年來臺，即在臺大哲學系講學，
先後開設課程有邏輯、邏輯經驗論、羅素哲學、理論語意學、

科學的哲學、現代符號邏輯、歷史與科學等，影響當時哲學系的學風極深，許多學生以及青年學者都視他為思想導師。一九四九年十一月雷震、胡適、傅斯年等人籌辦的《自由中國》在臺北創刊，當時蔣介石與陳誠均提供實質支援，因為發刊的目的是為了宣傳自由與民主以對抗共產主義，所以初期內容明顯以反共為主，兼及團結自由派人士及民社、青年兩黨份子，初期雷震對當局也提出溫和的規箴，但並沒有絲毫反對派的色彩。後來韓戰爆發，美國開始支持臺灣，中共的威脅趨緩，內政的興革變成迫切問題，另一方面國民黨積極鞏固政權，在政、軍、文教及地方，黨的威權式一元控制體系逐漸成形，其嚴密程度為大陸時期所未見。在這兩個趨勢刺激之下，《自由中國》的自由主義傾向轉濃，而其原先以反共為宗旨的自由、民主主張，也隨著國民黨集權體制的發展，演變成具有強烈現實意義的批評武器。五〇年代殷海光在《自由中國》扮演鋒利的健筆，在思想戒嚴時期，標舉自由主義的大纛，發揚民主與自由。一九六〇年國民黨壓制言論，發生《自由中國》被封事件，一九六五年以「反對傳統文化精神」等罪名查禁殷氏《中國文化的展望》，一九六六年殷海光被迫離開臺大，生活從此困頓抑鬱。

　　勞先生此詩作於殷海光先生發生「臺大哲學系事件」後，殷海光事件後，臺灣自由主義派的朋友去函給先生，關心先生在海外的情形，信中並論及臺灣局勢緊張的情形。先生作此詩酬答臺灣友人，首先說隨著韶光慢慢流逝催逼著鬢角髮絲發白，離臺赴港十多年來，多半以拈韻作詩排憂解悶。接著回答臺灣友人的關切，說明十年來香江生活相當簡約，只

有讀書絕少應酬，除了親自挑選書架上的殘缺不全的書籍讀讀外，往往婉謝門前俗客的邀約。五、六句諷刺極右派人士有如「犬吠」般，想要警醒位於「高閣」的知識份子，有如飛蝶般「苦戀夕陽時」。詩句最後推崇周敦頤高於世人的胸懷和氣度，周敦頤喜歡「綠滿窗前草不除」，他用《周易》「生生不息」的審美眼光去觀照宇宙萬物，世人不了解他「欲觀天地生物氣象」的胸襟懷抱，遂問他為什麼不除草。先生與殷海光先生都主張民主自由，末以周敦頤觀庭草生機自喻氣節。

聞　雷

鬱暢[1]原多變，休嗟[2]寂寞春。長空來霹靂，一震便驚人。

【解題】

甲戌年（西元 1934），先生七歲。五絕押真韻。

【註釋】

01　鬱暢　指天地之氣凝滯或通暢。

02　嗟　　感傷，哀痛。

【鑑賞】

過去讀書人要行四個禮，即開筆禮、進階禮、感恩禮和狀元禮。開筆禮是對大約四歲到七歲的學童進行一次「崇德立志」的啟蒙式教育，這種對少兒開始識字習禮的形式，又稱「破蒙」。先生七歲開始學作詩，家中長輩以「聞雷」為題，

命以為詩，先生原作「通塞原多變，休嗟寂寞春。長空來霹靂，一震便驚人。」從兄勞榦見詩，從練字及音節建議「通塞」二字可改為「鬱暢」，先生欣然接受，此詩可謂先生的開筆詩。從該詩我們得知先生與勞榦二人，兄弟情深，幼年起習以詩相唱和，更可貴的是，從詩作中，我們看到先生早發的詩才、開闊的胸懷。當時勞先生家中請來的長輩見先生的開筆詩後，即評斷先生「少年成名」。

晨起攬鏡，忽見白髮，悵然久之，即成一律一首

栗碌[1]終朝見鬢絲，孤吟筆改少年姿。未甘俎肉猶饒舌[2]，漸斂名心耐苦思。

片語[3]枉低[4]群士首，半生終誤達人[5]詩。沈沈暮海秋如醉，客路燈光望眼遲。

【解題】

己未年（西元 1955），七律，押七陽韻，作於秋間赴港前，先生當時二十八歲。

【註釋】

01　栗碌　事務繁忙。

02　饒舌　多言。

03　片語　零星片段的話語。

04　枉低　枉，徒然、白費。低，當動詞，放低之意。

05　達人　通達事理、曠達的文人。

【鑑賞】

　　這首詩作於先生離臺赴港前夕,先生到臺灣後與許多自由主義派人士主張言論自由,透過刊物發表時見政論,批判的言論,對於執政當局來說,自然如芒刺在背。先生有鑑於局勢日趨緊迫,便擬離臺,恰有機會前往香江任教,赴港前夕諸事紛繁,某日晨起突見白髮,有感時局及際遇,此詩抒發了先生當時愁悵的情緒。

　　論起中國的命運,先生常有深切的關懷與精闢的見解,先生素懷大志,見到頭上長出白髮,自不免惜時傷懷,詩作第一句起興,點出先生在忙碌之際不自覺白髮都長出來了,第二句則說明孤懷興國的言論,已與少年之作不同。第三、四句說明自己因不甘中國積弱不振,成為列強的俎上肉任憑宰割,一方面堅持知識份子的批判的角色,對於國家前途、公共事務的關心有批判的言論,一方面收斂追逐名利之俗心,苦思中國未來發展的可能。第五、六句謙稱自己過去發表的各種言論,被社會所看重,成為群士之首,但即使對大局有意見,也無法做到一切都不在乎的達人。第七、八句藉景抒情,點出離臺前夕愁悵的心情。

秋日赴會劍橋,初卸行裝,晚步哈佛園中,口占記感一九九三

　　楓葉飄寒宿雨[1]收,征塵[2]初洗且勾留[3]。重門[4]乍認開新道,銳頂猶能指舊樓。

　　幾輩英賢[5]同隔世,十年衰病獨當秋。思量杜老繁霜句[6],

濁酒難消萬古愁。

【解題】

癸酉年（西元 1993），先生當時六十六歲。此詩為七言律詩，押尤韻。

【註釋】

01　宿雨　前夜的雨。

02　征塵　車馬行走所揚起的塵土。

03　勾留　逗留，停留。

04　重門　多層大門。

05　英賢　指任教哈佛大學中國漢學家楊聯陞、洪業，西方漢學家費正清等人。

06　杜老繁霜句　典出杜甫〈登高〉詩：「風急天高猿嘯哀，渚清沙白鳥飛迴。無邊落木蕭蕭下，不盡長江滾滾來。萬里悲秋常作客，百年多病獨登臺。艱難苦恨繁霜鬢，潦倒新停濁酒杯。」

【鑑賞】

一九九三年秋先生受邀重訪哈佛大學，住在哈佛招待所，時序入秋，北美楓紅秋意頗涼，前夜的雨停後，更使得空氣飄著一股寒意。先生重遊舊地發現校園的景觀有些改變，但仍能指出記憶中的舊樓。當年在哈佛的舊識如楊聯陞、洪業、費正清等人，如今已一一凋零，只賸自己一人獨對秋風。先生因為時變，客居香江，此情此景，不禁想起杜甫「萬

里悲秋常作客，百年多病獨登臺」的客居心情，詩末最後化
用杜甫詩句，更翻轉出藉酒難以銷愁的無奈。

附錄二：詩學知見書目

—— 臺灣地區以詩學為書名的中文出版品

本書目根據國家圖書館館藏及全國圖書目錄，檢索臺灣地區所有以中文為書名的中文出版品，不包括中文譯著，以呈現在中文學術語境下，使用「詩學」一詞其內涵的差異和演變。根據本書目的整理，可以得到以下初步的認識：

第一，大陸使用詩學一詞的出版品多過臺灣。

第二，用詩學指稱經學或詩歌作法的出版品，是比較傳統的概念，這方面的出版品比較少，出版時間比較早，多在二十世紀中葉以前。

第三，用詩學一詞指涉「古代詩人詩歌或一代詩歌的研究，古典詩話、詩論著作，古代詩歌理論、詩學術語的研究，詩歌的性質、知識、流派、發展史、文獻考證的詩歌學」等概念，臺灣和大陸接受度很高，使用相當普遍。使用詩學一詞最常指涉的內涵是研究詩歌的一切學問，其次是指各種文藝、文藝理論的總稱，以及傳統詩學著作、詩學理論。

第四，二十世紀後期到二十一世紀初，用詩學一詞指涉「詩歌以外神話、散文、小說、戲曲、電影等文學或藝術，西方各種文藝理論，現代詩人創作、詩歌評論及研究，比較文學、比較研究」等概念的出版品大量出現，而且大陸地區

多過臺灣。顯示全球化的關係，中文語境使用詩學一詞，普遍受到西方語境使用詩學一詞的影響。

　　本書目前面各標示英文字母，以區分不同的詩學內涵，並依出版時間排序，遺漏及錯謬之處，尚祈方家匡正。以下表列英文字母所代表的詩學內涵，並統計各出版品數量：

符號	使 用 詩 學 的 內 涵	臺灣數目	大陸數目	總出版品量
A	經學	4	1	5
B	詩歌作法	12	5	17
C	古代詩人詩歌或一代詩歌的研究	19	20	39
D	古典詩話、詩論著作，古代詩歌理論、詩學術語的研究	29	58	87
E	詩歌的性質、知識、流派、發展史、文獻考證的詩歌學	45	69	114
F	詩歌以外神話、散文、小說、戲曲、電影等文學或藝術，西方各種文藝理論	16	81	97
G	現代詩人創作、詩歌評論及研究	16	15	31
H	比較文學、比較研究	4	24	28

壹、臺　灣

A 1979　　馬其昶著，《毛詩學》，臺北：新文豐出版社，1979年。

A 1996　　文幸福著，《孔子詩學研究》，臺北：臺灣學生書局，

1996 年。

A 1996　林明德著，《詩經 —— 周南詩學》，臺北：國立編譯館，1996 年。

A 1996　林耀潾著，《西漢三家詩學研究》，臺北：文津出版社，1996 年。

B 1958　謝无量著，《詩學指南》，臺北：臺灣中華書局，1958 年。

B 1964　劉中和等著，《詩學入門》，臺東：臺東青年雜誌社，1964 年。

B 1966　劉文蔚編著，《校正詩學含英》一卷至四卷，臺北：新興出版社，1966 年。

B 1971　張侯光著，《詩學初階》，彰化縣：撰者印行，1971 年。

B 1978　胡懷琛等著，《詩學研究》，臺北：信誼出版社，1978 年。

B 1978　胡懷琛著，《詩學研究五種》，臺北：信誼出版社，1978 年。據舊排印本影印

B 1978　許東方主編，《詩學研究》，臺北：信誼出版社，1978 年。

B 1979　蔣梅笙編著，《詩學》，臺北：新文豐出版社，1979 年。

B 1980　王慶麟、梅新主編，《詩學》，臺北：成人出版社，1980 年。

B 1987　張春榮著，《詩學析論》，臺北：東大圖書公司，1987 年。

B 1991　程仁卿編著，《詩學津梁》，臺北：臺灣商務印書館，1991 年。

B 2007　林正三編著，《臺灣古典詩學》，臺北：文史哲出版社，2007 年 7 月。

C 1967　正中書局編審委員會編，《唐代詩學》，臺北：國立政治大學出版委員會出版，1967 年。

C 1970　李度選注，《詩學淺說》，臺南：大眾出版社，1970 年。

C 1978　胡豈凡著，《杜甫生平及其詩學研究》，臺北：新文豐出版社，1978 年。

C 1985　陳　偉著，《杜甫詩學探微》，臺北：文史哲出版社，1985 年。

C 1986　簡恩定著，《清初杜詩學研究》，臺北：文史哲出版社，1986 年。

C 1990　宋如珊著，《翁方綱詩學之研究》，臺北：撰者印行，1990 年。

C 1991　林麗娟著，《杜甫詠懷詩學研究》，高雄：高雄文化出版社，1991 年。

C 1993　沈秋雄著，《詩學十論》，臺北：文史哲出版社，1993 年。

C 1993　張夢機著，《詩學論叢》，臺北：華正書局，1993 年。

C 1993　蔡　瑜著，《高棅詩學研究》，臺北：臺灣大學出版委員會，1993 年。

C 1997　許　總著，《杜詩學通論》，桃園：聖環圖書發行，1997 年。

C 1998　張鳳蘭著，《丘逢甲之詩學研究》，臺北：里仁書局，1998 年。

C 1998　蔡瑜著，《唐詩學探索》，臺北：里仁書局，1998 年。

C 2000　朱易安著，《唐詩學史論稿》，桂林：廣西師範大學出版社，2000 年 10 月。

C 2000　洪安全著，《曾國藩之詩學與治學研究》，臺北：撰者印行，2000 年。

C 2000　鄭定國著，《邵雍及其詩學研究》，臺北：文史哲出版社，2000 年。

C 2001　陳金現著，《白居易與宋代重「意」、「理」的詩學發展：宋人對〈長恨歌〉的接受與評論》，高雄：春暉出版社，2001 年。

C 2003　淡江大學中國文學學系主辦；淡江大學古典詩文研究室協辦，《杜甫與唐宋詩學：杜甫誕生一千二百九十年國際學術研討會論文集》，臺北：里仁書局，2003 年。

C 2006　張紅著，《元代唐詩學研究》，長沙：岳麓書社，2006 年 5 月。

D 1973　樓盛濤編著，樓漾燕手校，《詩學精釋：三昧・神韻・性靈・蘊》，臺北：撰者印行，1973 年。

D 1975　胡鈍俞選評，《中國詩學研究所叢書・唐詩千首》，臺北：夏聲雜誌社，1975 年。

D 1976　杜松柏著，《禪學與唐宋詩學》，臺北：黎明文化事業公司，1976 年。

D 1977　王夢鷗著，《初唐詩學著述考》，臺北：臺灣商務印

書館，1977 年。

D 1977　吳宏一著，《清代詩學初探》，臺北：牧童出版社，1977 年。

D 1977　莊嚴出版社編，《詩學義海：中國古典詩詞入門》，臺北：莊嚴出版社，1977 年。

D 1983　劉美華著，《楊維楨詩學研究》，臺北：文史哲出版社，1983 年。

D 1985　吳宏一，《清代詩學初探》，臺北：臺灣學生書局，1985 年修訂再版。

D 1985　楊鴻銘著，《詩學理論與評賞‧趣味之部》，臺北：文史哲出版社，1985 年。

D 1990　杜松柏著，《詩與詩學》，臺北：洙泗出版社，1990 年。

D 1991　江惜美著，《蘇軾詩學理論及其實踐》，臺北：撰者印行，1991 年。

D 1992，金鍾吾著，《明末清初詩學復古與創新的思維體系：以詩藪、原詩為主》，臺北：撰者印行，1992 年。

D 1992　張　霖著，《宋代詩學創作之自然觀研究》，中壢：撰者印行，1992 年。

D 1995　張伯偉著，《禪與詩學》，臺北：揚智文化出版社，1995 年。

D 1996　劉懷榮著，《中國古典詩學原型研究》，臺北：文津出版社，1996 年。

D 1997　毛正天著，《中國古代詩學本體論闡釋》，臺北：五南出版社，1997 年。

D 1997　王力堅著，《六朝唯美詩學》，臺北：文津出版社，1997 年。

D 1997　紀孟賢著，《中國古代詩學的審美體驗：從詩味說到意境說》，高雄：復文出版社，1997 年。

D 1998　黃奕珍著，《宋代詩學中的晚唐觀》，臺北：文津出版社，1998 年。

D 1998　謝佩芬著，《北宋詩學中「寫意」課題研究》，臺北：國立臺灣大學出版委員會出版，1998 年。

D 1999　徐華中著，《初唐詩學論集》，高雄：復文圖書出版社，1999 年。

D 2000　張高評著，《會通化成與宋代詩學》，臺南：國立成功大學出版組出版，2000 年。

D 2001　林湘華著，《禪宗與宋代詩學理論》，臺北：文津出版社，2001 年。

D 2003　嚴明著，《中國詩學與明清詩話》，臺北：文津出版社，2003 年。

D 2004　郭秋顯著，《宋代陶詩學詩品人品議題析論》，高雄：復文圖書出版社，2004 年 12 月。

D 2004　謝明陽著，《明遺民的「怨」「群」詩學精神：從覺浪道盛到方以智、錢澄之》，臺北：大安出版社，2004 年。

D 2008　周明儀著，《趙甌北詩及其詩學研究》，臺北：花木蘭文化出版社，2008 年 3 月。

D 2008　黃繼立著，《「神韻」詩學譜系研究：以王漁洋為基點的後設考察》，臺北：花木蘭文化出版社，2008

年 3 月。

D 2008　楊淑華著，《方東樹昭昧詹言及其詩學定位》，臺北：花木蘭文化出版社，2008 年 3 月。

E 1960　楊鴻烈著，《中國詩學大綱》，臺北：臺灣商務印書館，1960 年。

E 1966　范　況著，王雲五主編，《中國詩學通論》，臺北：臺灣商務印書館，1966 年。

E 1966　楊鴻烈著，王雲五主編，《中國詩學大綱》，臺北：臺灣商務印書館，1966 年。

E 1966　樓盛濤著，《詩學漫談》，臺北：雲祥出版社，1966 年。

E 1967　江恆源編，《中國詩學大綱》，臺北：五洲出版社，1967 年。

E 1969　龔嘉英著，《詩學述要》，臺北：華岡出版社，1969 年。

E 1970　陳立森著，《詩學闡要》，臺中：正義出版社，1970 年。

E 1971　王少黃著，《詩學研究》，臺中：撰者印行，1971 年。

E 1971　姜尚賢著，《詩學導論》，臺北：撰者印行，1971 年。

E 1972　馬其昶著，《詩學》，臺北：鼎文出版社，1972 年。

E 1973　學海出版社編輯部編，《詩學淺說》，臺北：學海出版社，1973 年。

E 1974　黃　節著，《詩學》，臺北：學海出版社，1974 年。

E 1975　王雲五著，《詩學》，臺北：臺灣商務印書館，1975 年。

E 1975　張正體、張婷婷著，《詩學》，臺北：臺灣商務印書館，1975 年。

E 1975　黃　徵著，《詩學闡微》，臺中：書恒出版社，1975 年。

E 1976　黃永武著，《中國詩學・考據篇》，臺北：巨流圖書公司，1976 年。

E 1976　黃永武著，《中國詩學・思想篇》，臺北：巨流圖書公司，1976 年。

E 1976　黃永武著，《中國詩學・設計篇》，臺北：巨流圖書公司，1976 年。

E 1976　黃永武著，《中國詩學・鑑賞篇》，臺北：巨流圖書公司，1976 年。

E 1976　瘂弦、梅新著，《詩學》，臺北：巨人圖書公司，1976 年。

E 1978　方子丹著，《中國歷代詩學通論》，臺北：大海出版社，1978 年。

E 1980　河洛圖書出版社編，《中國詩學通論》，臺北：河洛出版社，1980 年。

E 1982　江恆源編，《中國詩學大綱》，臺北：新文豐出版公司，1982 年。

E 1985　李德宇著，《中華詩學》，臺北：文津出版社，1985 年。

E 1985　許　正著，《中國詩學：詩學的革新》，臺北：黎明文化事業公司，1985 年。

E 1988　劉麟生編著，《詩學淺說・中國詩詞概論》，臺北：

莊嚴出版社，1988 年。

E 1988　劉麟生編著，《詩學淺說》，臺北：莊嚴出版社，1988
　　　　年。

E 1991　徐望雲著，《帶詩蹺課去：詩學初步》，臺北：三民
　　　　書局，1991 年。

E 1993　《袖珍美學叢書‧中國詩學》，臺北：五南出版公司，
　　　　1993 年。

E 1993　吳戰壘著，《中國詩學》，臺北：五南出版公司，1993
　　　　年。

E 1994　陳慶輝著，《中國詩學》，臺北：文史哲出版社，1994
　　　　年。

E 1995　李德超編著，國立編譯館主編，《詩學新編》，臺北：
　　　　五南出版公司，1995 年。

E 1995　姜曉等著，《讀古詩學歷史》，臺北：國際少年村出
　　　　版社，1995 年。

E 1995　范　況著，《中國詩學通論》，臺北：臺灣商務印書
　　　　館，1995 年。

E 1995　張簡坤明著，《詩學理論與詮釋》，臺北：駱駝出版
　　　　社，1995 年。

E 1995　張鐵民編著，《中國詩學講義》，臺中：青峰出版社，
　　　　1995 年。

E 1995　張鐵民編著，《中國詩學講義》，臺中：撰者印行，
　　　　1995 年。

E 1998　林正三編纂，《詩學概要》，臺北：廣文書局，1998
　　　　年。

E 2002　鍾蓮英著，《詩學的發展及其流派》，臺北：國立臺灣藝術專科學校，2002 年。

E 2007　吳菀菱著，《詩學講義》，臺北縣：言葉出版社，2007年。

E 2007　林淑貞著，《近五十年臺灣地區古典詩學研究概況：以 1949-2006 年碩博士論文為觀察範疇》，臺北：花木蘭文化出版社，2007 年 3 月。

E 2008　黃永武著，《新增本中國詩學・考據篇》，臺北：巨流圖畫公司、高雄：麗文文化總經銷，2008 年。

E 2008　黃永武著，《新增本中國詩學・思想篇》，臺北：巨流圖畫公司、高雄：麗文文化總經銷，2008 年。

E 2008　黃永武著，《新增本中國詩學・設計篇》，臺北：巨流圖畫公司、高雄：麗文文化總經銷，2008 年。

E 2008　黃永武著，《新增本中國詩學・鑑賞篇》，臺北：巨流圖畫公司、高雄：麗文文化總經銷，2008 年。

F 1954　鄧家彥著，《西詩學述要》，臺北：中央文物供應社，1954 年。

F 1981　朱光潛著，《詩學》，臺北：德華出版社，1981 年。

F 1984　古添洪著，《記號詩學》，臺北：東大圖書公司，1984年。

F 1988　羅青著，《錄影詩學》，臺北：書林出版社，1988 年。

F 1992　楊明蒼著，《誤讀的爭競：閱讀哈羅德・布魯姆的重寫詩學》，臺北：撰者印行，1992 年。

F 1994　童慶炳著，《中國古代心理詩學與美學》，臺北：萬卷樓圖書公司，1994 年。

F 1997　毛峰著，《神秘詩學》，臺北：揚智文化出版社，1997年。

F 1999　簡政珍著，《詩心與詩學》，臺北：書林出版社，1999年。

F 2000　王志弘著，《性別化流動的政治與詩學》，臺北：田園城市出版社，2000年。

F 2001　朱純深著，《翻譯探微：語言‧文本‧詩學》，臺北：書林出版社，2001年。

F 2001　劉介民著，《太極詩學》，臺北：揚智文化出版社，2001年。

F 2002　李霖生著，《華嚴詩學》，臺北：文史哲出版社，2002年。

F 2003　《造境：科技年代的影像詩學》，臺北：邱再興基金會出版，2003年。

F 2004　嚴　明著，《東亞漢詩的詩學構架與時空景觀》，板橋：聖環圖書出版，2004年。

F 2005　奚　密著，《芳香詩學》，臺北：聯合文學出版社，2005年。

F 2006　曾貴海著，《戰後臺灣反殖民與後殖民詩學》，臺北：前衛出版社，2006年。

G 1987　蕭　蕭著，《現代詩學》，臺北：東大圖書公司，1987年。

G 1993　陳正芳著，《詩學研究：海門‧希列斯詩作賞析》，臺北：撰者印行，1993年。

G 1996　李子玲著，《聞一多詩學論稿》，臺北：文史哲出版

社，1996 年。

G 1997　李瑞騰著，《新詩學》，板橋：駱駝出版社，1997 年。

G 1997　潘麗珠著，《現代詩學》，臺北：五南出版公司，1997
　　　　年。

G 1998　翁文嫻著，《創作的契機：現代詩學》，臺北：唐山
　　　　出版社，1998 年。

G 2000　李元貞著，《女性詩學：臺灣現代女詩人集體研究
　　　　（1951-1999）》，臺北：女書文化出版社，2000 年。

G 2001　初安民主編，《詩與聲音：二○○一臺北國際詩歌節
　　　　詩學研討會論文集》，臺北市：臺北市文化局出版，
　　　　2001 年。

G 2003　《臺灣詩學》，臺北：臺灣詩學季刊雜誌社，2003
　　　　年。

G 2003　國立彰化師範大學國文系主編，《臺灣前行代詩家
　　　　論：第六屆現代詩學研討會論文集》，臺北：萬卷樓
　　　　圖書公司，2003 年。

G 2003　簡政珍著，《放逐詩學：臺灣放逐文學初探》，臺北：
　　　　聯合文學出版，2003 年。

G 2005　《當代詩學》，臺北：國立臺北教育大學臺灣文化研
　　　　究所出版，2005 年。

G 2006　陳義芝著，《聲納：臺灣現代主義詩學流變》，臺北：
　　　　九歌出版社，2006 年。

G 2007　李瑞騰編，《我們一路吹鼓吹：臺灣詩學季刊社同
　　　　仁詩選》，臺北：爾雅出版社，2007 月。

G 2007　解昆樺作，《青春構詩：七○年代新興詩社與一九五

　　　　　○年世代詩人的詩學建構策略》，苗栗：苗栗縣國際
　　　　　文化觀光局出版，2007 年 10 月。

G 2007　蕭　蕭著，《土地哲學與彰化詩學：彰化詩學研究之
　　　　　一》，臺中：晨星發行，2007 年 7 月。

H 1977　黃維樑著，《中國詩學縱橫論》，臺北：洪範出版社，
　　　　　1977 年。

H 1977　劉若愚著，杜國清中譯，《中國詩學》，臺北：幼獅
　　　　　文化事業公司，1977 年。

H 1981　劉若愚著，《中國詩學通論》，臺北：幼獅文化事業
　　　　　公司，1981 年。

H 2007　葉維廉著，《比較詩學》，臺北：東大圖書公司，2007
　　　　　年 9 月。

貳、大　陸

A 2006　蔡先金等著，《孔子詩學研究》，濟南：齊魯書社，
　　　　　2006 年 10 月。

B 1752　劉文蔚輯，《詩學含英》，上海：廣益出版社，1752
　　　　　年。

B 1918　謝无量著，《詩學指南》，上海：中華書局，1918 年。

B 1922　樟潼、謝无量著，《詩學指南》，上海：中華書局，
　　　　　1922 年。

B 2006　蔡鎮楚編，《詩學還丹・域外詩話珍本叢書・4》，北
　　　　　京：北京圖書館，2006 年。

C 1972　潘兆賢著，《近代十家詩述評：詩學研究》，九龍：新亞出版社，1972 年。

C 1975　高越天選評，《中國詩學研究所叢書・宋詩七百首》2 卷，臺北：中國詩季刊社，1975 年。

C 1988　陳伯海著，《唐詩學引論》，上海：東方出版中心，1988 年 10 月。

C 1989　許總著，《杜詩學發微》，南京：南京大學出版社，1989 年 5 月。

C 1991　楊啟高編著，《唐代詩學》，上海：上海書店，1991 年。

C 2001　楊　義著，《李杜詩學》，北京：北京出版社，2001 年 3 月。

C 2003　安徽師範大學中國詩學研究中心編，《中國詩學研究第二輯・李商隱研究專輯》，上海：上海古籍出版社，2003 年。

C 2003　胡可先著，《杜甫詩學引論》，合肥：安徽大學出版社，2003 年 3 月。

C 2003　曾　鐸著，《中國詩學：歷代經典詩詞曲鑑賞》，南昌：百花洲文藝，2003 年。

C 2004　孫　微著，《清代杜詩學史》，濟南：齊魯書社，2004 年 10 月。

C 2004　張忠綱、綦維、孫微著，《山東杜詩學文獻研究》，濟南：齊魯書社，2004 年 5 月。

C 2004　陳伯海主編，《唐詩學史稿》，石家莊：河北人民出版社，2004 年 5 月。

C 2006　孫春青著，《明代唐詩學》，上海：上海古籍出版社，2006 年 11 月。

C 2006　陳引馳等編，《古典詩學會探：陳允吉卷》，上海：復旦大學出版社，2006 年 4 月。

C 2007　安徽師範大學中國詩學研究中心編，《中古詩學暨曹道衡先生學術思想研討會專輯》，合肥：安徽人民出版社，2007 年。

C 2007　孫微著，《清代杜詩學文獻考》，南京：鳳凰出版社，2007 年 9 月。

C 2007　蔡彥峰著，《元嘉體詩學研究》，北京：中國社會科學出版社，2007 年 12 月。

C 2008　孫微、王新芳著，《杜詩學研究論稿》，濟南：齊魯書社，2008 年 6 月。

C 2008　蔣寅編譯，《日本學者中國詩學論集》，南京：鳳凰出版社，2008 年 8 月。

C 2008　鄭家治、李詠梅著，《明清巴蜀詩學研究》，成都：巴蜀書社，2008 年 1 月。

D 1987　佛雛著，《王國維詩學研究》，北京：北京大學出版社，1987 年 6 月。

D 1988　李壯鷹著，《中國詩學六論》，濟南：齊魯書社，1988 年。

D 1991　施議對、蔣寅、張伯偉主編，《中國詩學‧第一輯》，南京：南京大學出版社，1991 年 12 月。

D 1992　張伯偉著，《禪與詩學》，杭州：浙江人民出版社，1992 年。

D 1992　童慶炳著，《中國古代心理詩學與美學》，北京：中
　　　　華書局，1992 年 3 月。

D 1993　傅道彬著，《詩外詩論箋：上古詩學的歷史批評與闡
　　　　釋》，哈爾濱：黑龍江教育出版社，1993 年 4 月。

D 1993　童慶炳等著，《中國古代詩學心理透視》，天津：百
　　　　花文藝出版社，1993 年 7 月。

D 1995　陳良運主編，《中國歷代詩學論著選》，南昌：百花
　　　　洲文藝出版社，1995 年 9 月。

D 1995　陳良運著，《中國詩學批評史》，南昌：江西人民出
　　　　版社，1995 年。

D 1997　周裕鍇著，《宋代詩學通論》，成都：巴蜀書社，1997
　　　　年。

D 1999　張　健著，《清代詩學研究》，北京：北京大學出版
　　　　社，1999 年 11 月。

D 1999　陳衍著，錢仲聯編校，《陳衍詩論合集》，福州：福
　　　　建人民出版社，1999 年。

D 1999　章繼光著，《陳白沙詩學論稿》，湖南：岳麓書社，
　　　　1999 年 8 月。

D 1999　程杰著，《宋詩學導論》，天津：天津人民出版社，
　　　　1999 年 10 月。

D 2000　李世英、陳水云著，《清代詩學》，長沙：湖南人民
　　　　出版社，2000 年 11 月。

D 2000　張思齊著，《宋代詩學》，長沙：湖南人民出版社，
　　　　2000 年 11 月。

D 2000　陳允鋒著，《唐詩美學意味：初盛唐詩學思想研

究》，北京：新華出版社，2000 年 1 月。

D 2000 　陳順智著，《魏晉南北朝詩學》，長沙：湖南人民出版社，2000 年 11 月。

D 2000 　喬惟德、尚永亮著，《唐代詩學》，長沙：湖南人民出版社，2000 年 11 月。

D 2000 　程亞林著，《近代詩學》，長沙：湖南人民出版社，2000 年 11 月。

D 2000 　魏中林著，《清代詩學與中國文化》，成都：巴蜀書社，2000 年 4 月。

D 2001 　陶水平著，《船山詩學研究》，北京：中國社會科學出版社，2001 年 6 月。

D 2002 　王毓紅著，《在文心雕龍與詩學之間》，北京：學苑出版社，2002 年 03 月。

D 2002 　左東嶺著，《明代心學與詩學》，北京：學苑出版社，2002 年 11 月。

D 2002 　吳世昌著，《吳世昌全集》第三卷詩學雜論，第 4 冊，石家莊：河北教育出版社，2002 年。

D 2002 　李凱著，《儒家元典與中國詩學》，北京：中國社會科學出版社，2002 年。

D 2002 　張晶、白振奎、劉潔著，《中國古典詩學新論》，北京：北京廣播學院出版社，2002 年 12 月。

D 2002 　詹杭倫著，《方回的唐宋律詩學》，北京：中華書局，2002 年 12 月。

D 2002 　蔣濟永著，《過程詩學：中國古代詩學形態的特質與「詩 ── 評」經驗闡釋》，北京：中國社會科學出版

社，2002 年 9 月。

D 2003　張　晶著，《禪與唐宋詩學》，北京：人民文學出版
　　　　　社，2003 年 6 月。

D 2003　張寅彭輯著，《新訂清人詩學書目》，上海：上海古
　　　　　籍出版社，2003 年。

D 2003　劉運好著，《魏晉哲學與詩學》，合肥：安徽大學出
　　　　　版社，2003 年。

D 2003　蔣　寅著，《古典詩學的現代詮釋》，北京：中華書
　　　　　局，2003 年 3 月。

D 2003　蕭馳著，《抒情傳統與中國思想：王夫之詩學發微》，
　　　　　上海：上海古籍出版社，2003 年 6 月。

D 2003　錢志熙著，《黃庭堅詩學體系研究》，北京：北京大
　　　　　學出版社，2003 年 6 月。

D 2003　謝思煒著，《唐宋詩學論集》，北京：商務印書館，
　　　　　2003 年 3 月。

D 2004　王明見著，《劉克莊與中國詩學》，成都：巴蜀書社，
　　　　　2004 年 2 月。

D 2005　徐岱著，《中國古典詩學理論史》，杭州：浙江大學
　　　　　出版社，2005 年 10 月修訂版。

D 2005　淺見洋二著，金程宇、岡田千穗譯，《距離與想像：
　　　　　中國詩學的唐宋轉型》，上海：上海古籍出版社，2005
　　　　　年 12 月。

D 2005　莫礪鋒著，《古典詩學的文化觀照》，北京：中華書
　　　　　局，2005 年 09 月。

D 2005　蕭華榮著，《中國古典詩學理論史》，上海：華東師

範大學出版社，2005 年 12 月修訂版。

D 2006　王小舒著，《神韻詩學》，濟南：山東人民出版社，2006 年 2 月。

D 2006　崔海峰著，《王夫之詩學範疇論》，北京：中國社會科學出版社，2006 年 1 月。

D 2006　張寅彭選輯，《中國詩學專著選讀》，桂林：廣西師範大學出版社，2006 年。

D 2006　程小平著，《滄浪詩話的詩學研究》，北京：學苑出版社，2006 年 7 月。

D 2006　雷磊著，《楊慎詩學研究》，北京：中國社會科學出版社，2006 年 12 月。

D 2007　王先霈著，《中國古代詩學十五講》，北京：北京大學出版社，2007 年 8 月。

D 2007　王錫九著，《劉克莊詩學研究》，合肥：黃山書社，2007 年 9 月。

D 2007　王濟民著，《清乾隆嘉慶道光時期詩學》，成都：巴蜀書社，2007 年 8 月。

D 2007　李劍波著，《清代詩學話語》，長沙：岳麓書社，2007 年 9 月。

D 2007　陳文新著，《明代詩學》，長沙：湖南人民出版社，2000 年 11 月。

D 2007　陳文新著，《明代詩學的邏輯進程與主要理論問題》，武漢：武漢大學出版社，2007 年。

D 2007　楊連民著，《錢謙益詩學研究》，北京：社會科學文獻出版社，2007 年 7 月。

D 2007　劉夢芙著，《二錢詩學之研究》，合肥：黃山書社，
　　　　　2007 年 12 月。

D 2007　劉懷榮著，《賦比興與中國詩學研究》，北京：人民
　　　　　出版社，2007 年 7 月。

D 2007　鄧新躍著，《明代前中期詩學辨體理論研究》，上海：
　　　　　上海古籍出版社，2007 年 3 月。

D 2008　童慶炳著，《童慶炳談古典詩學》，開封：河南大學
　　　　　出版社，2008 年 4 月。

D 2008　楊挺著，《宋代心性中和詩學研究》，成都：巴蜀書
　　　　　社，2008 年 5 月。

E 1924　王希和編輯，《詩學原理》，上海：商務印書館，1924
　　　　　年。

E 1925　徐敬修編著，《詩學常識》，上海：大東書局，1925
　　　　　年。

E 1927　陳去病著，《詩學綱要》上、下冊，南京：東南大學，
　　　　　1927 年。

E 1929　江恆源編著，《中國詩學大綱》，上海：大東書局，
　　　　　1929 年。

E 1931　范況著，《中國詩學通論》，上海：商務印書館，1931
　　　　　年。

E 1933　楊鴻烈著，《中國詩學大綱》，上海：商務印書館，
　　　　　1933 年。

E 1934　胡懷琛編，《詩學討論集》，上海：新文化書社，1934
　　　　　年三版。

E 1935　范　況著，《中國詩學通論》，上海：商務印書館，

1935 年。

E 1935　劉聖旦著，《詩學發凡》，上海：天馬出版社，1935
　　　　年。

E 1938　何達安著，《詩學概論》，上海：商務印書館，1938
　　　　年。

E 1946　劭青著，《詩學概論》，瀋陽：東文印書館，1946 年。

E 1960　譚焯宏著，《詩學舉隅》，香港：五洲貿易出版社，
　　　　1960 年。

E 1963　程兆熊著，《中國詩學》，香港：鵝湖出版社，1963
　　　　年。

E 1971　胡懷琛編著，《詩學討論集》，九龍：中山出版社，
　　　　1971 年。

E 1974　何敬群著，《詩學纂要》，九龍：遠東書局，1974 年。

E 1982　東嘎・羅桑赤列著，《詩學明鑑》，西寧：青海民族
　　　　出版社，1982 年。　　【藏文版】

E 1982　姜書閣著，《詩學廣論》，北京：中國社會科學出版
　　　　社，1982 年。

E 1983　李元洛著，《詩學漫筆》，廣州：花城出版社，1983
　　　　年。

E 1991　吳戰壘著，《中國詩學》，北京：人民出版社，1991
　　　　年、東方出版發行，1991 年。

E 1991　陳良運著，《詩學、詩觀、詩美》，南昌：江西高校
　　　　出版社，1991 年。

E 1992　上海世界書局印行（1926 年初版），《古今詩學大
　　　　全》，杭州：浙江古籍出版社出版，1992 年。

E 1992　張碧波主編，《中國詩學辭典》，大連：哈爾濱出版社，1992 年。

E 1992　陳良運著，《中國詩學體系論》，北京：中國社會科學出版社，1992 年 7 月。

E 1994　袁行霈、孟二冬、丁放著，《中國詩學通論》，合肥：安徽教育出版社，1994 年。

E 1995　余藎著，《中國詩學史綱》，杭州：浙江古籍出版社，1995 年。

E 1995　楊匡漢著，《詩學心裁》，西安：陝西人民教育出版社，1995 年 7 月。

E 1995　蔣寅、張伯偉主編，《中國詩學‧第四輯》，南京：南京大學出版社，1995 年。

E 1995　羅洛編，《詩學大辭典‧中國詩歌卷》，合肥：安徽文藝出版社，1995 年。

E 1996　戈　仁著，《詩學札記》，九龍：金陵書社，1996 年。

E 1996　蕭華榮著，《中國詩學思想史》，上海：華東師範大學出版社，1996 年 4 月。

E 1999　汪涌豪、駱玉明主編，《中國詩學》，上海：東方出版中心，1999 年。

E 1999　周式中等主編，《世界詩學百科全書》，西安：陝西人民出版社，1999 年。

E 1999　張方著，《中國詩學的基本觀念》，北京：東方出版社，1999 年 5 月。

E 1999　張伯偉著，《中國詩學研究》，瀋陽：遼海出版社，1999 年。

E 1999　傅璇琮等主編，《中國詩學大辭典》，杭州：浙江教育出版，1999 年。

E 1999　劉士林著，《中國詩學精神：中國古代文學：文獻與理論研究》，鄭州：河南人民出版社，1999 年。

E 1999　蔣寅、張伯偉主編，《中國詩學‧第六輯》，南京：南京大學出版社，1999 年。

E 2000　孫家富著，《先秦兩漢詩學》，長沙：湖南人民出版社，2000 年 11 月。

E 2000　陸耀東主編，《中國詩學叢書》，長沙：湖南人民出版社，2000 年。

E 2002　朱易安著，陳伯海、蔣哲倫主編，《中國詩學史：明代卷》，廈門：鷺江出版社，2002 年 9 月。

E 2002　倪進等著，陳伯海、蔣哲倫主編，《中國詩學史‧隋唐五代卷》，廈門：鷺江出版社，2002 年。

E 2002　翁其斌著，陳伯海、蔣哲倫主編，《中國詩學史‧先秦兩漢卷》，廈門：鷺江出版社，2002 年。

E 2002　蔣哲倫、傅蓉蓉著，陳伯海、蔣哲倫主編，《中國詩學史‧詞學卷》，廈門：鷺江出版社，2002 年。

E 2002　黃寶華、文師華著，陳伯海、蔣哲倫主編，《中國詩學史‧宋金元卷》，廈門：鷺江出版社，2002 年。

E 2002　劉誠著，陳伯海、蔣哲倫主編，《中國詩學史：清代卷》，廈門：鷺江出版社，2002 年。

E 2002　蔣寅、張伯偉主編，《中國詩學‧第七輯》，北京：人民文學出版社，2002 年。

E 2002　歸青、曹旭著，陳伯海、蔣哲倫主編，《中國詩學史‧

魏晉南北朝卷》，廈門：鷺江出版社，2002 年。

E 2003　安徽師範大學中國詩學研究中心編，《中國詩學研究第 2 輯》，上海：上海古籍出版社，2003 年 12 月。

E 2003　周發祥、史忠義主編，《詩學新探》，天津：百花文藝，2003 年。

E 2003　蔣寅、張伯偉主編，《中國詩學・第八輯》，北京：人民文學出版社，2003 年。

E 2004　安徽師範大學中國詩學研究中心編，《中國詩學研究第 3 輯、遼金詩學研究專輯》，上海：上海古籍出版社，2004 年。

E 2004　徐國榮著，《玄學和詩學》，北京：中國社會科學出版社，2004 年。

E 2005　李春青著，《在文本與歷史之間：中國古代詩學意義生成模式探微》，北京：北京大學出版，2005 年 9 月。

E 2005　李春青著，《詩與意識形態：西周至兩漢詩歌功能的演變與中國詩學觀念的生成》，北京：北京大學出版社，2005 年 1 月。

E 2005　蔣寅、張伯偉主編，《中國詩學・第十輯》，北京：人民文學出版社，2005 年。

E 2006　方錫球著，《許學夷詩學思想研究》，合肥：黃山書社，2006 年 12 月。

E 2006　余恕誠主編，《中國詩學研究》，福州：福建人民出版社，2006 年 1 月。

E 2006　張宏生著，《中國詩學考索》，南京：江蘇教育出版

　　　　　社，2006 年。

E 2006　陳伯海著，《中國詩學之現代觀》，上海：上海古籍
　　　　　出版社出版，2006 年 11 月。

E 2006　蔣寅、張伯偉主編，《中國詩學》第十一輯，北京：
　　　　　人民文學出版社，2006 年。

E 2007　徐有富著，《詩學原理》，北京：北京大學出版社，
　　　　　2007 年。

E 2007　莫礪鋒編，《誰是詩中疏鑿手：中國詩學研討會論
　　　　　文集》，南京：鳳凰出版社，2007 年 7 月。

E 2007　張海鷗著，《北宋詩學》，開封：河南大學出版社，
　　　　　2007 年 6 月。

E 2007　黃　節著，《黃節詩學詩律講義》，天津：天津古籍
　　　　　出版社，2007 年 2 月。

E 2007　魏家川著，《先秦兩漢的詩學嬗變：從「詩云」「子
　　　　　曰」到「子曰詩云」》，北京：學苑出版社，2007 年
　　　　　9 月。

E 2008　黃　節著，《詩學》，香港：龍門出版社，1964 年。
　　　　　據民國 19 年北京大學版影印

E 2008　黃炳輝著，《唐詩學史述論》，上海：古籍出版社，
　　　　　2008 年 4 月。

E 2008　蔣寅、張伯偉主編，《中國詩學‧第十二輯》，北京：
　　　　　人民文學出版社，2008 年。

F 1989　陳振濂著，《空間詩學導論》，上海：上海文藝出版
　　　　　社，1989 年 2 月。

F 1990　吳　曉著，《意象符號與情感空間：詩學新解》，北

京：中國社會科學出版社，1990 年。

F 1990　胡曉明著，《中國詩學之精神》，南昌：江西人民出版社，1990 年 5 月。

F 1991　朱壽桐著，《情緒：創造社的詩學宇宙》，上海：上海文藝出版社，1991 年 4 月。

F 1991　韓經太著，《中國詩學與傳統文化精神》，成都：四川人民出版社，1991 年。

F 1992　許結、許永璋著，《老子詩學宇宙》，合肥：黃山書社，1992 年 5 月。

F 1994　吳秀明著，《歷史的詩學》，杭州：浙江人民出版社，1994 年 8 月。

F 1997　孫星群著，《音樂美學之始祖：「樂記」與「詩學」》，北京：北京人民出版社，1997 年 6 月。

F 1997　羅義群編著，《中國苗族詩學》，貴州：貴州民族出版社，1997 年。

F 1998　毛峰著，《神秘主義詩學》，北京：生活、讀書、新知三聯書店，1998 年 11 月。

F 1998　王一川著，《中國形象詩學：1985 至 1995 年文學新潮闡釋》，上海：上海三聯書店，1998 年 1 月。

F 1998　任洪淵著，《墨寫的黃河：漢語文化詩學導論》，北京：北京師範大學出版社，1998 年 5 月。

F 1998　池上嘉彥著，林璋譯，《詩學與文化符號學 ── 從語言學透視》，南京：譯林出版社，1998 年 2 月。

F 1998　張勝冰著，《詩性與理性》，昆明：雲南教育出版社，1998 年。

F 1998　　楊義著，《楚辭詩學》，北京：人民出版社，1998 年
　　　　　10 月。

F 1999　　張曉凌著，《觀念藝術：解構與重建的詩學》，吉林：
　　　　　吉林美術出版社，1999 年 5 月。

F 1999　　葉舒憲主編，《性別詩學》，北京：社會科學文獻出
　　　　　版社，1999 年 9 月。

F 1999　　劉士林著，《中國詩性文化》，南京：江蘇人民出版
　　　　　社，1999 年。

F 2000　　夏忠憲著，《巴赫金狂歡化詩學研究：俄國形式主義
　　　　　研究》，北京：北京師範大學出版社，2000 年 11 月。

F 2000　　朝戈金著，《口傳史詩詩學：冉皮勒〈江格爾〉程式
　　　　　句法研究》，南寧：廣西人民出版社，2000 年 11 月。

F 2000　　鄧新華著，《中國古代接受詩學》，武漢：武漢出版
　　　　　社，2000 年 10 月。

F 2000　　韓經太著，《詩學美論與詩詞美境》，北京：北京語
　　　　　言文化出版社，2000 年。

F 2000　　魏家川著，《審美之維與詩性智慧：中國古代審美詩
　　　　　學闡釋》，北京：首都師範大學出版社，2000 年 8
　　　　　月。

F 2001　　史成芳著，《詩學中的時間概念》，長沙：湖南教育
　　　　　出版社，2001 年 6 月。

F 2001　　張杰著，《心靈之約：中國傳統詩學的文化心理闡
　　　　　釋》，武昌：武漢大學出版社，2001 年 4 月。

F 2001　　曹衛東著，《交往理性與詩學話語》，天津：天津社
　　　　　會科學院出版社，2001 年。

F 2001　蔣　寅著，《中國詩學的思路與實踐》，桂林：廣西師範大學出版社，2001年9月。

F 2001　鄭家建著，《被照亮的世界：故事新編詩學研究》，福州：福建教育出版社，2001年5月。

F 2002　王　南著，《中國詩性文化與詩觀念》，成都：四川民族出版社，2002年。

F 2002　王佑夫著，《中國古代民族詩學初探》，北京：民族出版社，2002年1月。

F 2002　洪忠煌著，《影視劇詩學》，杭州：浙江大學出版社，2002年。

F 2002　許　正著，《詩學拓荒者》，北京：中國文聯出版社，2002年。

F 2002　黎　風著，《審美心理與詩學論題》，成都：四川大學出版社，2002年。

F 2002　蘇桂寧著，《宗法倫理精神與中國詩學》，上海：上海三聯書店，2002年6月。

F 2003　毛宣國著，《中國美學詩學研究》，長沙：湖南師範大學出版社，2003年。

F 2003　李咏吟著，《詩學解釋學》，上海：上海人民出版社，2003年。

F 2003　侯　敏著，《有根的詩學：現代新儒家文化詩學研究》，上海：上海人民出版社，2003年12月。

F 2003　祖國頌著，《敘事的詩學》，合肥：安徽大學出版社，2003年11月。

F 2003　張閎著，《聲音的詩學》，北京：中國人民大學出版

社，2003 年 10 月。

F 2004　北京師範大學文藝學研究中心編，《文化與詩學》，
　　　　上海：上海人民出版社，2004 年 2 月。

F 2004　唐小林著，《看不見的簽名：現代漢語詩學與基督
　　　　教》，北京：中國社會科學出版社，2004 年 10 月。

F 2004　潘嘯龍，蔣立甫著，《詩騷詩學與藝術》，上海：上
　　　　海古籍出版社，2004 年 5 月。

F 2004　鄭敏著，《思維文化詩學》，鄭州：河南人民出版社，
　　　　2004 年。

F 2005　王一川著，《興辭詩學片語》，濟南：山東友誼出版
　　　　社，2005 年 1 月。

F 2005　王柯平著，《理想國的詩學研究》，北京：北京大學
　　　　出版社，2005 年 8 月。

F 2005　胡和平著，《模糊詩學》，北京：社會科學文獻出版
　　　　社，2005 年 8 月。

F 2005　許霆著，《中國現代主義詩學論稿》，上海：上海文
　　　　化出版社，2005 年。

F 2005　陳太勝著，《象徵主義與中國現代詩學》，北京：北
　　　　京大學出版社，2005 年 11 月。

F 2005　楊莉馨著，《異域性與本土化：女性主義詩學在中
　　　　國的流變與影響》，北京：北京大學出版社，2005
　　　　年 10 月。

F 2005　劉介民著，《道家文化與太極詩學：老子、莊子藝術
　　　　精神》，廣州：廣東人民出版社，2005 年 8 月。

F 2005，劉光耀著，《詩學與時間：神學詩學導論》，上海：

三聯書店，2005 年。

F 2005　劉成紀、劉士林著，《青山道場：莊禪與中國詩學精神》，北京：東方出版社，2005 年 3 月。

F 2005　劉進才著，《京派小說詩學研究》，開封：河南大學出版社，2005 年 12 月。

F 2005　鄭家建著，《歷史向自由的詩意敞開：故事新編詩學研究》，上海：上海三聯出版社，2005 年 8 月。

F 2005　鄭振偉著，《意識‧神話‧詩學：文本批評的尋索》，北京：中國社會科學出版社，2005 年 3 月。

F 2005　謝應光著，《中國現代詩學發生論》，北京：中國文聯出版社，2005 年 6 月。

F 2006　王傑著，《魯迅的文化詩學》，北京：中國社會科學出版社，2006 年 4 月。

F 2006　沈金耀著，《魯迅雜文詩學研究》，福州：福建教育出版社，2006 年 12 月。

F 2006　周薇著，《傳統詩學的轉型：陳衍人文主義詩學研究》，上海：上海三聯書店，2006 年 8 月。

F 2006　高迎剛著，《馬一浮詩學思想研究》，濟南：齊魯書社，2006 年 6 月。

F 2006　張邦衛著，《媒介詩學：傳媒視野下的文學與文學理論》，北京：社會科學文獻出版社，2006 年 8 月。

F 2006　許龍著，《錢鍾書詩學思想研究》，北京：中國社會科學出版社，2006 年 3 月。

F 2006　劉小楓、陳少明主編，《詩學解詁》，北京：華夏出版社，2006 年 10 月。

F 2006　劉介民著，《原典文本詩學探索》，銀川：寧夏人民出版社，2006 年 5 月。

F 2006　戴武軍著，《中國古代文人人生方式與詩學特色》，廣州：廣東人民出版社，2006 年 4 月。

F 2006　瞿明剛著，《三峽詩學》，濟南：齊魯書社，2006 年 12 月。

F 2007　方錫球著，《從傳統到現代：人文立場與詩學關懷》，合肥：安徽教育出版社，2007 年 12 月。

F 2007　王志清著，《中國詩學的德本精神研究》，濟南：齊魯書社，2007 年 7 月。

F 2007　王志清著，《盛唐生態詩學》，北京：北京大學出版社，2007 年 4 月。

F 2007　吳投文著，《沈從文的生命詩學》，北京：人民出版社，2007 年 12 月。

F 2007　孟澤著，《王國維魯迅詩學互訓》，北京：九州出版社，2007 年 9 月。

F 2007　翁禮明著，《禮樂文化與詩學話語》，成都：巴蜀書社，2007 年 10 月。

F 2007　郝慶軍著，《詩學與政治：魯迅晚期雜文研究 1933-1936》，北京：文化藝術出版社，2007 年 2 月。

F 2007　賀昌盛著，《象徵：符號與隱喻：漢語象徵詩學的基本型構》，南京：南京大學出版社，2007 年 4 月。

F 2008　朱巧雲著，《跨文化視野中的葉嘉瑩詩學研究》，北京：中國社會科學出版社，2008 年 11 月。

F 2008　朱純深著，《翻譯探微：語言‧文本‧詩學》，南京：

譯林出版社，2008 年 2 月最新增訂版。

F 2008　吳錫民著，《接受與闡釋：意識流小說詩學在中國（1979-1989）》，北京：中國社會科學出版社，2008 年 3 月。

F 2008　黃寶生譯，《梵語詩學論著彙編》，北京：崑崙出版社，2008 年 1 月。

F 2008　蔡華著，《巴赫金詩學視野中的陶淵明詩歌英譯：復調的翻譯現實》，蘇州：蘇州大學出版社，2008 年 8 月。

F 2008　鄧新華著，《中國古代詩學解釋學研究》，北京：中國社會科學出版社，2008 年 1 月。

F 2008　黎志敏著，《詩學構建：形式與意象》，北京：人民出版社，2008 年。

G 1991　呂進著，《中國現代詩學》，重慶：重慶出版社，1991 年 12 月。

G 1993　任洪淵著，《女媧的語言：詩與詩學合集》，北京：中國友誼出版社，1993 年 9 月。

G 1995　張考評著，《中國當代詩學論》，西安：西北大學出版社，1995 年 3 月。

G 1998　陳聖生著，《現代詩學》，北京：社會科學文獻，1998 年。

G 2000　於可訓著，《現代詩學》，長沙：湖南人民出版社，2000 年。

G 2000　於可訓著，《當代詩學》，長沙：湖南人民出版社，2000 年 11 月。

G 2000　陳衛著，《聞一多詩學論》，桂林：廣西師範大學出版社，2000 年。

G 2000　陸耀東主編，《現代詩學》，長沙：湖南人民出版社，2000 年。

G 2000　龍泉明、鄒建軍著，《現代詩學》，長沙：湖南人民出版社，2000 年 11 月。

G 2001　唐曉渡著，《唐曉渡詩學論集》，北京：中國社會科學出版社，2001 年。

G 2002　王家新著，《沒有英雄的詩：王家新詩學論文隨筆集》，北京：中國社會科學出版社，2002 年。

G 2002　謝冕、吳思敬主編，《字思維與中國現代詩學》，天津：天津社會科學院出版社，2002 年。

G 2003　伍世昭著，《郭沫若早期心靈詩學》，上海：上海文藝出版社，2003 年 8 月。

G 2004　張晶著，《詩學與美學的感悟：張晶自選集》，北京：北京廣播學院出版社，2004 年。

G 2005　沈奇著，《沈奇詩學論集》，北京：中國社會科學出版社，2005 年 8 月。

H 1930　曹順慶著，《中西比較詩學》，北京：北京出版社，1930 年。

H 1991　黃藥眠，童慶炳主編，《中西比較詩學體系》，北京：人民文學出版社，1991 年 9 月。

H 1992　狄兆俊著，《中英比較詩學》上海：上海外語教育出版社，1992 年 8 月。

H 1992　葉維廉著，《中國詩學》，北京：生活、讀書、新知

　　　　　三聯書店，1992 年。

H 1998　楊乃喬著，《悖立與整合：東方儒道詩學與西方詩學的本體論、語言論比較》，北京：文化藝術出版社，1998 年 9 月。

H 1999　余虹著，《中國文論與西方詩學》，北京：生活、讀書、新知三聯書店，1999 年 8 月。

H 2000　王曉路著，《中西詩學對話：英語世界的中國古代文論研究》，成都：巴蜀書社，2000 年 3 月。

H 2000，饒芃子著，《比較詩學》，西安：陝西師範大學出版社，2000 年。

H 2002　楊乃喬著，《比較詩學與他者視域》，北京：學苑出版社，2002 年 11 月。

H 2003　王文斌著，《中西詩學交匯中的戴望舒》，合肥：安徽教育出版社，2003 年 8 月。

H 2003　賴干堅著，《二十世紀中西比較詩學》，南昌：百花洲文藝出版社，2003 年 10 月。

H 2003　賴干堅著，《中國現當代文論與外國詩學》，廈門：廈門大學出版社，2003 年 4 月。

H 2004　劉介民著，《中國比較詩學》，廣州：廣東高等教育版社，2004 年 2 月。

H 2004　鍾華著，《從逍遙遊到林中路：海德格爾與莊子詩學思想比較》，北京：華齡出版社、中國社會科學出版社，2004 年 10 月。

H 2005　陳躍紅著，《比較詩學導論》，北京：北京大學出版社，2005 年 2 月。

H 2006　郁龍余等著,《中國印度詩學比較》,北京:崑崙出版社,2006 年 10 月。

H 2006　高旭東著,《跨文化的文學對話:中西比較文學與詩學新論》,北京:中華書局,2006 年 4 月。

H 2006　楊乃喬著,《東西方比較詩學:悖立與整合》,北京:文化藝術出版社,2006 年 7 月。

H 2006　劉聖鵬著,《葉維廉比較詩學研究》,濟南:齊魯書社,2006 年 12 月。

H 2006　謝耀文著,《中國詩歌與詩學比較研究》,廣州:暨南大學出版社,2006 年 11 月。

H 2007　周珏良,《構設普遍詩學:周珏良比較文學論集》,北京:外語教學與研究出版社,2007 年 6 月。

H 2007　葉維廉著,《中國詩學》增訂版,北京:人民文學出版社,2007 年 9 月。

H 2008　曹順慶著,《中西比較詩學史》,成都:巴蜀書社,2008 年 8 月。

H 2008　譚桂林著,《本土語境與西方資源:現代中西詩學關係研究》,北京:人民文學出版社,2008 年 4 月。

....

1920　阮瑜著,《詩學逢原》二卷,東京:文會堂出版社,1920 年。

1999　夏紹堯著,《詩學漫談》,美國:撰者印行,1999 年。

參 考 書 目

第一章

一、詩學論著

毛　峰著,《神秘詩學》,臺北:揚智出版社,1997 年 1 月第
　　一版。

王　進著,〈從社會批判到文化祛魅:文化唯物論視角下的文
　　化詩學批評〉,《雲南社會科學》,2009 年 2 期,頁
　　150-153。

王　進著,〈通向一種文化詩學:新歷史主義批評的研究綜
　　述〉,《西安外事學院學報》,3 卷 4 期,2007 年,頁
　　32-36。

王岳川著,〈重寫文學史與新歷史精神〉,《當代作家評論》,
　　1999 年 6 期)

王岳川著,〈海登懷特的新歷史主義理論〉,《天津社會科學》,
　　1997 年 3 期)

王岳川著,〈新歷史主義:話語與權力之維〉,《益陽師專學
　　報》,1999 年 1 期)

王岳川著,〈新歷史主義的文化詩學〉,《北京大學學報》,1997
　　年 3 期)

王岳川著,〈新歷史主義的理論盲區〉,《廣東社會科學》,1999
　　　　年 4 期)

王岳川著,〈新歷史主義的理論意向〉,《山花》,1998 年 12
　　　　期)

王岳川著,〈歷史與文本的張力結構〉,《人文雜誌》,1999 年
　　　　4 期)

王岳川著,《後殖民主義與新歷史主義文論》,濟南:山東教
　　　　育出版社,1999 年。

王靖宇著,〈西學中用－重讀劉若愚先生《中國詩學》有感〉,
　　　　《中國文哲研究通訊》,18 卷 3 期,頁 1-8。

代　迅著,〈跨文化比較詩學何處去？ —— 評曹順慶《跨文化
　　　　比較詩學論稿》〉,《文藝研究》,2008 年 6 期,頁
　　　　117-124。

甘　玲著,〈批判與架構 —— 試論中西比較詩學方法論〉,《當
　　　　代文壇》,2007 年 1 月,頁 56-58。

朱光潛著,《詩論》,臺北:漢京文化出版公司,1983 年。

克里夫‧湯姆遜著,姜靖譯,〈巴赫金的對話詩學〉,《國外文
　　　　學》,1994 年 2 期,頁 59-64、28。

吳有能著,《對比的視野 —— 當代港臺哲學論衡》,臺北:駱
　　　　駝出版社,2001 年。

沈清松著,《現代哲學論》,臺北:黎明文化事業公司,1985
　　　　年 8 月。

沈清松著,《詮釋與創造:傳統中華文化及其未來發展》,臺
　　　　北:聯合報文化基金會,1995 年 1 月。

狄兆俊著,《中英比較詩學》,上海:上海外語出版社,1992

年。

林淑貞著，《近五十年臺灣地區古典詩學研究概況 —— 以
　　　1949-2006 年碩博士論文為觀察範疇》，臺北，花木
　　　蘭文化出版社，2007 年 3 月。

胡金望主編，《走向文化詩學・第二輯・文化詩學的理論與實
　　　踐研究》，北京：中國社會科學出版社，2004 年 11
　　　月。

胡曉明著，〈被放逐的詩學〉，《中文自學指導》，2004 年 3 期，
　　　頁 23-26。

胡曉明著，《中國詩學之精神》（東方文化叢書），南昌：江西
　　　人民出版社，1990 年 5 月第一版，1993 年 9 月初版
　　　二刷。

孫康宜、孟華主編，《比較視野中的傳統與現代》，北京：北
　　　京大學出版社，2007 年 1 月。

袁行霈、孟二冬、丁放著，《中國詩學通論》，合肥：安徽教
　　　育出版社，1994 年 12 月第一版。

張　進著，《新歷史主義與歷史詩學》，北京：社會科學出版
　　　社，2004 年。

張京媛編，《新歷史主義的文學批評》，北京：北京大學出版
　　　社，1993 年。

盛　寧著，〈「理論熱」的消退與文學理論研究的出路〉，《南
　　　京大學學報》，2007 年 1 期，頁 57-71。

盛　寧著，《新歷史主義》，臺北：揚智出版社，1995 年。

陳旭光著，《詩學：理論與批評 1996 年卷・理論》，天津：百
　　　花文藝出版社，1996 年 12 月第一版，1997 年 3 月

初版二刷。

陶水平著,〈審美詩學與文化研究的雙重整合 ── 童慶炳與當代中國文化詩學研究〉,《廊坊師範學院學報》,25卷1期,2009年2月,頁1-6。

傅潔琳著,〈西方馬克思主義視域中的文化詩學 ── 試析格林布拉特新歷史主義與文化詩學的理論構架〉,《馬克思主義與當代思潮》,2008年5期,頁11-16。

童慶炳、馬興國著,〈文化詩學芻議〉,《北京師範大學學報》,2001年3期,頁23-24。

童慶炳著,〈中西比較文論視野中的文化詩學〉,《文藝研究》,1999年4期,頁33-35。

童慶炳著,〈文化詩學:宏觀視野與微觀視野的結合〉,《甘肅社會科學》,2008年6期,頁132-135。

童慶炳著,〈文化詩學 ── 文學理論的新格局〉,《東方叢刊》2006年1期,頁30-38。

童慶炳著,〈文化詩學作為文學理論的新構想〉,《陝西師大學報》2006年1期,頁5-9。

童慶炳著,〈文化詩學的學術空間〉,《東南學術》,1999年5期,頁8-11。

童慶炳著,〈再談文化詩學〉,《暨南學報》,2004年2期,頁76。

童慶炳著,〈植根於現實土壤的文化詩學〉,《文學評論》,2001年6期,頁35-40。

童慶炳著,〈新理性精神與文化詩學〉,《東南學術》,2002年2期,頁45-47。

黃　節著，《詩學》，北京：國立北京大學出版部排印本，1922
　　　年。

翟恒興、蔡秀芳著，〈歷史詩學：一束綻放於歷史領域的文學
　　　批評之花 —— 兼論「歷史詩學」與「文化詩學」之
　　　不同〉，《浙江海洋學院學報》，25 卷 2 期，2008 年
　　　6 月，頁 42-46。

赫施（Eric Donald Hirsch）著，王才勇譯，《解釋的有效性》，
　　　北京：三聯書店，1991 年。

劉若愚（James J. Y. Liu）著，杜國清譯，《中國詩學》，臺北：
　　　幼獅文化公司，1977 年 6 月中文第一版。

劉若愚著，杜國清譯，《中國文學理論》，臺北：聯經出版事
　　　業公司，1981 年 9 月中文第一版。（原題 Chinese
　　　Theories of Literature，根據芝加哥大學出社版 1975
　　　年版譯出）

蔣　寅著，《中國詩學的思路與實踐》，廣西：廣西師範大學
　　　出版社，2001 年。

蔣金運、席秋香著，〈文化轉型與中西比較詩學研究〉，《外語
　　　與外語教學》，2008 年 11 期，頁 50-53。

蔣述卓、閆月珍著，〈八十年代以來中國古典文論文化學研究
　　　的成就〉，《文學遺產》，2001 年 4 期，頁 101-110。

蔣述卓、閆月珍著，〈對中國文學批評及古代文論研究方法的
　　　反思〉，《中山大學學報》，41 卷 2 期，2001 年，頁
　　　21-29。

蔣述卓、塗昊著，〈不斷走向現代形態的文學社會學 —— 新時
　　　期文學社會學研究述評〉，《文藝爭鳴》，2004 年 4

期，頁 22-26。

蔣述卓著，〈中國古典詩歌理論批評研究的新發展〉，《暨南學報》，24 卷 2 期，2002 年 3 月，頁 8-17。

蔣述卓著，〈多維視野中古代文論的現代轉換〉，《浙江大學學報》，36 卷 1 期，2006 年，頁 8-25。

蔣述卓著，〈跨學科交叉對文藝學開拓與創新的推進〉，《暨南學報》，26 卷 2 期，2004 年，頁 78。

蔣述卓著，〈論王元化「綜合研究法」的文化詩學意義〉，《湖南師範大學社會科學學報》，32 卷 6 期，2003 年 11 月，頁 89-93。

蔣述卓著，《在文化的觀照下》，湛江：廣東人民出版社，1997 年 12 月第一版。

蔣祖怡、陳志椿主編，《中國詩話辭典》，北京：北京出版社，1996 年 1 月第一版。

蕭華榮著，《中國詩學思想史》，上海：華東師範大學出版社，1996 年 4 月第一版。

錢志熙著，〈"詩學"一詞的傳統涵義、成因及其在歷史上的使用情況〉，首都師範大學中國詩歌研究中心編，《中國詩歌研究》，第 1 輯，北京：中華書局，2002 年。

譚　佳著，〈中西比較詩學研究的瓶頸現象及反思〉，《文學評論》，2005 年 6 期，頁 166-171。

譚　帆著，《傳統文藝思想的現代詮釋》，上海：上海社會科學院出版社，1995 年 6 月第一版。

二、比較文學專著

王曉路著，《西方漢學界的中國文論研究》，成都：巴蜀書社，
　　2003 年 1 月。

曹順慶主編，《中西比較詩學史》，成都：巴蜀書社，2008 年
　　8 月。

辜正坤著，《中西詩比較鑒賞與翻譯理論》，北京：清華大學
　　出版社，2003 年 7 月。

黃維樑著，《中國詩學縱橫論》，臺北：洪範出版社，1977 年。

楊乃喬、伍曉明主編，《比較文學與世界文學》，北京：北京
　　大學出版社，2005 年 8 月。

楊乃喬編，《比較文學概論》，北京：北京大學出版社，2002
　　年 6 月。

葉　潮著，《文化視野中的詩歌》，成都：巴蜀書社，1997 年
　　5 月第一版。

葉維廉著，《比較詩學 —— 理論架構的探討》（比較文學叢
　　書；1），臺北：東大圖書公司，1983 年 2 月第一版。

鄭樹森著，《文學理論與比較文學》（學術叢書；61），臺北：
　　時報文化出版公司，1982 年 11 月第一版，1986 年
　　10 月初版二刷。

鄭樹森著，《從現代到當代》（三民叢刊；68），臺北：三民書
　　局，1994 年 2 月第一版。

鄧時忠著，《大陸臺港比較文學理論研究》，成都：巴蜀書社，
　　2006 年 7 月。

嚴紹璗、陳思和主編，《跨文化研究：什麼是比較文學》，北

京：北京大學出版社，2007 年 2 月。

蘇其康著，《文學、宗教、性別和民族 —— 中古時代的英國、中東、中國》，臺北：聯經出版事業公司，2005 年 3 月。

三、哲學及中譯專著

亞里斯多德著，陳中梅譯，《詩學》，北京：商務印書館，1996 年。

柏拉圖著，郭斌和、張竹明譯，《理想國》，北京：商務印書館，1995 年。

嚴　平著，《高達美》，臺北：東大圖書公司，1997 年 4 月第一版。

四、辭　典

田　運編，《思維辭典》，杭州：浙江教育出版社，1996 年 3 月初版，1998 年 4 月二刷。

張碧波主編，《中國詩學辭典》，大連：哈爾濱出版社，1992 年 8 月第一版。

傅璇琮主編，《中國詩學大辭典》，杭州：浙江教育出版社，1999 年。

中國社會科學院語言研究所詞典編輯室編，《現代漢語詞典》，北京：商務印書館，1983 年第二版。

漢語大詞典編輯委員會、漢語大詞典編纂處編，《漢語大詞典》，北京：漢語大詞典出版社，1994 年初版。

羅　洛主編，《詩學大辭典‧中國詩歌卷》，合肥：安徽文藝

出版社，1995 年 10 月。

樂黛雲、葉朗、倪培耕主編，《世界詩學大辭典》，瀋陽：春
　　風文藝出版社，1993 年 1 月。

五、外文著作

Hans-Georg Gadamer, *Truth and Method*, New York: Seabur
　　Press, 1975.

第二章

一、古籍及古籍重排本

（南朝宋）范曄，《後漢書》，臺北：鼎文書局，1979 年 12
　　月，1986 年 10 月。

（唐）皎然著，周維德校注，《詩式校注》，杭州：浙江古籍
　　出版社，1993 年 10 月。

（唐）劉禹錫著，《劉禹錫集》，北京：中華書局，1990 年 3
　　月。

（宋）惠洪，《冷齋夜話》，《四庫全書》子部雜家類雜說，臺
　　北：臺灣商務印書館，1989 年。

（宋）贊寧著，《宋高僧傳·道標傳》，臺北：文津出版社，
　　1991 年 8 月。

（明）胡震亨著，《唐音癸籤》，臺北：木鐸出版社，1982 年
　　7 月。千

（日）空海著，王利器校注，《文鏡秘府論》，北京：中國社

會科學出版社，1983 年 7 月。

《全唐文》，上海：上海古籍出版社，清嘉慶十三年董誥刊本。

《全唐詩》，臺北：文史哲出版社，影印中華書局標點本。

《四分律》，《大正藏》第二十二冊律部二，臺北：新文豐出
　　　版公司，1983 年 1 月。

《根本說一切有部毘奈耶雜事》，《大正藏》第二十四冊律部
　　　三，臺北：新文豐出版公司，1983 年 1 月。

二、文學研究論著

蔡源煌著，《從浪漫主義到後現代主義 ── 文學術語新詮》，
　　　臺北：雅典出版社，1987 年 12 月，1998 年 3 月。

徐復觀著，《中國文學論集續篇》，臺北：臺灣學生書局，1981
　　　年 10 月。

彭雅玲著，〈皎然意境論的內涵與意義 ── 從唯識學的觀點
　　　分析〉《佛學研究中心學報》，第六期（2001 年 6
　　　月），頁 181-211。

賈晉華著，《皎然年譜》，廈門：廈門大學出版社，1992 年 8
　　　月。

亞里斯多德‧賀拉斯著，羅念生、楊周翰譯，《詩學／詩藝》，
　　　北京：人民文學出版社，1962 年 12 月，2000 年 5
　　　月。

葉嘉瑩著，《迦陵談詩》第二輯，臺北：三民書局，1970 年 4
　　　月，1991 年 8 月。

張伯偉著，《禪與詩學》，杭州：浙江人民出版社，1992 年 9
　　　月，1993 年 10 月。

郭紹虞主編，《中國歷代文論選》（一卷本），上海：上海古籍
　　出版社，1979 年。

郭紹虞主編，《中國歷代文論選》（上中下），臺北：木鐸出版
　　社影印本，1981 年。

三、佛學研究論著

曹仕邦著，《中國沙門外學的研究 —— 漢末至五代》，臺北：
　　東初出版社，1994 年 11 月，1995 年 5 月。

釋昭慧著，《如是我思》，臺北：東初出版社，1989 年 9 月，
　　1990 年 6 月。

第三章

一、惠洪著作

（宋）惠洪著，《林間錄》，《明版嘉興大藏經》第二十三冊，
　　臺北：新文豐出版公司，1978 年影印。

（宋）惠洪著，《禪林僧寶傳》，影印《明版嘉興大藏經》第
　　二十冊臺北：新文豐出版公司，1978 年。

（宋）惠洪著，《冷齋夜話》，《四庫全書》子部雜家類雜說、
　　《津逮秘書》本、1988 年陳新點校本、2002 年張伯
　　偉編校《稀見本宋人詩話四種》本。

（宋）惠洪著，《石門文字禪》，《四庫全書》集部別集類、《四
　　部叢刊初編》第五十六冊（影印江南圖書館藏明徑

山寺本）、《明版嘉興大藏經》影印常州天寧寺 1921
年刻本。

二、其他古籍

（南朝宋）求那跋陀羅譯，《楞伽阿跋多羅寶經》，金陵刻經
　　　處重印同治九年本。

（唐）淨覺著，《楞伽師資記》，《大正藏》第五十一冊，臺北：
　　　新文豐出版公司，1983 年 1 月。

（唐）惠能著，郭朋點校，《壇經校釋》，北京：中華書局，
　　　1983。

（宋）祖琇著，《僧寶正續傳》，（清）張文嘉校定《續藏經》
　　　第壹輯第貳編第十套第四冊，1925 年上海涵芬樓影
　　　印《日本續藏經》本。

（宋）普濟著，《五燈會元》，北京：中華書局點校本，1984
　　　年 10 月，1992 年 11 月。卷 17。

（宋）道謙著，《大慧普覺禪師宗門武庫》，《大正藏》，第四
　　　十冊，臺北：新文豐出版公司，1983 年 1 月。

（宋）劉克莊著，《後村先生大全集》，《四部叢刊初編》本。

（宋）曉瑩著，《羅湖野錄》，（清）張文嘉校定《續藏經》第
　　　壹輯第貳編第十五套第五冊，1925 年上海涵芬樓影
　　　印《日本續藏經》本。

（元）念常著，《佛祖歷代通載》，《大正藏》第四十九冊，臺
　　　北：新文豐出版公司，1983 年 1 月。

（元）脫脫著，《宋史》，北京：中華書局，1977 年。

（清）厲鶚著，《宋詩記事》，上海：上海古籍出版社，1983

年。

（清）陳衍評點，曹中孚校注，《宋詩菁華錄》，成都：巴蜀
　　書社，1992年。

三、文學及佛學文學研究

周裕鍇著，《中國禪宗與詩歌》，上海：上海人民出版社，1992
　　年7月。

周裕鍇著，《文字禪與宋代詩學》，北京：高等教育出版社，
　　1998年11月。

索緒爾著，《普通語言學教程》，北京：商務印書館，1980年，
　　1996年。

袁行霈著，〈詩與禪〉，《佛教與中國文化》，北京：中華書局，
　　1988年10月。

彭雅玲著，《唐代詩僧的創作論研究》，國立政治大中文研究
　　所博士論文，1999年6月。

黃景進著，〈韓駒詩論－兼論換骨、中的、活法、飽參〉，《宋
　　代文學研究叢刊》，二期，高雄：麗文文化事業公司，
　　1996年9月，頁296-298。

劉正忠著，〈惠洪「文字禪」初探〉，《宋代文學究叢刊》，2
　　期，高雄：麗文文化事業公司，1996年9月，頁
　　273-283。

歐陽炯著，《呂本中研究》，臺北：文史哲出版社，1992年6
　　月。

龔鵬程著，《江西詩社宗派研究》，臺北：文史哲出版社，1983
　　年10月。

陳自力著，《釋惠洪研究》，北京：中華書局，2005 年 8 月。

周裕鍇著，《禪宗語言》，杭州：浙江人民出版社，1999 年 12
　　月。

林湘華著，《禪宗與宋代詩學理論》，臺北：文津出版社，2002
　　年 2 月。

四、佛學研究

（日）阿部肇一著，關世謙譯，《中國禪宗史－南宗禪成立以
　　後的政治社會史的考證》，臺北：東大圖書公司，1988
　　年 7 月。

黃啟方著，〈釋惠洪五考〉，《中外文學》，23 卷 4 期，1994
　　年 9 月，頁 195-205。

黃啟江著，《北宋佛教史論稿》，臺北：商務印書館，1997 年。

黃啟江著，〈僧史家惠洪與其「禪教合一觀」（上）（下）〉，《大
　　陸雜誌》，82 卷 4-5 期，1991 年 4-5 月。

第四章

一、文學及佛學古籍

（東晉）鳩摩羅什譯，《金剛般若波羅蜜經》，收在《大正藏》
　　第八冊「般若部」四，頁 752 中。

（印度）龍樹著，鳩摩羅什譯，《中論》卷四，《大正藏》第
　　三十冊「中觀部」，頁 33 中。

（唐）玄奘譯，《成唯識論》，《大正藏》，三十一冊瑜伽部下，
　　臺北：新文豐出版公司，1983 年 1 月。

（唐）皎然，李壯鷹校注，《詩式校注》，濟南：齊魯書社，
　　1986 年 3 月，1987 年 7 月。

（唐）皎然，周維德校注，《詩式校注》，杭州：浙江古籍出
　　版社，1993 年 10 月。

（唐）劉禹錫著，卞孝萱校訂，《劉禹錫集》，北京：中華書
　　局，1990 年 3 月。

《全唐文》，上海：上海古籍出版社，清嘉慶十三年董誥刊本。

《全唐詩》，臺北：文史哲出版社，影印中華書局標點本。

（日）空海著，王利器校注，《文鏡秘府論》，北京：中國社
　　會科學出版社，1983 年 7 月。

二、文學、文學理論

（日）興膳宏，〈王昌齡的創作論〉，收入《日本學者中國文
　　學研究譯叢》第五輯，長春：吉林出版社，1990 年
　　3 月。

王夢鷗著，《古典文學論探索》，臺北：正中書局，1984 年 2
　　月。

朱立元主編，《當代西方文藝理論》，上海：華東師範大學出
　　版社，1997 年 6 月。

南開大學中文系古典文學教研室主編，《意境縱橫探》，天津：
　　南開大學，1986 年 10 月。

胡經之主編，《西方文藝理論名著教程》，北京：北京大學出
　　版社，1989 年 11 月，1991 年 12 月。

英伽登著，陳燕谷等譯，《文學的藝術作品》，臺北：商鼎文
　　化出版，1991 年 12 月。

夏昭炎著，《意境概說 —— 中國文藝美學範疇研究》，北京：
　　北京廣播學院出版社，2003 年 4 月。

張伯偉著，《全唐五代詩格校考》，西安：陝西人民教育出版
　　社，1996 月。

黃景進著，〈王昌齡的意境論〉，《中國文學理論與批評論文
　　集》，臺北：新文豐出版公司，1995 年 10 月。

黃景進著，〈唐代意境論初探 —— 以王昌齡、皎然、司空圖為
　　主〉，《美學與文學》第二集，頁 158。

黃景進著，《意境論的形成 —— 唐代意境論研究》，臺北：臺
　　灣學生書局，2004 年 9 月。

蔡源煌著，《從浪漫主義到後現代主義 —— 文學術語新詮》，
　　臺北：雅典出版社，1987 年 12 月初版，1998 年 3
　　月再版。

閻采平著，〈近十年來意境研究述要〉，《北京大學研究生學
　　刊》，1990 年 4 期。

羅宗強著，《隋唐五代文學思想史》，上海：上海古籍出版社，
　　1986 年 8 月。

羅根澤著，《中國文學批評史》，臺北：學海出版社，1980 年
　　9 月。

三、文學與佛教、心理學

王文宏著，《現代心理學與文學》，長春：吉林教育出版社，
　　1994 年 12 月。

孫昌武著，《佛教與中國文學》，上海：上海人民出版社，1988
　　年8月，1991年2月。

孫昌武著，《唐代文學與佛教》，西安：陝西人民出版社，1985
　　年8月。

莊耀嘉著，《馬斯洛 —— 人本心理學之父》，臺北：桂冠圖書
　　公司，1990年2月。

彭雅玲著，〈皎然意境論的內涵與意義 —— 從唯識學的觀點分
　　析〉，《佛學研究中心學報》第六期，2001年6月，
　　頁181-211。

趙杏銀著，《佛教與文學的交會》，臺北：臺灣學生書局，2004
　　年11月。

劉楚華主編，《唐代文學與佛教》，香港：中華書局，2004年
　　5月。

四、佛學研究

（日）高崎直道等著，李世傑譯，《唯識思想》（《世界佛學
　　名著譯叢》第六十七冊，臺北：華宇出版社，1985
　　年12月）。

印　順著，《唯識學探源》，《妙雲集》中編之三，臺北：正聞
　　出版社，1987年。

吳汝鈞著，《印度佛學的現代詮釋》，臺北：文津出版社，1994
　　年6月。

呂　澂著，〈略述經部學〉，《現代佛學》，1955年12期。

呂　澂著，《中國佛學源流略講》臺北：里仁書局，1985年。

呂　澂著，《印度佛學源流略講》，臺北：彌勒出版社，1982

年。

熊十力著，《佛家名相通釋》，上海：東方出版中心，1996 年。

齊明非著，《唯識無境理論探析 —— 以成唯識論為中心之研究》，政治大學哲學研究所碩士論文，1996 年 5 月。

第五章

一、王夫之著作

王夫之著，《周易外傳》，《船山全書》第 1 冊，湖南：岳麓書社，1988 年。

王夫之著，《詩廣傳》，《船山全書》第 3 冊，湖南：岳麓書社，1988 年。

王夫之著，《思問錄》，《船山全書》第 12 冊，湖南：岳麓書社，1988 年。

王夫之著，《相宗絡索》，《船山全書》第 13 冊，湖南：岳麓書社，1988 年。

二、研究王夫之論著

吳立民、徐蓀銘著，《船山佛道思想研究》，長沙：湖南出版社，1992 年 10 月。

陶水平著，《船山詩學研究》，北京：中國社會科學出版社，2001 年 6 月。

楊松年著，《王夫之詩論研究》，臺北：文史哲出版社，1986 年 10 月。

劉衛林著，〈王夫之詩學現量說與中唐詩境學說的關涉〉，《文學與宗教 —— 孫昌武教授七十華誕紀念文集》，北京：宗教文化出版社，2007 年 8 月，頁 568-582。

蔡英俊著，《比興物色與情景交融》，臺北：大安出版社，1986年。

蕭　馳著，《中國抒情傳統》，上海：上海古籍出版社，2003年 6 月。

蕭　馳著，《抒情傳統與中國思想 —— 王夫之詩學發微》，臺北：允晨文化公司，1999 年 1 月。

譚承耕著，《船山詩論及創作研究》，長沙：湖南出版社，1992年 10 月。

三、佛學及詩學專著

吳汝鈞著，《印度佛學的現代詮釋》，臺北：文津出版社，1994年 6 月。

吳汝鈞著，《佛教思想大辭典》，臺北：臺灣商務印書館，1992年。

吳汝鈞著，《唯識現象學》，臺北：臺灣學生書局，2002 年。

李世英、陳永雲著，《清代詩學》，長沙：湖南人民出版社，2000 年 11 月。

杜松柏著，《禪學與唐宋詩學》，臺北：黎明文化事業公司，1980 年。

沈劍英著，《因明學研究》，上海：中國大百科全書出版社，1985 年。

周裕鍇著，《文字禪與宋代詩學》，北京：高等教育出版社，

1998 年 11 月。

張伯偉著，《禪與詩學》，杭州：浙江人民出版社，1996 年。

陳　那著，《因明正理門論》，《大正藏》第三十二冊，臺北：新文豐出版公司，1983 年 1 月。

橫山紘一著、許洋主譯，《唯識思想入門》，臺北：東大圖書公司，2002 年 5 月。

韓廷傑著，《唯識學概論》，臺北：文津出版社，1993 年 8 月。

釋印順著，《唯識學探源》，臺北：正聞出版社，2000 年。

釋昭慧著，《初期唯識思想：瑜珈行派形成之脈胳》，臺北，法界出版社，2001 年。

龔鵬程著，《詩史本色與妙悟》，臺北：臺灣學生書局，1993 年。

四、美學專著

朱光潛著，《文藝心理學》，臺北，臺灣開明書局，1988 年。

朱光潛著，《西方美學家論美與美感》，臺北：漢京文化公司，1984 年 4 月。

李澤厚、劉綱紀著，《中國美學史》，合肥：安徽文藝出版社，1999 年。

李醒塵著，《西方美學史教程》，臺北：淑馨出版社，1996 年。

易中天著，《破門而入 —— 美學的問題與歷史》，上海：復旦大學出版灶，2005 年 1 月。

敏　澤著，《中國美學思想史》（濟南：齊魯書社，1989 年 8 月。

童慶炳著，《中國古代心理詩學與美學》，臺北：萬卷樓圖書

公司，1994 年 8 月。

葉　朗著，《中國美學史》，臺北：文津出版社，1996 年。

葉　朗著，《中國美學史大綱》，臺北：滄浪書局，1986 年 9
　　月。

樊美筠著，《中國傳統美學的當代闡釋》，北京：中國社會科
　　學出版社，1997 年 12 月。

第六章

一、徐復觀著作（依出版時間）

徐復觀譯，荻原朔太郎《詩的原理》，臺北：臺灣學生書局，
　　1989 年 1 月修訂三版。

徐復觀著，《中國人性論史》，臺北：商務印書館，1963 年初
　　版。

徐復觀著，《中國藝術精神》，臺北：臺灣學生書局，1966 年
　　初版。

徐復觀著，《徐復觀文錄》四冊，臺北：環宇出版社，1971
　　年初版。

徐復觀著，《徐復觀雜文集》四冊，臺北：時報文化出版公司，
　　1980 年 4 月初版。

徐復觀著，蕭欣義選編，《徐復觀文錄選粹》，臺北：臺灣學
　　生書局，1980 年 9 月初版。

徐復觀著，《中國文學論集》，臺北：臺灣學生書局，1981 年

初版。

徐復觀著,《中國文學論集續篇》,臺北:臺灣學生書局,1984
　　年初版。

徐復觀著,《徐復觀最後雜文集》,臺北:時報文化出版公司,
　　1984 年初版。

徐復觀著,翟志成、馮耀明校注,《無慚尺布裹頭歸:徐復觀
　　最後日記》,臺北:允晨出版社,1987 年。

徐復觀著,《徐復觀文存》,臺北:臺灣學生書局,1991 年 6
　　月初版。

徐復觀著,黎漢基、李明輝編,《徐復觀雜文補編》六冊,臺
　　北:臺灣學生書局,2001 年 12 月初版二刷。

二、研究徐復觀專著

(一) 臺　灣

田一成著,《徐復觀思想研究》,國立政治大學中國文學研究
　　所碩士論文,1992 年。

林敬智著,《1950 年代臺灣知識社群關於「個人自由」與「國
　　家自由」的辯論之分析》,國立臺灣大學政治學研究
　　所碩士論文,2002 年。

洪進隆著,《徐復觀與高達美 —— 一個詮釋學的比較》,南華
　　大學哲學研究所碩士論文,2003 年。

翁志宗著,《自由主義者與當代新儒家政治論述之比較 —— 以
　　殷海光、張佛泉、牟宗三、唐君毅、徐復觀的論述
　　為核心》,國立政治大學中山人文社會科學研究所博

士論文，2001 年。

陳貞蓁著，《徐復觀內聖與外王思想研究》，雲林科技大學漢
　　學資料整理研究所碩士論文，2007 年。

馮曉馨著，《徐復觀先生〈王充論考〉評析》，中國文化大學
　　哲學研究所碩士論文，1997 年。

楊玲惇著，《徐復觀先秦儒家人性論研究 —— 以孔孟思想為中
　　心》，靜宜大學中國文學研究所碩士論文，2002 年。

詹曜齊著，《臺灣的現代化論戰與現代主義運動》，世新大學
　　社會發展研究所碩士論文，2003 年。

鄭慧娟著，《傳統的斷裂與延續 —— 以徐復觀與殷海光關於中
　　國傳統文化的論辯為例》，國立臺灣大學三民主義研
　　究所碩士論文，1991 年。

賴威良著，《儒家傳統與民主政治 —— 以徐復觀思想的詮釋為
　　例》，國立中央大學哲學研究所碩士論文，1994 年。

賴理生著，《徐復觀思想之研究 —— 西化與傳統之反省》，國
　　立政治大學歷史研究所碩士論文，1987 年。

關亮清著，《孟子人性論中的善惡問題》，東海大學哲學研究
　　所碩士論文，1987 年。

鄭雪花著，《徐復觀美學思想研究》，國立成功大學中國文學
　　研究所碩士論文，1994 年。

（二）大　陸

王守雪著，《人心與文學 —— 徐復觀文學思想研究》，鄭州：
　　鄭州大學出版社，2005 年。

李維武編，《徐復觀與中國文化》，武漢：湖北人民出版社，

1997 年。

侯　敏著，《有根的詩學 —— 現代新儒家文化詩學研究》，上
　　　海：上海人民出版社，2003 年 12 月。

耿　波著，《徐復觀心性與藝術思想研究》，北京：中國傳媒
　　　大學出版社，2007 年 7 月。

張晚林著，《徐復觀藝術詮釋體系研究》，上海：上海古籍出
　　　版社，2007 年 9 月。

三、研究徐復觀期刊論文

（一）臺　灣

王邦雄著，〈徐復觀詮釋老子理路的研討〉，《鵝湖》，18 卷 4
　　　期（208 期），1992 年 10 月，頁 1-6。

左松超著，〈關於「說苑」成書的一些考察〉，《淡江大學中文
　　　學報》，4 期，1997 年 12 月頁 25-35。

余金龍著，〈有關徐復觀〈環繞李義山錦瑟詩的諸問題〉之探
　　　討〉，《通識研究集刊》，6 期，2004 年 12 月，頁
　　　115-173。

吳慧貞著，〈《孟子》知言養氣章的多元詮釋 —— 以徐復觀、
　　　黃俊傑、李明輝為討論核心〉，《人文研究期刊》，4
　　　期，2008 年 6 月，頁 55-74。

呂銘崴著，〈由「節文」談先秦儒家道德與藝術的溝通〉，《問
　　　學集》，第 16 期，2009 年 2 月，頁 48-59。

李淑珍著，〈徐復觀在臺灣 —— 兼論外省知識分子在臺灣思想
　　　史上的意義〉，《當代》，80 期（198 期），2004 年 2

月，頁 66-80+83-85。

李淑珍著，〈徐復觀在臺灣 —— 兼論外省知識分子在臺灣思想
　　史上的意義〉，《當代》，81 期（199 期），2004 年 3
　　月，頁 88-105。

杜維明著，〈徐復觀先生的道德與文章〉，《當代》，86 期，1993
　　年 6 月，頁 106-119。

周桂鈿著，〈王充生平考辨 —— 兼評徐復觀「王充論考」〉，《中
　　國文化月刊》，129 期，1990 年 7 月，頁 29-50。

林安梧著，〈邁向儒家型社會批判學之建立 —— 以徐復觀先生
　　的思想為核心的基礎性理解〉，《鵝湖》，20 卷 3 期
　　（231 期），1994 年 9 月，頁 49-57。

林朝成著，〈自然、形象與性情 —— 通過現代畫論戰重看徐復
　　觀的美學思想〉，《炎黃藝術》，48 期，1993 年 8 月，
　　頁 36-46。

林維杰著，〈牟宗三先生論儒教〉，《揭諦》，7 期，2004 年 7
　　月，頁 77-108。

林顯庭、張展源著，〈莊學、禪與藝術精神之關係 —— 由徐復
　　觀「禪開不出藝術」之說談起〉，《中國文化月刊》，
　　182 期，1994 年 12 月，頁 111-118。

夏明釗著，〈「為人生的藝術」 —— 簡評徐復觀《中國藝術精
　　神》〉，《中國文化月刊》，308 期，2006 年 8 月，頁
　　34-42。

孫中峰著，〈莊子之「道」與「藝術精神」的關係 —— 對徐復
　　觀、顏崑陽先生論點的評述與商討〉，《東華中國文
　　學研究》，1 期，2002 年 6 月，頁 57-87。

徐水生著，〈略論徐復觀的日本觀〉，《鵝湖》，29 卷 9 期（345
　　　期），2004 年 3 月，頁 14-18。

翁志宗著，〈自由主義者與當代新儒家的人性論述〉，《中學教
　　　育學報》，第 9 期，2002 年 6 月，頁 181-215。

高柏園著，〈莊子思想中的唯美性格 —— 以勞思光、徐復觀為
　　　中心之討論〉，《鵝湖月刊》，21 卷 1 期(241 期)，1995
　　　年 7 月，頁 14-22。

郭梨華著，〈書評：徐復觀《兩漢思想史》卷二〉，《哲學與文
　　　化》第 30 卷第 9 期(352 期)，2003 年 9 月，頁 133-138。

陳在俊著，〈徐復觀的政治生涯〉，《孔學與人生》，第 3 期，
　　　1996 年 4 月，頁 84-86。

陳德和著，〈試論「淮南子」道家思想的類屬 —— 以徐復觀之
　　　觀點為中心的展〉，《鵝湖》，第 22 卷第 7 期(259 期)，
　　　1997 年 1 月，頁 26-33。

傅佩榮著，〈徐復觀筆下的孔子〉，《國魂》，第 548 期，1991
　　　年 7 月，頁 74-75。

曾春海著，〈徐復觀論人權與民主〉，《哲學與文化》第 34 卷
　　　第 7 期（398 期），2007 年 7 月，頁 63-77。

黃文興著，〈徐復觀論著繫年目錄（上）〉，《中國書目季刊》，
　　　第 26 卷第 3 期，1992 年 12 月，頁 57-81。

黃文興著，〈徐復觀論著繫年目錄（下）〉，《中國書目季刊》，
　　　第 26 卷第 4 期，1993 年 3 月，頁 56-93。

黃克劍著，〈心靈真切處的憂患 —— 徐復觀先生文化思想論要
　　　（上）〉，《哲學與文化》，第 20 卷第 2 期（225 期），
　　　1993 年 2 月，頁 193-208。

黃克劍著,〈心靈真切處的憂患 —— 徐復觀先生文化思想論要（下）〉,《哲學與文化》, 第 20 卷第 3 期（226 期）, 1993 年 3 月, 頁 282-298。

黃俊傑著,〈Existential Character of Chinese Culture; Hsu Fu-kuan's Postwar Taiwan Experience〉,《國立臺灣大學文史哲學報》, 第 46 期, 1997 年 6 月, 頁 131-148。

黃俊傑著,〈Three Contemporary Interpretations of Mencius: T'ang Chun-i, Hsu Fu-kuan, and Mou Tsung-san〉,《中國文哲研究集刊》, 6 期, 1995 年 3 月, 頁 221-258。

黃漢光著,〈徐復觀的呂氏春秋學〉,《鵝湖》, 第 20 卷第 1 期(229 期), 1994 年 7 月, 頁 29-34。

熊自健著,〈徐復觀論民主政治〉,《鵝湖學誌》, 10 期, 1993 年 6 月, 頁 29-55。

翟志成著,〈新儒學思想家徐復觀先生〉,《孔學與人生》, 第 3 期, 1996 年 4 月, 頁 77-83。

翟志成著,〈新儒學思想家徐復觀先生〉,《湖北文獻》, 22 期, 1996 年 12 月, 頁 79-84。

劉建平著,〈徐復觀論中國畫的現代意義〉《鵝湖》, 33 卷 10 期（394 期）, 2008 年 4 月, 頁 11-16。

劉謹銘著,〈王充重知識輕人倫道德嗎？ —— 徐復觀論點之商榷〉,《中華人文社會學報》, 第 5 期, 2006 年 9 月, 頁 166-187。

劉謹銘著,〈從儒家義理層次回應王充的〈問孔〉與〈刺孟〉〉,《東方人文學誌》第 3 卷第 1 期, 2004 年 3 月, 頁 21-37。

歐崇敬著,〈當代六位原創性哲學家的方法論反省 ── 六種當代中國哲學創造轉化代表性型態的分析〉,《當代中國哲學學報》,第 6 期,2006 年 12 月,頁 91-128。

鄭志明著,〈徐復觀《中國人性論史》中的宗教觀〉,《成大宗教與文化學報》,3 期,2004 年 6 月,頁 227-247。

鄭雪花著,〈徐復觀對於臺灣文化問題的反思 ── 以文化表現系統為主〉,《鵝湖》,23 卷 7 期(271 期),1998 年 1 月,頁 1-10。

黎漢基校註,〈徐復觀致屈萬里佚書十九封〉,《中國文哲研究通訊》,6 卷 2 期(22 期),1996 年 6 月,頁 103-115。

黎漢基著,〈徐復觀教授出版著述繫年(上)〉,《中國文哲研究通訊》,第 4 卷第 4 期(16 期),1994 年 12 月,頁 49-77。

黎漢基著,〈徐復觀教授出版著述繫年(下)〉,《中國文哲研究通訊》,第 5 卷第 1 期(17 期),1995 年 3 月,頁 55-77。

黎漢基著,〈難為知己難為敵 ── 略論徐復觀與殷海光的關係〉,《當代》,第 23 期(141 期),頁 46-59。

黎漢基輯,〈徐復觀現刊著述中排印漏誤的問題及補正〉《中國文哲研究通訊》,第 5 卷第 4 期(20 期),1995 年 12 月,頁 45-76。

賴炎元、李偉泰、吳福助著,〈秦漢思想史要籍[徐復觀著《兩漢思想史》;〈秦代思想論著目錄〉]評介〉,《中國文哲研究通訊》,第 2 卷第 1 期(5 期),1992 年 3 月,頁 88-104。

錢永祥著，〈如何理解儒家的「道德內在說：以泰勒為對比」〉，
　　《國立政治大學哲學學報》，第 19 期，2008 年 1 月，
　　頁 1-32。

簡慧貞著，〈書評：徐復觀《中國人文精神之闡揚》〉，《哲學
　　與文化》第 33 卷第 1 期(380 期)，2006 年 1 月，頁
　　101-105。

蘇瑞鏘著，〈民主與傳統的辯證 —— 1950 年代後期臺港自由
　　主義者與新儒家的論戰以及研究方向初探〉，《彰中
　　學報》第 24 期，2007 年 1 月，頁 109-124。

龔鵬程著，〈臺灣美學與人文〉，《思與言》，第 40 卷第 2 期，
　　2002 年 6 月，頁 1-23。

（二）大　陸

丁四新著，〈方法・態度・心的文化 —— 徐復觀論治中國思史
　　的解釋學架構〉，《學術月刊》，1996 年 5 期，頁 31-37。

王守雪著，〈 "打造" 與 "解構" —— 徐復觀與錢鍾書對中
　　國古代論研究的不同範式 〉，《河南師範大學學
　　報》，30 卷 2 期，2003 年，頁 84-87。

朱洪舉著，〈追體驗、解碼、暗道之尋找 —— 對徐復觀《環繞
　　李義山（商隱）〈錦瑟〉詩的諸問題》一文之發微〉，
　　《名作欣賞》，2005 年 15 期，2005 年 8 月，頁 8-10。

李維武著，〈徐復觀對中國道德精神的闡釋〉，《江海學刊》，
　　2002 年 3 期，頁 29-36、206。

李維武著，〈徐復觀對中國藝術精神的闡釋〉，《福建論壇・人
　　文社會科學版》，2001 年 3 期，頁 35-41。

李維武著,〈徐復觀對道家思想的現代疏釋〉,《中國文化月刊》,188 期,1995 年 6 月,頁 32-45。

李維武著,〈價值世界與人文精神的探索 —— 徐復觀文化哲學的基本路向〉,《中國文化月刊》,130 期,1990 年 8 月,頁 19-37。

肖　濱著,〈評徐復觀對儒家道德政治理想的現代轉進〉,《學術研究》,1997 年 9 期,頁 49-53。

侯　敏著,〈徐復觀心性美學思想探論〉,《學術探索》,2004 年 9 期,2004 年 9 月,頁 15-18。

洪曉楠著,〈中國文化的現代疏釋 —— 論徐復觀的文化哲學思想〉,《大連理工大學學報》,22 卷 3 期,2001 年 9 月,頁 41-48。

若　水著,〈當代新儒家徐復觀 "憂患意識" 探微〉,《社會科學輯刊》,1999 年 3 期（122 期）,頁 18-23。

孫　琪著,〈中國藝術精神研究的 "偏" 和 "全" —— 評徐復觀中國藝術精神主體研究的失誤〉,《廣東教育學院學報》,24 卷 4 期,2004 年 11 月,頁 115-117。

孫邦金著,〈儒家樂教與中國藝術精神 —— 徐復觀《中國藝術精神》讀後〉,《武漢大學學報》,55 卷 1 期,2002 年 1 月,頁 75-78。

張志偉著,〈讀徐復觀《中國藝術精神》〉,《博覽群書》,2005 年 4 期,頁 110-115。

張晚林著,〈大地的兒子與上帝的選民 —— 徐復觀、牟宗三對杜詩的不同評價的成因探析及其啟示〉,《湖南科技大學學報》,7 卷 3 期,2004 年 5 月,頁 84-88。

張節末著，〈徐復觀對莊子美學的發明及其誤讀〉，《浙江社會科學》，2004 年 5 期，2004 年 9 月，頁 152-156。

梅珍生著，〈消解形而上學何以可能？── 讀《徐復觀學術思想評傳》〉，《湖南大學學報》，2002 年 2 期。

章啟群著，〈怎樣探討中國藝術精神？── 評徐復觀《中國藝術精神》的幾個觀點〉，《北京大學學報》，2000 年 2 期(總 198 期)，頁 21-28。

黃　熹著，〈略論徐復觀“心的文化”〉，《武漢大學學報》，55 卷 1 期，2002 年 1 月，頁 70-74。

劉建偉著，〈徐復觀的中西文化觀〉，《安徽大學學報》，27 卷 1 期，2003 年 1 月，頁 15-20。

劉洪生著，〈走出中國文學研究的困境 ──《人心與文學 ── 徐復觀文學思想研究》讀後〉，《商丘職業技術學院學報》，5 卷 4 期，2006 年 8 月，頁 54-56。

劉桂榮、宋薇著，〈“追體驗”的解讀 ── 徐復觀美學思想的思維理路探索〉，《晉陽學刊》，2007 年 1 期，頁 72-75。

劉桂榮著，〈生命境界的會通 ── 徐復觀文學精神的美學闡釋〉，《名作欣賞》，2007 年 6 期，2007 年 3 月，頁 135-138。

劉鴻鶴著，〈學術與政治之間 ── 新儒學大家徐復觀的學思與生平〉，《大連理工大學學報》，22 卷 3 期，2001 年 9 月，頁 49-54。

閻月珍著，〈現象學與中國文藝理論溝通的可能性 ── 以劉若愚、徐復觀、葉維廉的理論探索為例〉，《文藝理論研究》，2005 年第 2 期，頁 97-105。

顏炳罡著，〈評徐復觀的學術態度與學術方法〉，《孔子研究》，
　　1997 年 3 期，頁 49-60。

四、詩學、新儒家研究專著及論文

王志清著，《中國詩學的德本精神研究》，濟南：齊魯出版社，
　　2007 年 7 月。

朱耀偉著，〈從西方閱讀傳統中國詩學：三個範位〉，《清華大
　　學學報》，23 卷 3 期，1993 年 9 月，頁 287-340。

曹順慶著，〈文論失語症與文化病態〉，《文藝爭鳴》，1996 年
　　2 期，頁 50-58。

高小康著，〈"失語症"與文化研究中的問題〉，《文藝爭鳴》，
　　2002 年 4 期，頁 70-73。

吳有能著，〈從實存現象學談儒家人學精神 —— 以唐君毅先生
　　為中心〉，《鵝湖學誌》，38 期，2007 年 6 月，頁
　　173-195。

陳昭瑛著，〈一個時代的開始：激進的儒家徐復觀先生〉，原
　　載《歷史月刊》當代人物欄，15 期，1989 年 4 月。
　　現收入《徐復觀文存‧附錄二》（臺北：臺灣學生書
　　局，1991 年 6 月初版），頁 361-373。

蔡仁厚著，《新儒家的精神方向》，臺北：臺灣學生書局，1981
　　年 3 月初版。

東海中文系編，《緬懷與傳承 —— 東海中文系五十年學術傳承
　　研討會論文集》，臺北：文津出版社，2007 年 12 月
　　初版。

文潔華著，〈美感經驗的完結？ —— 當代英美美學的基源問題

與儒學的詮釋〉,《清華大學學報》,2007 年 6 期（22
卷），頁 89-93。

林安梧著,《當代新儒家哲學史論》,臺北：文海基金會,1996
年。

黃俊傑著,《儒學與現代臺灣》,北京：中國社會科學出版社,
2001 年 7 月。

陳昭瑛著,《臺灣儒學的當代課題：本土性與現代性》,北京：
中國社會科學出版社,2001 年 7 月。

第七章

一、勞思光先生著作

勞思光著,《中國文化要義》,香港：中文大學出版社,1998
年。

勞思光著,《思光詩選》,臺北：東大圖書公司,1992 年。

勞思光著,《思辯錄 —— 思光近集・序》,臺北,東大圖書公
司,1996 年。

勞思光著,林碧玲編,《韋齋詩存目錄與文本》,未刊稿。

二、研究勞思光詩藝的論文

林碧玲著,〈「韋齋詩研究」的對象之考察 —— 從勞思光先生
之《思光詩選》到《韋齋詩存述解新編》擬議〉,《華
梵人文學報》,6 期,2006 年 1 月,頁 185-224。

陳耀南著,〈詩藝哲懷兩妙奇 —— 讀勞師《思光詩選》〉,《無涯理境 —— 勞思光先生的學問與思想》,香港:中文大學出版社,2003 年。

張善穎著,〈情意我與心靈境界 —— 從《思光詩選》一探勞思光先生的哲學生命〉,行政院文化建設委員會主辦,華梵大學承辦,臺灣大學、東吳大學協辦的「勞思光思想與中國哲學世界化」學術研討會,2002 年 11 月 23 日(華梵大學)～24 日(臺灣大學)。

林碧玲著,〈「思光詩研究」的價值與文獻之考察〉,《華梵人文學報》,5 期,2005 年 7 月,頁 1-62。

王隆升著,〈文化人的情意與詞心 —— 論韋齋詞的生命情境與懷抱〉,《彰化師大國文學誌》,12 期,2006 年 6 月,頁 347-374。

三、文學、美學、詩學論著

陳世驤著,《陳世驤文存》,臺北:志文出版社,1972 年。

陳世驤著、古添洪譯,〈論時:屈賦發微〉,《幼獅月刊》,45 卷 2 期,頁 51-62;45 卷 3 期,頁 13-21。

高友工著,《中國美典與文學研究》,臺北:臺灣大學出版中心,2004 年。

蔡英俊編,《中國文化新論文學篇一:抒情的境界》,臺北:聯經文化公司,1981 年。

蔡英俊編,《中國文化新論文學篇二:意象的流變》,臺北:聯經文化公司,1982 年。

蔡英俊著,《比興物色與情景交融》,臺北:大安出版社,1986

年。

蔡英俊著，《中國古典詩論中「語言」與「意義」的論題 ——
　　「意在言外」的用言方式與「含蓄」的美典》，臺北：
　　臺灣學生書局，2001 年。

龔鵬程著，《詩史本色與妙悟》，臺北：臺灣學生書局，1986
　　年。

龔鵬程著，《文學批評的視野》臺北：大安出版社，1990 年。

龔鵬程著，《文化符號學》，臺北：臺灣學生書局，1991 年。

呂正惠著，《抒情傳統與政治現實》，臺北：大安出版社，1989
　　年。

張淑香著，《抒情傳統的省思與探察》，臺北：大安出版社，
　　1992 年。

顏崑陽著，《六朝文學觀念論叢》，臺北：正中書局，1993 年。

柯慶明著，《中國文學的美感》，臺北：麥田出版社，2000 年。

鄭毓瑜著，〈詮釋界域 —— 從〈詩大序〉再探抒情傳統的建
　　構〉，《中國文哲研究集刊》，23 期（2003 年 9 月），
　　頁 1-32。

鄭毓瑜著，〈抒情、身體與空間 —— 中國古典文學研究的一個
　　反思〉，《淡江中文學報》，15 期（2006.12），頁
　　257-272。

蕭　馳著，《中國抒情傳統》，臺北：允晨出版社，1999 年。

蕭　馳著，《抒情傳統與中國思想 —— 王夫之詩發微》，上海：
　　上海古籍出版社，2003 年。

孫康宜著、鍾振振譯，《抒情與描寫：六朝詩歌概論》（臺北：
　　允晨出版社，2001 年）。

吳淑鈿著，〈近代宋詩派的詩體論〉，《華東師範大學學報》，
　　　　1996 年 2 期，頁 89。

陳衍著，鄭朝宗、石文英點校，《石遺室詩話》，北京：人民
　　　　文學出版社，2004 年。

劉若愚著，杜國清譯，《中國詩學》，臺北：幼獅文化公司，
　　　　1977 年。

高友工著，《中國美典與文學研究》，臺北：臺灣大學出版中
　　　　心，2004 年。

四、外文譯著

丹尼斯‧朗（Dennis H. Wrong）著，高湘澤、高全余譯，《權
　　　　力：它的形式、基礎和作用》，臺北：桂冠圖書公司，
　　　　1944 年 7 月初版，2003 年 3 月初版二刷。

孔恩著，程樹德、傅大為、王道還、錢永祥譯，《科學革命的
　　　　結構》（臺北：遠流出版社，1994 年 7 月二版一刷，
　　　　2003 年 3 月二版七刷）

艾德華‧薩伊德著、單德興譯，《知識分子論》，臺北：麥田
　　　　出版社，2004 年。

狄百瑞（William. Theodore de Bary）著，黃水嬰譯，《儒家的
　　　　困境》（北京：北京大學出版社，2009 年 1 月）。

後　記

　　延續過去我對古典詩歌理論的關懷，本書是我近年來研究中國詩學的進一步成果。

　　越界思考是內因也是外緣，長期以來我關注文學與其他學科對話的可能，碩、博士論文我處理過文學與歷史、文學與宗教的互滲問題。畢業後先後任職於國立臺北教育大學、國立臺中教育大學，工作環境除了使我持續中國文學研究專業外，還意外地促使我思考文學與視覺文化、語文教育的關係。過去中國古典文學的訓練，使我越界研究時，發現體用之間的微妙關係。我知道如果沒有國學的基礎為體，無法厚實文化批判之火力，以及豐富語文教學之內涵，如果缺乏文化批判及語文教學等致用的開展，國學知識往往成了高懸的瑰寶，只有象牙塔中的少數人得以探驪得珠。

　　近五年來所撰寫的詩學以外的幾篇論文，有的在研討會發表，有的已經出版，有的是研究計畫的成果報告，這些研究成果看似不相干，但其實都是在自己越界思維下，開拓與中國語文相關而不相同的研究面向。如〈求法、弘法與化世：當代台灣僧侶自傳的書寫 —— 以聖嚴法師的中文自傳為例〉

一文，是文學與宗教的互證研究；〈文字、影像與張愛玲 ——
張愛玲《對照記：看老照相簿》中的自我呈現〉一文，是文
學與照片互文性解讀的成果；〈寫字教學〉一文，是轉化書法
結構原理於寫字課程與教學；〈臺灣華語教師培育的現況與展
望〉一文，從傳統國學視角檢討國內華語教學師資培訓課程
規畫的得失；而《臺灣學生學習成就評量資料庫之建置計畫
—— 2006 年學生國語文成就之趨勢調查研究》是執行教育部
臺灣教育研究院籌備處的成果報告，該計畫則是結合語文知
識與教育測驗統計的研究，目的是要了解目前高中生學生語
文學習成就，以提供教育部訂定教育相關政策時之參考。研
究過程從建立一套語文知識架構、建置語文評量題庫、組題
預測、普測全國高中生，到結合教育測驗統計工具分析施測
成果，對我而言都是嶄新的跨界經驗。

　　一本書的出版，從準備、蘊釀、構思到完成，總有許多
人幫助。在學術的傳承路上，首先我要感謝引我進入詩學研
究的業師 —— 黃景進教授和羅宗濤教授，他們引領我跨過學
術研究的門檻後，我才得以獨立揮灑；羅聯添教授是最早提
點我注意唐代文學與佛教之間交涉的問題，勞思光教授則是
我開展哲學視野和掌握理論脈落的啟蒙老師，他們都是我研
究生命中不可或忘的師長。

　　當然，我要特別感謝國科會及學校研究經費的資助，提
供研究所需的人力資源及硬體設備，否則本書的面世可能要
更晚些。本書除第一章及第六章外，各章均曾在國內外的學
術研討會或學術期刊發表，其中第四、五、七章分別得到國

科會九十四、九十六、九十七年度專題研究計畫的補助。現在趁著論文結集出版之際，我還要對國科會專題研究計畫的審查委員，以及研討會中提供我修改論文意見的簡錦松教授、蕭麗華教授、李建崑教授，致上我最深的謝忱。

感謝我所有的研究助理，在繁重的教學及行政工作壓力下，她們的協助替我省下不少借還書、蒐集資料、整理資料、打字、掃描、影印、校對所耗費的時間。其中梁佑亭同學認真積極追求效率，每每犧牲假期，在時間最緊迫的情況下協助我，有如及時雨般替我消解一些棘手的麻煩，是我最貼心得力的助手，我衷心感謝她。

謝謝我的外子，他往往是我的論文的第一讀者，也是最嚴厲的讀者。謝謝我親愛的家人，他們總是給我極大的支持和空間，經常包容我因繁忙的教研工作無法參與所有的家庭聚會。並謝謝工作以來，給予我任何形式支持的師長和朋友。

生命與學問可說是息息相關，因為生命的態度決定了學問的方向與高度，而學問的廣度與厚度又決定了生命的質的。最後，我想感謝我的二隻愛犬，因為有牠們進入我的生活，才奇妙地改變了我的生命。牠們純真、忠誠的天性，教會我學問不是封鎖在學術的高塔，是可以落實於生命的；知識不是裝點身分的粉飾品，知識分子不能只是「說食數寶」者；牠們讓我了悟老莊的「返真」、「齊物」，體證佛教的「出離心」、「平等心」、「慈悲心」；因為牠們使我擁有越界想像和思維的能量，關懷學術以外的他者，甚至自身以外的他者。

「文章千古事，得失寸心知」，本書既已出版，學界自有

論斷，又回顧十二年來學思歷程有不同發展，實應開展新論。唯有熱心讀者提供不少文字訛誤之校訂，基於學術論著嚴謹性，有必要先予更正，因出版社願意提供修訂再版機會，謹誌謝於此。

　　　　　　彭　雅　玲　謹誌於國立臺中教育大學
　　　　　　民國一一二年六月十八日